ロベール・ボワイエ

作られた不平等

日本、中国、アメリカ、そしてヨーロッパ

山田鋭夫・監修　横田宏樹・訳

藤原書店

La Fabrique des Inégalités

Japon, Chine, États-Unis et Europe

by Robert BOYER

日本の読者へ

二〇一〇年代は、不平等や公共政策に関する考え方の転換点になりそうだ。かつてこれは社会学者や政治学者といった専門家のイニシアティブにまかされていた論題であった。しかしこの問題は、第二次世界大戦後の急速かつ規則的な成長という黄金時代が終わって以降、不平等が劇的に拡大していった国を起点に、華々しい復活を遂げた。その国とはアメリカである。実際にまず、オバマ大統領が二〇一三年の一般教書演説で、重要な懸案事項として不平等の拡大に言及した。次いで、トマ・ピケティの著書『21世紀の資本』が世界的ベストセラーとして世に知れわたった。最後に、連邦準備制度理事会議長のジャネット・イエレンは、二〇一四年一〇月に開かれたある会議で、不平等の拡大に関する懸念を表明した。これは異例なことである。というのも、金融政策に責任をもつ立場にいる自らの職分をはみだし、その昔、彼女が労働経済学者として行なった研究に照らしての表明であったからである。

不平等の歴史再訪

二〇〇七年のアメリカにおける不平等が、一九二九年危機の前夜と同じ水準に達したという事実は、ピケティの主たる研究成果の一つである。これはアナリストだけでなく政策決定者にとっても、警告のサインとなったようだ。これほどまでに極端で危険な構図に、いったいどのようにして行き着いたのであろうか。

実際に、第二次世界大戦後に実行された大規模な改革は、新しい発展様式を構築することに貢献した。そこでは一九七〇年代始めまで、急速かつ規則的な成長のもと不平等は大幅に縮小し、やがてその状態で安定していた。教育へのアクセスは一般化し民主化され、団体協約の普及により賃金は――生産システムの近代化を通して――生産性上昇を広げていく媒介者となり、医療や教育といった大部分の公共財は公的に資金調達され、累進所得税の制度が実施され、国民経済の微調整《ファインチューニング》というケインズ的原理が導入された。これらの諸要因が、経済のダイナミズムと社会的不平等の縮小との新しい相乗効果に貢献したのであった。

この発展様式は成功したが、その成功の駆動力であった生産性上昇が鈍化していくにつれて、危機に突入した。これを起因として、第二次世界大戦後から受け継がれてきた制度諸形態の多くで、一連の変容が観察された。市場の自由化、労働者の交渉力の侵食、生産活動の分権化や下請化の戦略、国際競争への開放、最後に金融市場の規制緩和といった多くの制度的変容によって、報酬の個別化や差異化が促進された。

これらの変容と並行して、次のような考え方や表象が広まった。すなわち、不平等の拡大こそが、競争の激化や金融イノベーションの増大の上に成り立つまったく別の発展様式の条件なのだ、という考え方である。市場原理主義の理論家たちは、不平等の拡大は――結果として生じる経済的ダイナミズムが失業を減少させうるからだとしても――経済をうまく機能させるのだということを明らかにするのに躍起になっていた。この点に関して、この立場を取る者たちはしばしば、中国のケースを引用する。つまり市場諸力の解放は確かに不平等を拡大させたが、大多数の中国人を貧困から抜け出させることにも貢献したのだ、と。

本書は、このような新しい正統派に取って代わろうとするものである。

比較歴史制度主義的アプローチ

近年、不平等に関する多数の研究が見られる。この広大な出版の海になぜ一粒のしずくを加えようとするのか。その理由は簡単である。レギュラシオン・アプローチは独自の視点をもっているからだ。というのもその仮説・手法・成果は、市場を現代経済における唯一の調整メカニズムとする考え方とは対照的だからである。

第一に、レギュラシオン理論は制度主義である。実際に、雇用関係の組織とその制度的コード化の程度は報酬の格差と密接に関連しているということが、十分に明らかになっている。同じように競争レジームは、それが資本や富の集積・集中を多かれ少なかれ促進するにしたがって、非賃金所得の形成において中心的な役割を果たす。同様に、金融システムが商業銀行や市場――そこでは債券、株式、デリバティブ商品が取引される――による信用の中心的役割にもとづいて組織されるようになるにつれて、富の蓄積や集中の条件はかなり多様なものとなった。

したがって比較論的手法は、本書が不平等レジームと呼ぶものを解明していくために必要不可欠である。右に挙げた制度諸形態は、政治的・社会的闘争の――しばしば法による――コード化から生まれる。それらはしたがって本質的に、地理的空間や歴史的時代に特殊なものである。ところで国際レベルの分析によれば、いくつかの似たような構図は一個同一の創設原理によって設定された少数の理念型に再びまとめることができる。ある意味においてこのような問題意識は、不平等の拡大を普遍的メカニズムの結果とみなす一般的な見解に反するものである。その際、この普遍的メカニズムは、例えば対外的（国際貿易や国際金融フローへの開放）および対内的（分権化、民営化）な自由化の結果として、あらゆる社会的構成体においてまったく同一の形で展開される、とされている。

不平等の拡大を理解するためには、長期歴史的なアプローチが必要である。というのも、このような時間的尺度においてこそ、社会的ノルム・制度・組織・技術の変化が現れるからである。第二次世界大戦後に所得の不平等が急激に縮小し、それからどのようにその縮小された不平等が、一九七〇年代以降に改めて最富裕層と最貧困層の報酬が分岐するまでかなり一定に保たれていたのか、その理由を説明することは重要である。二〇〇〇年代になると、不平等レジームの長期的変化の問題が、蓄積レジームや調整様式の変化という問題――これはレギュラシオン理論の出発点であった――に加わった。

ある意味において本書は、長期的な社会経済体制の変容に関する研究の現代化を提示する。

歴史、理論、公共政策へのインプリケーション

本書は以下のような順序で不平等の歴史を扱う。まず始めに北米の例から出発して（第1章）、不平等の問題をピケティの著書『21世紀の資本』を分析しながら掘り下げる（第2章）。続いて本書は、不平等レジームの概念を中心に理論的な提案を行い（第3章）、新自由主義的勧告に代替するものとして社会民主主義的構図を提示する（第4章）。このように経済史が提供する定型化された事実は、理論化に向けた出発点である。もしそれに関する公的権力の意思決定を明らかにしようとするのであれば、理論化の妥当性を議論することは重要である。日本の軌道に関する分析はこのような側面を考慮しており、日本の読者の注意を引くにちがいない（第5章）。

したがってまず第1章では出発点として、実質所得の中央値が伸び悩んでいるのとは対照的に、アメリカのトップ経営者の報酬が爆発的に増大していることを分析する。それはつまり、大量生産・大量消費にもとづいた成長レジームから、金融の自由化とイノベーションによって制度諸形態が設計しなおされ、最終的に成長の駆動力が与えられるようなレジームへの大転換の徴候なのである。かくして、発展様式と不平等レジームの共進化という考えが導かれる。しかしこのような構図は、アメリカ

やイギリスにとってのみ当てはまるものである。というのも、その他の多くのＯＥＣＤ〔経済協力開発機構〕諸国では、核心的変数が株価変動だけというレジームのための経済的・制度的条件が満たされていないからである。例えばドイツや日本では、工業の論理が依然として支配している。最後に以上のことから、金融の論理の普及はまず成長を促進するが、最終的にはこの金融主導型レジームは危機に行き着くことがわかる。つまり危機は、金融領域と実物領域との乖離の帰結なのである。したがって不平等の拡大と金融の脆弱性は、相伴って進んでいくのである。

第2章では、ピケティの著書『21世紀の資本』の貢献と限界を分析することによって、問題を歴史的に掘り下げ、地理的な視野を広げる。ピケティの長所は、一九世紀の金利生活者〔レント依存〕経済と一九八〇年代以降の資本所得の急増との間に、示唆に富む対比を構築した点にある。それはまた、多数の国――旧工業諸国だけでなく新興諸国――の不平等に関する莫大な情報を提供した点にもある。最後にそして何よりもピケティは、ある解釈の糸口を提供している。つまりそれは、資本収益率が経済成長率を上回るやいなや、所得の不平等、さらには富の不平等が拡大していくというものである。極めて示唆に富むアプローチであるが、それは完全に納得できるものとは程遠い。まずその理論化は、長期歴史的分析と言える水準には至っていない。次にこの普遍的メカニズムが、産業主義的妥協にもとづく各種経済の構図を説明しているかといえば、それもはっきりしない。最後に、提案された経済政策の解決策――世界的規模での累進資本課税の導入――は、現実的展望を開くには程遠い。

国民《ナショナル》という領域は、様々な不平等レジーム――対照的だが最終的に世界的規模で相互補完的である

――が形成される空間なのである。これがピケティへの返答である。それは本書第3章で、レギュラシオン理論の観点から展開される分析として提示される。中国における所得不平等の急激な拡大は、集団的組織形態の消滅と結びついた生産近代化の表現以外の何ものでもない。ヨーロッパでは社会的正義の追求が政府政策の中心であり続けている。しかし、国がちがえば国際競争や巨大な欧州市場への編入の姿勢もちがうために、自らの「福祉資本主義」を維持しうる可能性もちがってくる。最後に二〇〇〇年代には、多くのラテンアメリカ諸国が公共サービスや社会保障へのアクセスは別として、貨幣所得の不平等を劇的に縮小させた。それは、アメリカ経済の好況や中国の工業化ダイナミズムによって引き起こされた世界経済のダイナミズムのおかげであった。ここから重要な教訓が引き出される。それは、「不平等のグローバリゼーション」という概念を、きわめて異なった発展様式の多様性を意味する「様々な不平等レジームの相互依存」という概念に取って代えることである。

第4章は分析の中心を移し、重要な理論的問題を提起する。つまり、経済パフォーマンスと広範な社会的正義を両立させることが可能であるのか、という問題である。もし社会保障制度の組織化とイノベーション・生産システムの組織化を同期化させることができるのであれば、答えはイエスである。そしてこのような相互調整は、基本的に国民レベルで実行される。社会民主主義経済は、そのような良好な相乗効果の好例である。たとえ社会民主主義経済が、国際経済への編入から起こる金融危機に直面しているとしても、である。しかしながらそうは言っても、それに相当する制度的構図を、永続的な互恵と連帯の原理によってではなく、個人主義の台頭によって特徴づけられる歴史を持った社会に輸入し、そこで模倣することは困難である。

最後の第5章は日本のケースに関心を向けるが、それは国際比較アプローチの観点からではなく、不平等の拡大傾向に対して日本の世論が今日抱く心配事を歴史的観点から検討するためである。それらに対して比較分析は、対外開放、競争の激化、金融の漸進的支配、あるいはまた企業の統治形態の変容といった普遍的諸要因を示す。間違いなくこれらの変容はある役割を果たした。しかしそれらの要因だけが考慮すべき唯一のものではない。長期的な歴史研究が明らかにするのは、まったく別の諸要因である。まず、発展局面と不平等の関係はいわゆるクズネッツの法則――不平等は縮小する前に拡大する――には従わない。実際に第二次世界大戦後、不労所得者の安楽死と大企業組織の変化によって不平等の急激な縮小が説明される。しかしながら現代日本は同じ成長様式をとらず、したがって金融化のこのうえない力強さに影響される経済が経験する不平等レジームに従っている。そしてとりわけ、日本に特有の他のプロセスが作用するに違いない。例えば、男女の不平等はその他の諸国よりもかなり特徴的であるし、長い人生のなかで不平等の度合は高齢層において徐々に縮小するが、それは若年層の犠牲の上に成り立っている。したがって、現代の不平等研究ではほとんど明らかにされていない関係である再分配政策の変化に対する政治的表象の影響、つまり公共政策の内生性を検討しなければならない。

読者はレギュラシオン・アプローチに固有な特徴の一つを認識されることであろう。つまり、どんな分析――この場合は不平等の分析――も、ある歴史的時期における国民的文脈の特殊性を考慮しなければならないということである。こうしたことは政治的活動に一つの場を与える。というのも政治的活動は従来、対照的な発展様式を生み出した根源であったからである。したがって、グローバル化や各国経済の相互依存がますます強くなっているけれども、不平等の拡大は宿命だというわけでは必ずしもないのである。

作られた不平等

目次

第2章　ピケティ『21世紀の資本』を読む　59

第3章　不平等レジームの世界的多様性と相互依存性――中国、アメリカ、ヨーロッパ、そしてラテンアメリカ――　93

作られた不平等

——日本、中国、アメリカ、そしてヨーロッパ

凡例

一 （　）は原文のまま。
一 〔　〕は訳注ないし訳者による補足。
一 「　」は原文の“　”。
一 傍点は原文が強調のイタリック。
一 第2章の引用ページの指示は、邦訳書（トマ・ピケティ『21世紀の資本』山形浩生ほか訳、みすず書房、二〇一四年）にしたがって示した。

第1章

アメリカにおける経営者報酬の高騰

──そのミクロ的およびマクロ的分析──

第1節　はじめに

社会的蓄積構造（ＳＳＡ）の理論は現代資本主義経済に関するわれわれの理解に大いに貢献した。それは第二次世界大戦後の黄金時代の起点にある基本的な社会的関係および経済メカニズムを摘出し（Bowles, Gordon and Weisskopf 1983）、このレジームに出現しつつある危機を見抜いた。つまり在来のメカニズムでは、一九七〇年代の非再生的循環を克服することができなかったのである。この研究の第一波は、戦後ＳＳＡの誕生に対して労働および資本／労働関係の転換が果たした重要な役割を提示した（Gordon, Edwards and Reich 1982）。第二波は、この構造的危機の克服に関する保守的戦略の影響や、これまでのＳＳＡレジームに代わる明確な代替レジームの不在について考察した（Bowles, Gordon and Weisskopf 1989）。これによって現代資本主義の政治経済学に対して明確な貢献がなされた（Kotz, McDonough and Reich 1994）。

レギュラシオン理論はそれとよく似た戦略をとった。第一にこの理論は、第二次世界大戦後にアメリカだけでなくフランスでも観察された急速かつ規則的な成長を説明するために、フォーディズム的蓄積レジームという概念を練り上げた（Aglietta 1982; Boyer and Saillard 2002）。第二にレギュラシオン理論は、前例なき資本／労働妥協にもとづいたこの蓄積レジームが一九七〇年代初めに構造的危機に突入したと主張した（Boyer and Juillard 2002）。それ以降、集団的アクターたちは彼らの利害にしたがって基本的な制度諸形態を再設計するために闘った。フォーディズムに取って代わる新しい蓄積レジームを支える制度的構図が多数現れたが、それらには競争主導型、サービス推進型、ICT〔情報通信技術〕主導型など、さまざまな診断が下された。

ここ二〇年間をみても、金融支配下の資本蓄積の再構築に関して、また別の仮説が提示された（Aglietta 1998）。金融フローが世界経済へと編入されたことによって、それは明らかに、資本／労働関係、競争、経済政策を再設計していく推進力となった。それにもかかわらず金融主導型レジームの生命力に関しては、レギュラシオニストたちの間で長い間議論の的となった。一方で、何人かのレギュラシオニストは金融化プロセスを不可逆的かつごく普遍的なものと理解した（Aglietta 1998）。他方で、その他のレギュラシオニストたちは、そのプロセスはまったくもってアメリカやイギリスに特殊的なもので、以前のあらゆる蓄積レジームがそうであったように、最終的に重大な危機に突入する羽目になるであろうと予測した（Boyer 2000a）。今日、それは歴史によって証明された。連続して起こったインターネットバブルと不動産バブルの崩壊によって、このレジームの脆弱性が明らかになったことに対して誰もが同意している（Aglietta and Rebérioux 2004）。

本章の革新的な点は、経営者の役割、経営者報酬の転換、給与所得者の一部から金融業者へという経営者の同盟相手の変化に関して、思いきりミクロ的な分析から始め、そのような構造的変化を可能にした社会的・政治的プロセスを検討することである。本章はまた企業組織や、ストックオプション〔あらかじめ決められた価格で自社株を購入できる権利〕の重要性と役割に対する政治的アプローチを探る。というのも、定型化された事実は、伝統的な経済理論、とりわけ著名なJensen and Meckling (1976) の論文から引き出された結論——後にいくらか修正されたが (Jensen and Murphy 1990) ——に難問をたたきつけているからである。

本章は以下のように進められる。CEO〔最高経営責任者〕報酬ブームは、彼らが経営している企業の空前の高業績によって裏付けられているのであろうか。実証分析によれば、アメリカにおけるCEO報酬の急騰はそれに相当する企業資本収益率の上昇と相関していない、と結論づけられている。本章がその大部分を使って説明しようとするのは、このような不一致は金融化時代におけるトップ経営者の本来的権力とその富への転換によるものだ、ということである (第2節　企業統治と株主価値)。次に、経営者報酬に関する豊富な先行研究から得られる実証的根拠を簡潔に検討する。多くの統計分析は一致して、企業レベルにおいて経営者は相対的に大きな自律性と重大な権力をもっていることを確認している (第3節　企業レベルにおける経営者権力)。一九九〇年代のきわめて特殊な社会的・マクロ経済的状況は、政治的舞台における経営者権力を一変させた。労働、競争、金融に関する多くの政策が企業、機関投資家、給与所得者の間の新しい権力配分にそって再設計された (第4節　経営者権力)。制度化された妥協のこのような重大な変化は、それゆえ、典型的な金融主導型構図に向けた蓄積レジームの転換の起源をなす。つまりトップ経営者は「株主の保護」を旗印にして、事実上、金融業者と同盟を結んだ。その結果、CEO報酬の高騰はそうした構造的変化を暴き出す要因となった (第5節　象徴的な新しい蓄積レジーム)。そのようなSSAは特殊な条件の下で支配的になるかもしれず、現にアメリカでは実現されたが、その成功そのものが不安定化の諸力を引き起こし、構造的危機の可能性を助長する。抽象的ではあるが、ある単純なモデルによってサブプライム危機を視野におさめることができる（第6節　特殊なアメリカ的モデルは二〇〇七年に構造的危機に陥った）。簡単な結論として主な成果を要約し、金融化の絶頂が過ぎ去ったことを示唆する（第7節　結論）。

第2節　企業統治と株主価値――伝統的な見方は観察結果と一致しない

1　経営者と株主の利害調整――一九九〇年代のモットー

価値創造そして株主価値の時代において、経営者と所有者の利害分岐は重大な問題として急浮上した。なぜトップ経営者らは彼らの戦略を、株主に代わって株式市場価値を最大化するという目的と結びつけようとしないのであろうか。かくして、ストックオプションの利用は、成熟産業で操業する伝統的企業にとってだけでなく、ＩＣＴ〔情報通信技術〕産業のスタートアップ企業にも広く普及した（図1―1）。

成熟産業では、ストックオプションは健全経営へのインセンティブとして考えられ、ＣＥＯの戦略は過剰な多角化から、コア事業への集中や資本の節約へと移っていった。ＩＣＴ産業では、多くの従業員は、給料の面ではそれほど高くない代わりに、期待利潤が実現されたときに換金できるストックオプションを多く受け取っている。これは生産コストを減らし、高利潤を生みだす。なぜなら一九九

図 1-1　株主価値による経営者管理

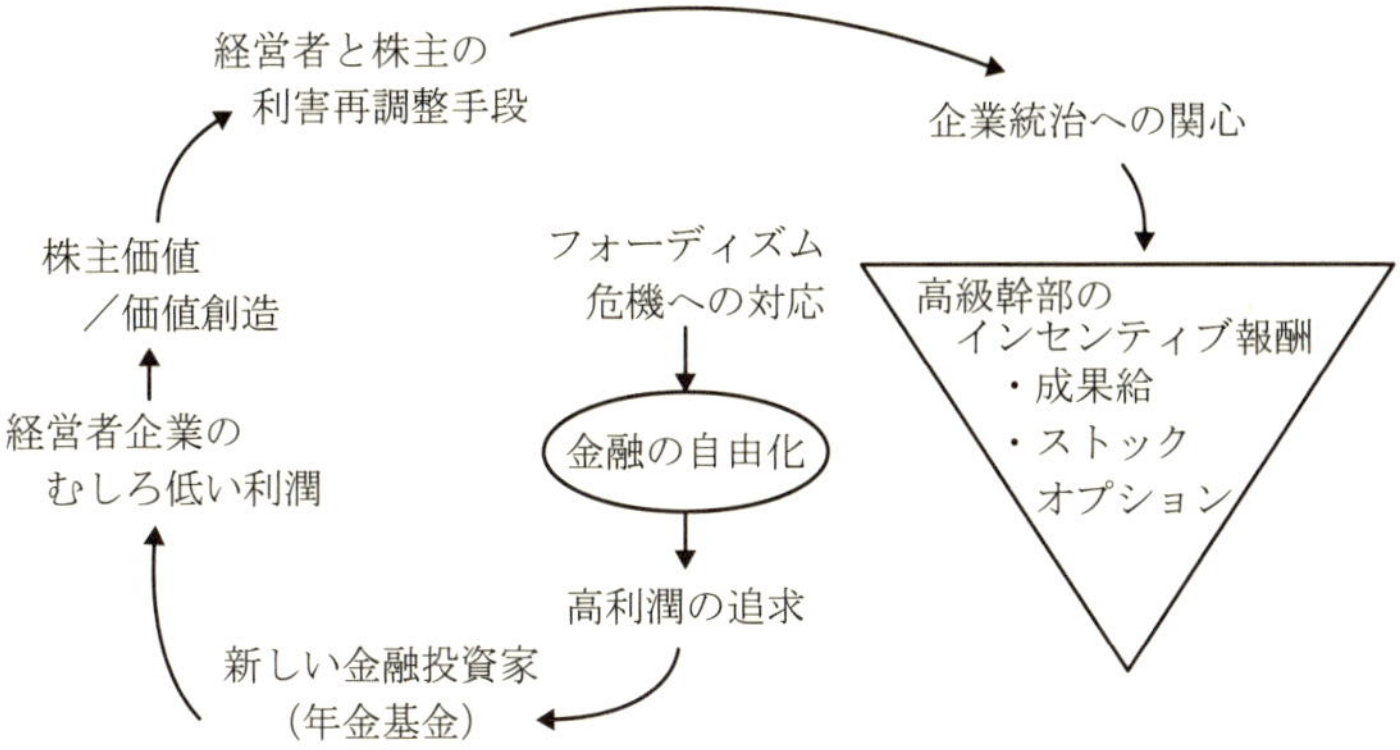

〇年代の米国会計基準では、ストックオプションを費用に含める必要はなかったからである。急進的イノベーションと報酬の一形態としてのストックオプションの追求は、「ニュー・エコノミー」構想のなかで密接に結びついている。ストックオプションはしたがって、一九九〇年代のアメリカビジネスの中心をなした。つまりストックオプションは、成熟企業の経営者を管理し、新興部門の専門家や経営者に報いるものと考えられた。

2　一九九〇年代の株式会社
——財務業績は良好だが経済効率の改善は凡庸——

アメリカ株式市場（ニューヨーク証券取引所とナスダック）の一九九〇年代ブームは、当初、——とりわけICT分野における——前例なき生産効率の証拠だと解釈された。振り返ってみると国民経済計算データは、アメリカ企業のCEOやCFO〔最高財務責任者〕が提示した財務業績から示唆される診断を裏付けるものではなかった（**図1—2**）。一方で、

図 1-2　S＆P格付アメリカ企業 100 社
――負債レバレッジによる高資本収益率

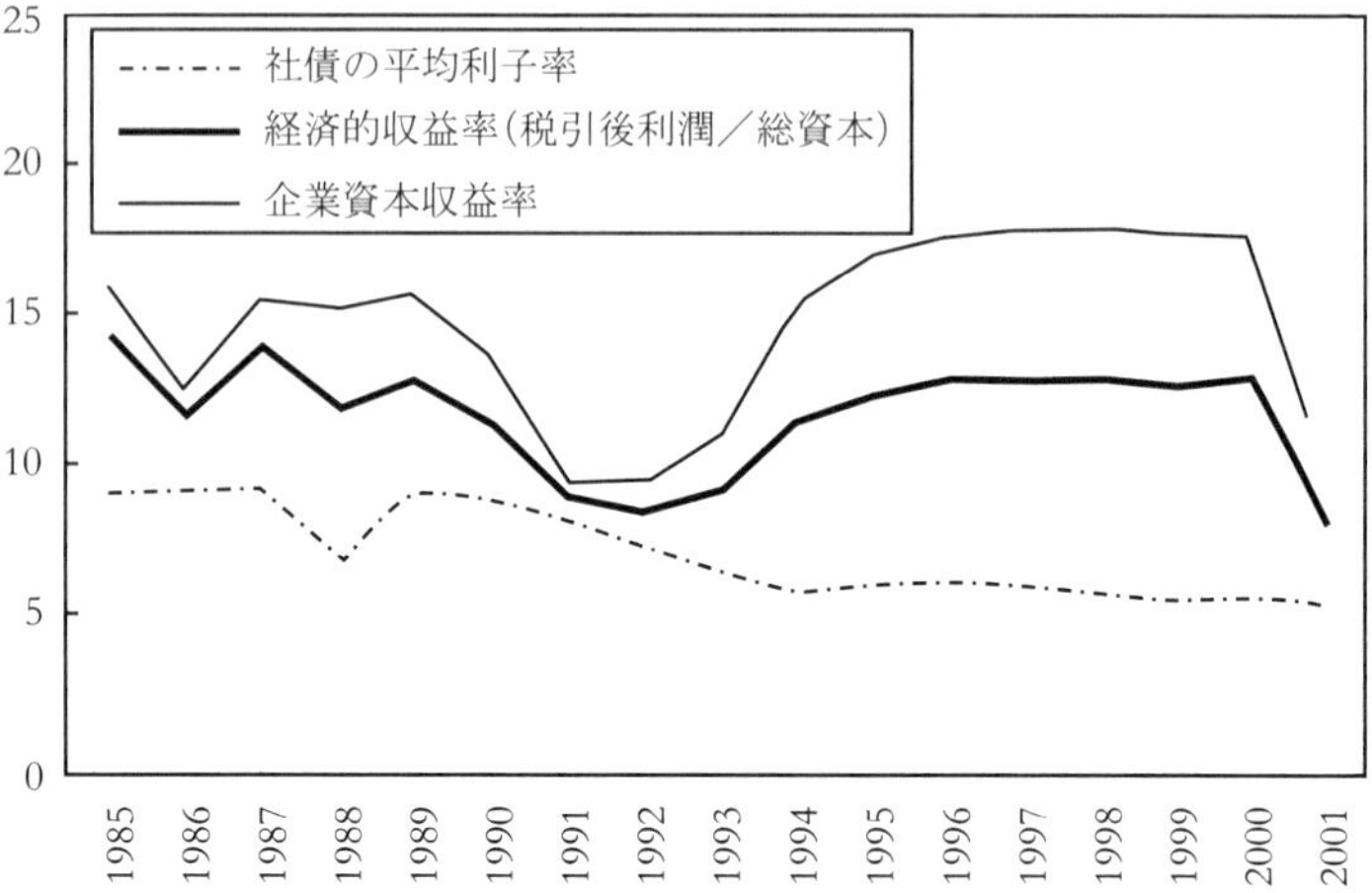

出所：Plihon (ed) (2002：90).

S＆P格付け上位企業一〇〇社の自己資本利益率〔ROE〕は、実際に一〇％からおよそ一七％に上昇している。しかしもう少し詳しく見てみると、そのような印象的なブームは、社債への支払利子率低下に由来し、この利子率と全総資本利益率の差にもとづく典型的なレバレッジ効果に由来するものだということが分かる。他方で、国民経済計算法にしたがって経済的収益率を計算すると、大企業の収益性回復はそれほど印象的なものではない。一九八五年から一九九二年にかけて緩やかな低下が見られ、その後、経済的収益率は一九九三年から二〇〇〇年にかけてわずか三％上昇しただけで、それ以降、インターネットバブルの崩壊とともに低下していった。思い返してみると、アメリカ企業の繁栄はICT効果や新しい経営スタイルのおかげだと思われていたが、連邦準備制度理事会

図 1-3　アメリカ CEO 報酬対平均賃金，1970-1999

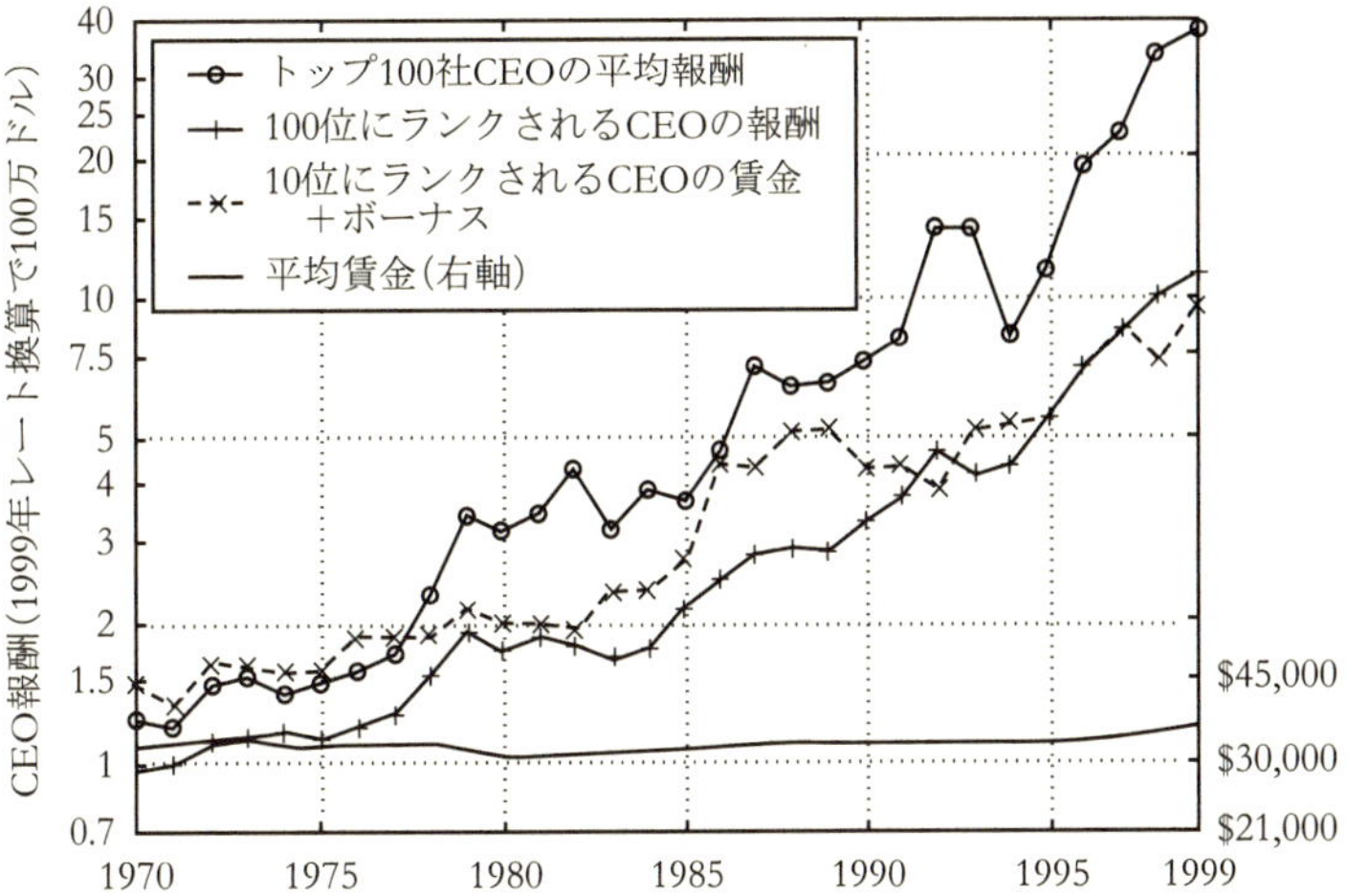

出所：Piketty and Saez（2003：33），図 11

（FRB）の政策の質と企業による信用や社債の賢明な管理にかなり依存していたのである。

3　業績改善や平均的賃金推移をはるかに超える高級幹部報酬の高騰

かくしてアメリカ上場企業の財務業績向上に対する経営者の貢献は、実際にはかなり控えめであったように思われる。経営者の報酬は同じような、したがって控えめな上昇にとどまるべきであった。しかし反対に経営者は、彼らの総報酬の前例をみないブームを享受した（**図1―3**）。一九七〇年代初頭、最上位一〇〇社のCEOの平均報酬はおよそ一三〇万ドル（一九九〇年のドル換算）であった。それに対して平均賃金は、およそ四万ドルだった。一九七五年以降、これら二つの変数は趨勢的に分岐していった。平均賃金がほぼ一定であったのに対して、最上位一〇〇社のCEOの平均報酬は急速に、そしてほぼ持続的に上昇し続け、一九九九年に四〇〇〇万ドルに達した。アメリカの金融バブルの始まった一九九五年以降、CEOの総報酬は再び加速した。

こうした数字は本章の核心的な仮説を確認しているように思われる。つまり対外競争が及ぼす競争的脅威の恩恵を受け、それ以上にまた、金融化が企業統治に与える影響の恩恵を受けて、アメリカのCEOは、もはや自分たち自身を常用の給与所得者のなかのエリートだとは考えなくなった。しかしながらドイツや日本のCEOは、依然として、自分たち自身を上層の給与所得者だと思っている。ところがアメリカではもはやそうではなく、経営者は金融業者の暗黙的な同盟相手なのである。

4　株主価値という大義のもとでの経営者と金融業者の隠された同盟

一九八〇年代半ば以降、金融の自由化、無数の金融イノベーション、アメリカからその他諸国へのこれらの普及は、企業統治の考え方を一変させ、また経済政策の方針をも一変させた。世間一般の通念によれば、製造部門やサービス部門で活動する株式会社は機関投資家の強い要求に従うようになった。これら新しいアクターの権力は、他ならぬ金融規制緩和や高い資本移動に由来し、彼らに新しいゲームのルールを要求する権利を与える。そのルールとは、投資資本の高収益率、現実収益を事前予測や金融アナリストの期待に一致させること、企業によって生み出される利潤フローの安定性などである。アメリカや、それほどではないがイギリスでは、金融主導型成長レジームがフォーディズム的成長レジームに取って代わった。金融主導型モデルの妥当性はドイツや日本のような国では保証されなかった（Boyer 2000a）。このような国民的成長レジームの分岐にもかかわらず、株主価値の理想、あるいは少なくともそのレトリックは、世界の隅々に広まった。

しかしながらより詳細に考察してみると、もっと微妙な評価となる。金融投資家によって促進されたストックオプションの一時的流行や、企業金融における多くの専門家のサポートを考慮に入れると、株主と経営者の利害を再び結びつけるという目標はまずアメリカで広がり、その後、その他の多くのOECD諸国に広く普及した。利口なことに必ずしも公に認めることはしないが、経営者は彼ら自身の報酬を再設計するために機関投資家の要求を利用した。給与の他に、多様な報酬形態が利潤や株式市場価値に基づいて展開され、それらはCEOの総所得を劇的に増大させた（Piketty and Saez 2003: 16）。高級幹部は柔道技を実践した。つまり金融業界の圧力を逆手にとって、経営者の利益になり、給与所得者の交渉力を継続的に弱くしていくような動きへと変換したのである。

かくして投資家の圧制の下で、経営者と投資家の暗黙的同盟が誕生し、給与所得者は労働市場の規制緩和の新しい波に従わなければならなくなった（**図1—4**）。例えば、解雇されないためには給与所得者は、まさに企業収益率を安定させるために、より大きなリスク負担に耐えなければならなくなった。したがって賃労働関係そのものが転換したのである。何よりもまず、賦課方式年金制度から積立方式への移行は、莫大な貯蓄の株式市場への流入を引き起こす（Montagne 2003）。アメリカではこうしたことが金融主導型成長レジームを促進した。第二に、はかばかしくない給与増加を補おうとして、

図 1-4　1990 年代——投資家と経営者の同盟

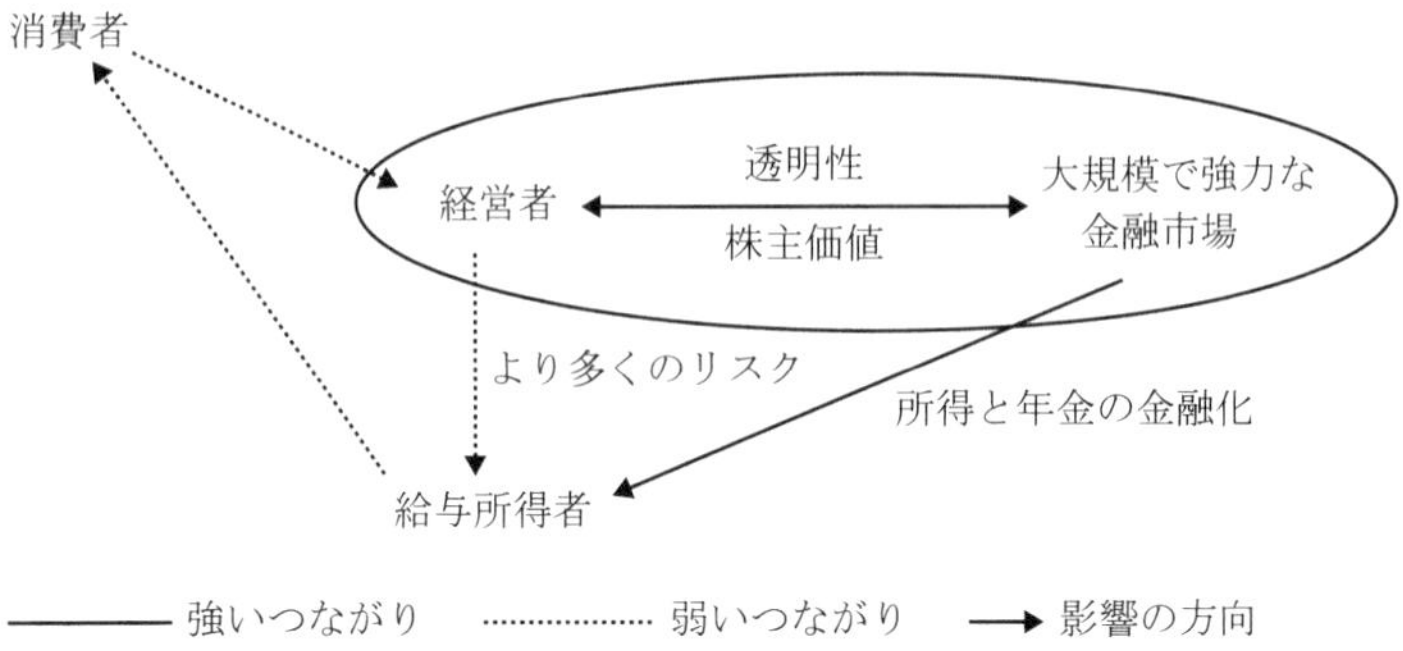

常用労働者は様々な形での利潤シェアリングを受け入れ、さらに彼らは特別な枠組みで会社株式を購入した。かくして経営者は、彼らの同盟相手の方向転換を行なったのであるが、それは所得不平等のマクロ経済的パターン——調整様式——や、さらには経済政策の形成に対しても、決定的な影響を与えることになった。

5　経営幹部に有利に働く権力と情報の非対称性

経営者が果たすこのような中心的役割をどのように説明できるだろうか。政治経済学的アプローチは一つの解釈を提示する。企業における彼らの地位を考慮に入れると、構造的に経営者は経済的領域で権力を行使することができる。権力関係は政治的領域に限ったものではなく、経済的領域においても違った形で存在している（Lordon 2002）、と。このような労働と金融の双方に関する明確な非対称性は、多くの要因によって説明されよう。

・まず日常のありふれた観察では、経営幹部は日々意思決定をし、企業戦略に直接的な影響を与える。反対に取締役会の監視はそれほど頻繁に実行されず、金融アナリストによる監視は間接的なものにすぎず、多くのOECD諸国では給与所得者は彼らが働く企業の経営に対して発言権をもっていない。

・したがって経営者は、金融市場、競争相手、労働者代表に開示する必要のない特殊な知識や能力を築きあげる。外部の金融アナリストは企業やその競争相手に関する統計情報を収集するかもしれない。しかし収益性の真の源泉は依然として謎のままとなろう。なぜなら彼らは、特定の企業に成功をもたらす込み入った事情にまだ十分に精通していないからである。

・定義によって、すべてのインサイダー情報が開示されるべきではないし、アウトサイダーに提供されるべきではない。というのもそれは、特別利潤の源泉になるかもしれないからである。したがってこのような情報を戦略的に、機会主義的に利用しようとする明確なインセンティブが存在する。もちろん株式市場におけるインサイダー取引は違法であるが、インサイダー情報やインサイダー知識の日常的利用はそうではない。

・トップ経営者とさまざまな取締役会や委員会との間には権力や情報の強い非対称性が存在する。それらのメンバーは経営幹部によって任命され、彼らに与えられる情報は企業スタッフによって作成されるのであり、こうして結局、取締役会メンバーは同じ社会ネットワークに組み入れられる傾向がある。したがって、CEOによって提起される協議事項や提案を受け入れる可能性は、かなり高い。同様に、株主総会の時期、小口の大衆株主は代替的な指名や提案を提出する材料を持っていない(Bebchuk 2004)。したがって監査役、金融アナリスト、株主組織による経営者の監視は事後的に行われ、それは一般的に金融状況が劇的になったときに行われる。経営者監視の微調整《ファインチューニング》は実際に極めて難しいのである。

これらすべての議論は、利益創出に関する同一の、そして中心的な特徴的見解に由来している。企業＝財産観の仮定によれば、一般的な価格メカニズムにしたがえば、利潤は代替可能な生産要素と一般的な生産要素が——価格システムの支配のもと——混合されることによって生み出される。それぞれの生産要素はその限界生産性に応じて支払われるというのが、その基本的な仮説である。このモデルは、企業＝有機体観を採用するやいなや崩れ去る。これは、企業は模倣が困難な補完的諸能力の集合によって定義される、という考え方である（Biondi et al. 2009）。こうしたことは、資本への支払がいったん現行利子率でなされるようになると、企業の純利潤の源泉となる。したがって経営幹部の確立された権力は、利潤を生み出す企業能力のミラーイメージなのである（Bebchuk and Fried 2003; Bebchuk 2004）。それゆえに、経営者よりも金融市場のトレーダーの方が特定企業の成功の源泉と原因を詳しく知っていると考えるのは幻想である。トレーダーたちの情報優位性は、同一部門に属するサンプル企業のマクロ的・部門的な決定因に関する統計分析に由来しているのである。

第3節　企業レベルにおける経営者権力——収斂する実証的証拠

右にみた構図にあっては、トップ経営者は中心的な役割を担っていた。というのも、彼らは他の社会的グループと同盟を結び、さらにこれらの同盟は制度的、政治的、経済的な文脈に応じて変化するからである。ミクロおよびマクロの両レベルにおける経営者の本来的権力に関して前述した仮説は、これを完璧にかつ直接に検証することは難しい。しかし点在する証拠から暗に示されることは、そのような権力が存在し続けているということである。

1　経営者がストックオプションからたなぼた的利益を得ていることは明らかだ

アメリカにおけるストックオプションの集中的な利用は、ＣＥＯの戦略を株主の利害と結び付けるためだと思われていた。すでに議論されたことではあるがミクロレベルでは、そのような利害調整は完璧にはできない。企業がマクロ経済的文脈に取り込まれるとき、新しい不一致の源泉が現れる（図1—5）。

・第一に、投資（さらにまた研究・開発支出）と企業競争力へのその効果とのタイムラグを考慮に入れると、現在の企業財務業績は、多分に、前任のＣＥＯらが下した意思決定に負っている。実

図 1-5　なぜストックオプションは企業業績への経営者の貢献を解決しないのか

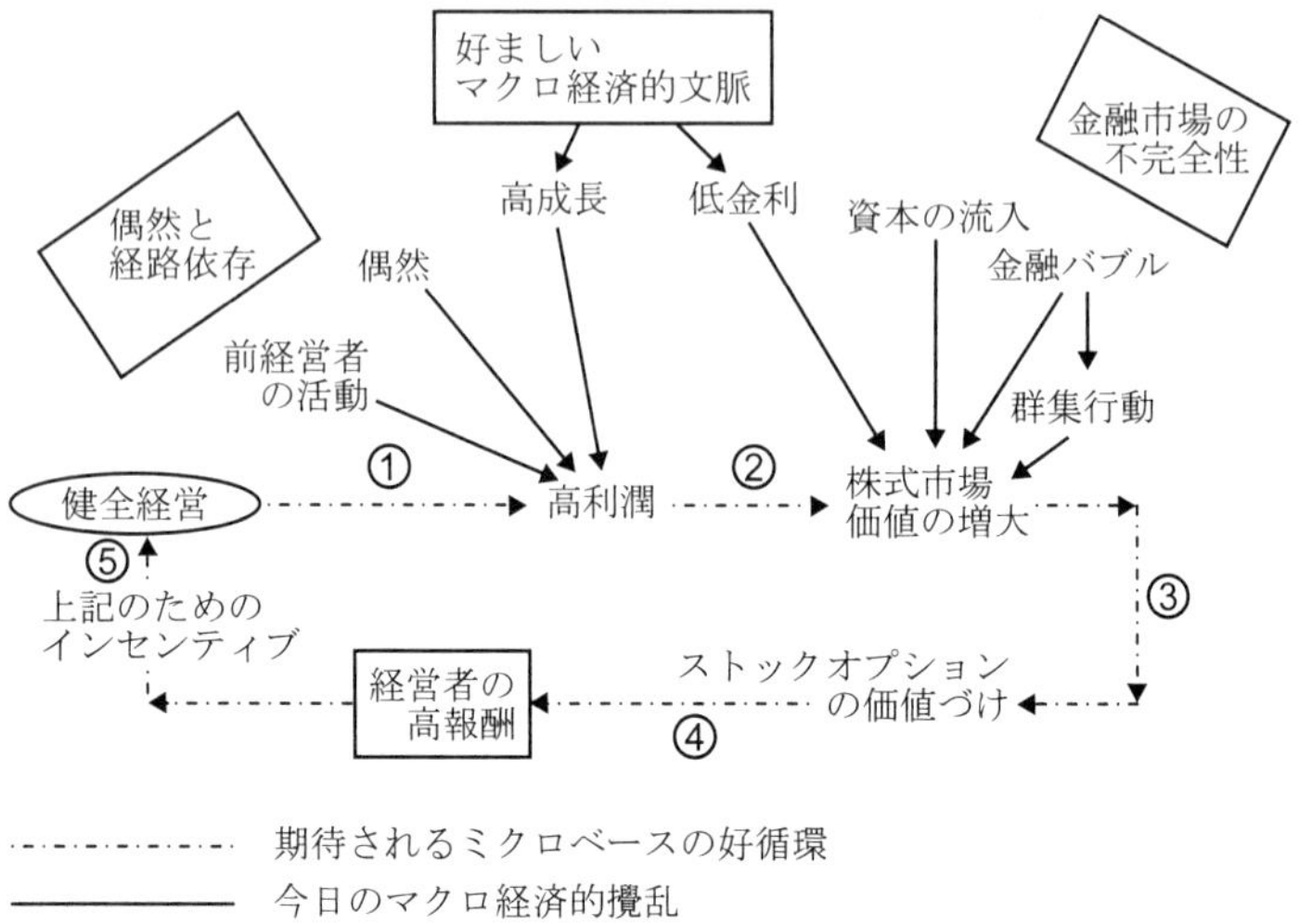

際に株式市場による財務評価にかかわる時間は、イノベーションや設備投資の成熟にかかわる時間よりもずっと短い。自動車産業や、それ以上にバイオテクノロジー部門は、そのようなタイムラグの格好の例であり、それは一〇年あるいは二〇年近くになることもある。

・ストックオプションとCEOらの実際の功績の不一致を引き起こす第二の源泉がある。一九九〇年代後半、ほとんどインフレを伴わない急激かつ安定した成長が超低金利を可能にし、その結果として、経営の質と直接的な相関関係のない投機バブルが引き起こされ、拡散した（Boyer 2004b）。優秀な経営者もそうでない経営者も等しく、次のような共通の信仰から利益を享受した。すなわち、新しい成長レジームが誕生し、利潤は伸び続け、投下資本に対して空前の収益率が持続するだろうという信仰である。

・ストックオプションの第三の限界は次のような事実にもとづいている。つまり金融市場は、一般的にミクロ効率的（株式の相対価格を評価する点において）だが、金融市場は異時点間の資本配分の失敗を免れえないという意味においてマクロ非効率的であるという事実である。自信過剰やそのことが引き起こす行動はきわめて流動的な金融市場に典型的な不確実性への反応であり、それゆえに投機バブルを生み出す（Orléan 1999）。そのような投機的時期におけるＣＥＯ報酬は、もはや彼らが経営する企業業績に対する貢献度とは何の関係もない。

これら三つのメカニズム（経路依存性と偶然、マクロ経済的文脈の影響、金融市場の不完全性）は、ストックオプションの信奉者が期待する核心的な好循環に全面的な歪みを生じさせる（**図1―6**）。ミクロレベルでのストックオプションのインセンティブ・メカニズムとそれらのマクロ的決定因との間にあるこれらの分岐は、一九九五年から二〇〇〇年にかけてのＣＥＯ報酬の急上昇に大きな影響を与えた（**表1―1**）。もし金融市場が完全であれば、配当の分配が唯一の適切な業績指標になるであろうし、ストックオプションから恩恵を受ける株主やＣＥＯの報酬の源泉となるであろう。実際に一九八〇年代初頭以降、株価上昇は株主に対する全体報酬の三分の二から四分の三を占めていた。このことは、この期間におけるＣＥＯ報酬の過剰評価を概算的に示している（Erturk et al. 2004: 25）。

図 1-6　1997 年以降の体系的な利潤過大評価
——アメリカにおけるゆっくりとした調節プロセス

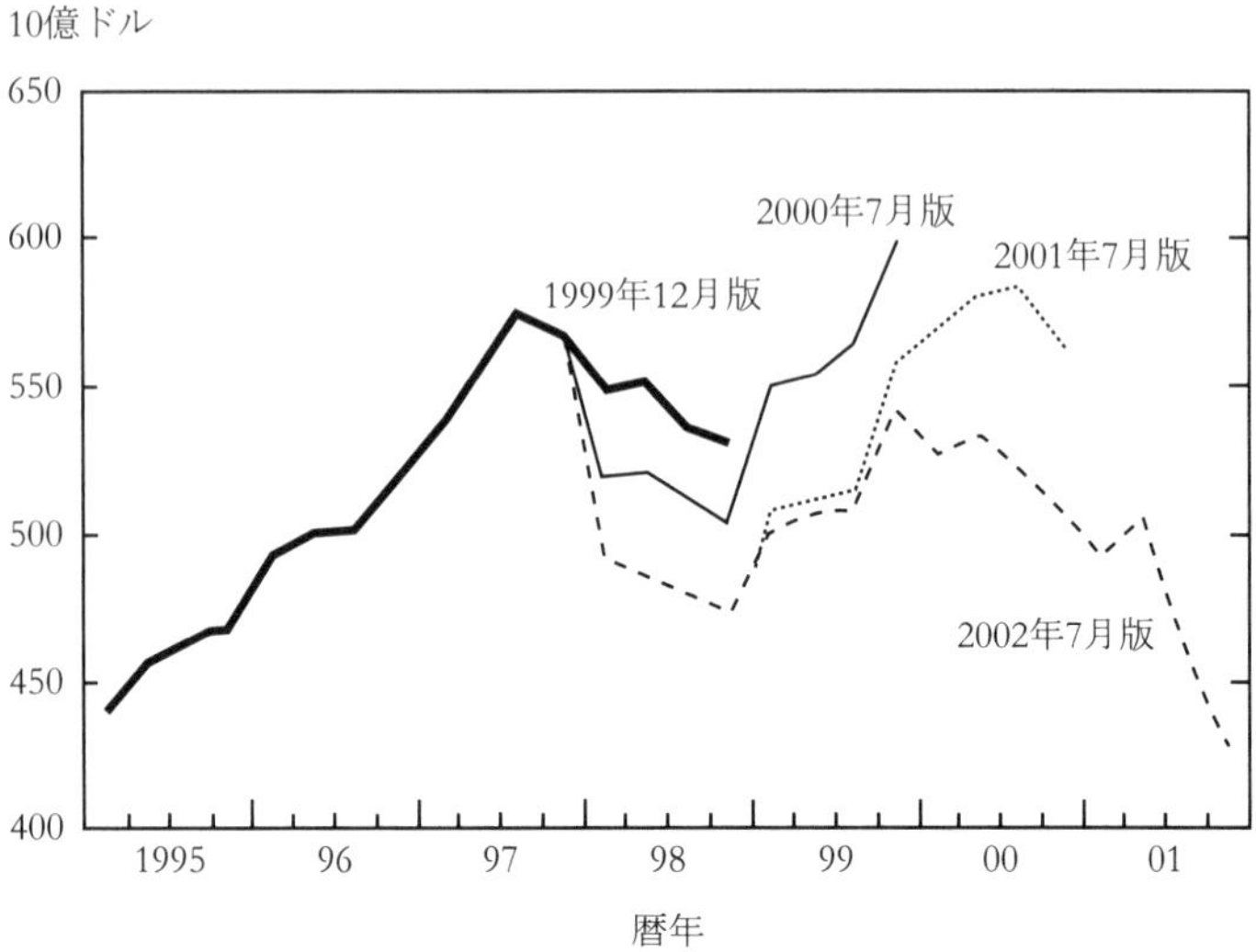

出所：Himmelberg et al.（2004：10）.

表 1-1　アメリカの企業利潤に対するストックオプションの影響と，その二つの評価

a. 税引後企業利潤に占める行使されたストックオプション比率

	1997	1998	1999	2000
1. 行使されたストックオプション	68.61	100.08	139.29	197.37
2. 経済分析局による推定利潤	552.1	470.0	517.2	508.2
行使されたストックオプションの対利潤比	12.4%	21.3%	26.9%	38.8%

出所：Himmelberg et al.（2004：10）.

b. S&P 企業の純利得に占めるストックオプション支出の割合

1996	1998	2000	2002
2%	5%	8%	23%

出所データ：Business Week（2003 年 7 月 20 日：38），The analyist's accounting observer.

2　一九九七年以降流行った企業戦略――損益計算書の改ざん

トップ経営幹部の相対的な自律性はまた、資本市場に提供される情報にも影響を与える。この点においてアメリカの制度は、企業会計原則（GAAP）の解釈に対してかなりの自由を与えている。インターネットバブル期には、多くの企業がこの機会を利用し、悪用した（Himmelberg et al. 2004）。振り返ってみると、企業利潤の過大評価がかなりひどかったので、事後的な正確な数字は一九九七年の後に企業利潤が減少したことを示している。それに対して事前的には二〇〇一年七月まで、企業は一般に利潤の上方修正を報告していた（図1―6）。

リアルタイムでの私的情報と、アメリカの国民経済計算による事後的な公的評価とのこうした不一致には、数多くの原因がある。第一に、企業と国民経済計算の会計ルールは同じではない。しかしこのことによって図1―6で示されている不一致を説明することはできない。図1―6では米国商務省経済分析局（BEA）の推定だけが唯一、普遍のルールにしたがって作成されたことを示している。二つ目の、きわめて重要な不一致の原因は、一九九〇年代後半に行使された従業員ストックオプションの予期しなかった増加に関連している。この期間中、ストックオプションは企業によって費用としてみなされなかった。このような特徴は株式市場の高騰を引き起こした。つまり基本給からストックオプションへの従業員報酬の転換は、企業利潤を増加させ、したがって企業の株価を上昇させ、最終的に広範囲の従業員にストックオプションを譲渡する新しいインセンティブが引き起こされた。もちろんCEOとCFOはこのトレンドからの主な受益者であった。

別々の二つの調査が示すところによれば、企業利潤全体に占めるストックオプション行使の割合は、一九九〇年代中頃から二〇〇〇年代はじめまでに着実に増加していった。BEAの調査では、ストックオプションは一九九七年に一二・四％を占めていたが、二〇〇〇年代まで継続的に上昇し続け、企業利潤のほぼ三九％に達した。『ビジネス・ウィーク』（Business Week 2003: 38）によれば、S&P格付け企業の純利得のうちストックオプション支出は一九九六年ではわずか二％だったのが、二〇〇〇年には八％になり、最終的に二〇〇三年に二三％に達した（**表1―1**）。

図1―6において評価が分かれている原因を説明するために、三つ目の、もっと問題にされるべき戦略が考慮されなければならない。つまり上場企業は、GAAPの融通自在性を利用し、創造的会計〔粉飾まがいのいかがわしい会計〕を企み、ある極端なケースでは自らの株価の上昇を維持するために嘘をつくことで（エンロン、ワールドコム、アホールド）、損益計算書を意図的に誇張したのである。こうしたことは、株主価値とROE〔自己資本利益率〕一五％という約束が結びついたことの、意図せざる副産物であった。長い目でみれば、そのような目標はほとんどの企業や部門において実現されえない。したがって、創造的会計が有名なビジネススクールで教えられる人気科目の一つになり、またCFOによって実践されたとしても、まったく驚くことではない。結果としてCEO、CFO、その他のトップ経営幹部は、株式市場の大暴落前に彼らのストックオプションを行使する機会を得たことによって、潜在的にであれ実際にであれ、大金持ちになった。こうしたことは、現代企業のトップ経営陣を利する自由裁量権に関して、追加的な証拠を提供している。

第4節　経営者権力――企業から政治的舞台へ

そろそろトップ経営幹部の大きな自律性や権力を生み出した大企業内部のミクロ構造や機能から抜け出して、大規模上場企業の社会・政治システムへの編入が一九八〇年代中頃からどのように変化してきたのかを検討しよう (Fligstein 1990; Fligstein and Shin 2004)。CEO報酬の高騰、とりわけストックオプションの急増に関しては、マクロレベルにおいて一連の妥当な説明を与えることができるかもしれない。

1　金融自由化はCEO報酬の高騰にとって前提条件だった

大企業における各部局間のヒエラルキーが内部的にシフトしたことは、アメリカの成長レジームの転換と密接に関っている。CEO報酬の高騰とCFO報酬の上昇はフォーディズム・レジームの下では、明らかに起こらなかったことである。というのも、金融規制が厳しく、その時代の主な課題は――ケインズ流の金融・財政政策をもっぱら参考にした――(ほとんど国内の) 需要と生産の相互調整であった。しかし一九六〇年代後半のフォーディズムの危機は、重大な構造的変化の時代の幕開けとなった。すなわち基本的に、輸入の伸張、労働市場の規制緩和、金融のイノベーションと自由化といった変化である。したがって給与所得者の交渉力は弱められ、経営者は金融市場の要求に応えなけ

図 1-7　経営幹部報酬の金融化における主な経路と要因

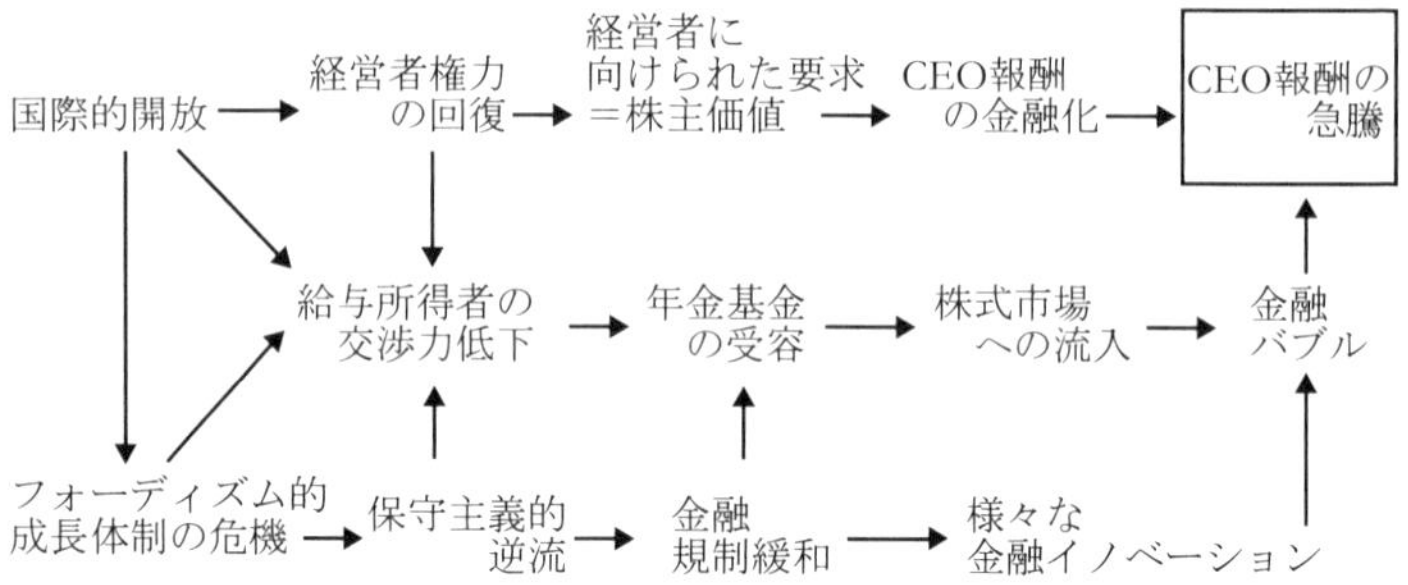

ればならず、労働市場の要求に対してはそれほど応えなくなった。

年金改革は決定的な役割を果たした。というのも、それは賃労働関係の変化と金融レジームの転換を結び付けたからである（Montagne 2003）。一方で年金基金の株式市場への流入はその流動性を高め、かくして株式市場は金融バブルを引き起こしやすくなった。他方で金融仲介業者や金融機関は、株主価値が上場企業の唯一の関心事であるべきという考えを全面に押し出した。金融化（Palley 2007）とＣＥＯ報酬の高騰はこれら二つのメカニズムの相互作用の論理的帰結である（図1―7）。

2　経済的権力が政治的権力に変換されるとき

企業内における経営者権力のミクロ基盤的分析は、政治経済学におけるある説明によってうまく補完される（Roe 1994）。この説明が示したのは、経営者は自らの経済的権力を、どのようにしてその利害にそって経済政策を部分的に形成できるような力に変換できるのかということである。ここ二〇年間、大企業は政治的舞台で影響力を行使するために退出と発言をともども利用してきた。第一に、国民経済の広範な対外開放や資本の自由移動に伴い、多国籍企業の経営者は彼らの国内生産拠点の競争力という要求にしたがって、国内の労働契約を見直すことができた（図1―6参照）。第二に、彼らは海外では特別待遇を受けることができるのだと主張して、収益への課税低減を求めた。かくして経営者は海外移転の脅威すなわち退出と、政治家に向けたロビー活動を通した発言とを結び付けた。

　産業界および金融界は政治家に対して活発に彼らの要求を表明し、聞き入れられてきた。つまり政府は産業界に有利な政策を実行した。政府は労働市場を規制緩和し、国家による福祉給付を減らし、高所得者への課税を低減し、公正な競争に好意的な考え方を採用した。さらにロビー団体は新しい金融派生商品――エンロンエネルギー商品からサブプライム商品まで――に規制をかけないよう、公然と要求した。こうしたことはアメリカにおける連続した金融危機の発生に決定的な役割を果たした。

3　最富裕層に有利になるよう再設計された課税制度から利益を得る

　トップ経営者や金融業者はさらに、アメリカの課税制度の長期的変化から恩恵を受けている。裕福な者は貧困層よりも政治プロセスにいっそう参加しているために、彼らは高所得者層の限界税率の軽減を勝ち取ることに成功した。中位のアメリカ家計の実効連邦税率は一九六〇年代以降急激に上昇した後、一九八〇年からほぼ一定である。しかしその推移は、大金持ちや最上位一％の家計にとっては真逆であった（表1―2）。同様に給与税や福祉拠出金は、一九五〇年の六・九％から二〇〇〇年には三一％に上がったのに対して（表1―3）、法人税はきわめて低い水準（一〇％）にまで下がった。

表 1-2　中流家計と富裕家計に対する税率の対照的な推移

	実効連邦税率	
	中位家計	大金持ちもしくは最上位 1%
1948	5.30	76.9
1955	9.60	85.5
1960	12.35	66.9
1965	11.35	68.6
1970	16.06	
1975	20.03	35.5
1977		31.7
1980	23.68	
1981	25.09	
1982	24.46	
1983	23.76	
1984	24.25	
1985	24.44	24.9
1986	24.77	
1987	23.21	
1988	24.30	26.9
1989	24.37	26.7
1990	24.63	

出所：Phillips（2002：96）.

表 1-3　企業の連邦税負担割合の減少と給与税割合の上昇

	総収入に占める割合（%）	
	法人税	給与税*
1950	26.5	6.9
1960	23.2	11.8
1970	17.0	18.2
1980	12.5	24.5
1990	9.1	35.5
2000	10.2	31.1

出所：Phillips（2002：149）.
＊ 社会保障年金および老齢医療保険

かくして社会全体のレベルでは、企業家所得の上昇（Piketty and Saez 2003）、社会的正義の考え方の変化（市場による分配は公平である）、所得税の改正、国家収入全体に占める企業シェアの低下は、大企業の刷新された政治的権力、とりわけ大企業のトップ経営幹部の政治的権力という仮説を裏付けている。

第5節　象徴的な新しい蓄積レジーム

今や、アメリカのCEO報酬の高騰が単に局所的で一時的な物珍しさではなく、現代資本主義の構造的転換の兆候であるということは明らかだ。

1　金融主導型蓄積レジームの核心
――経営者と金融業者との新しい同盟――

実際に、制度諸形態の全体としてのアーキテクチャーは、以下のような事実上の社会的妥協の下で再編されてきた。つ

図 1-8　新しい金融主導型蓄積レジーム

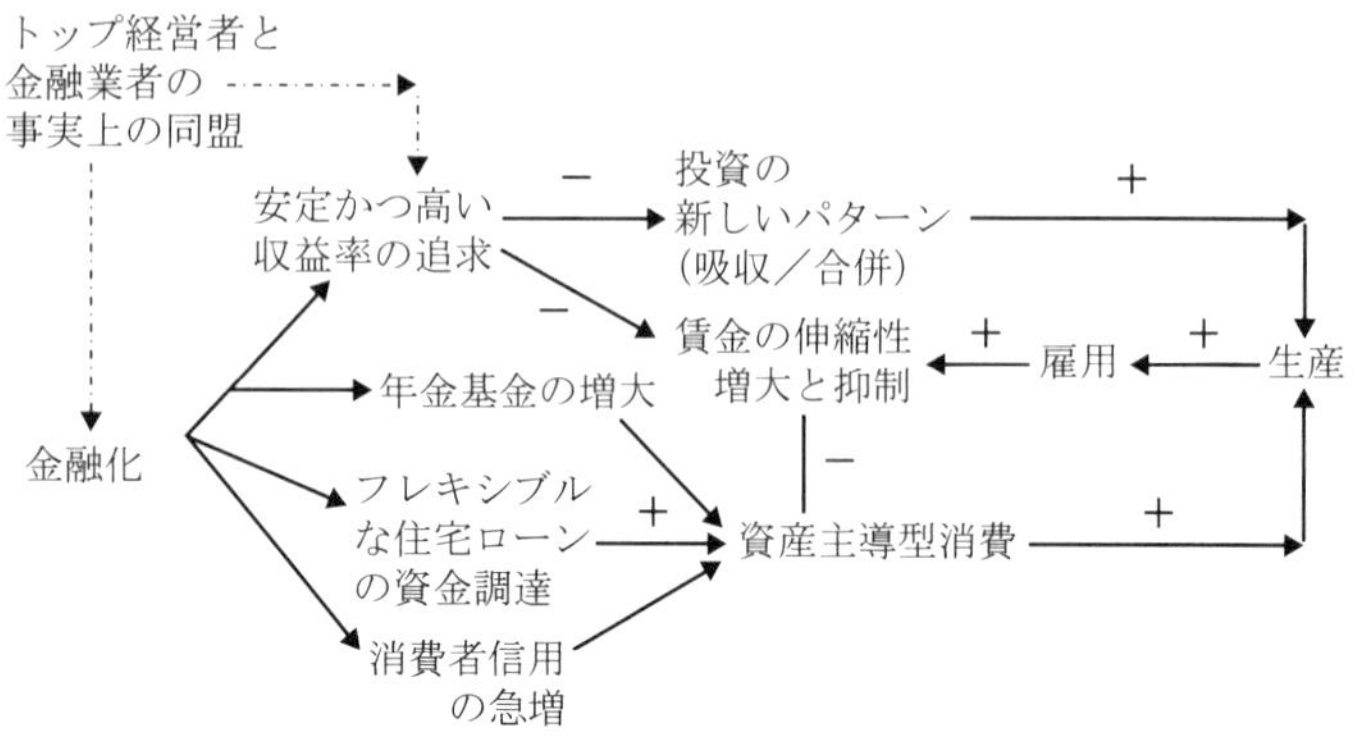

まりトップ経営者は株主価値原理を受け入れ、その代わりに金融業者は経営者権力を容認する、という妥協である。給与所得者はこの布置から除外される。ただし、給与所得者がその報酬の大部分を自ら働いている企業の財務的成功と連結させることに同意する場合は別であり、また、彼らが年金基金に加入し、株式市場ブームから利益を得る可能性がある場合も別である。このような同盟は金融制度を支配的な制度形態として位置づける。というのも、その機能そのものが他の制度諸形態の決定的な変質を意味するからである（図1―8）。

- 上場企業は株主の要求に応えるために、高くて安定した収益率を追求する。こうして投資への新しいパターンが誕生する。生産的投資は期待需要よりも利潤に対してより敏感になる。それに対して株式市場の高い流動性はM&A〔合併・買収〕やLBO〔レバレッジド・バイアウト、すなわち借入金を活用した企業・事業買収〕を起こし易くする。
- この金融制度の新しい構図は賃労働関係の変化にとって

決定的な影響を与える。黄金時代のころ、企業は給与所得者に対してよく保険相当のものを与えていた。というのも彼らの報酬は、市場経済に典型的な不確実性によって直接には影響されることはなかったからである。株主価値の増大に伴って、今やこの不確実性の一部は――素早い雇用調整、賃金の伸縮性、それほど寛大ではない福祉給付を通して――労働から生まれている。結果として、賃金支給はマクロ経済的ショックにより敏感になり、家計の消費プロファイルはマイナスの影響をこうむる。

・金融化は部分的あるいは全体的に、このような逆方向のトレンドを相殺する。なぜなら金融化は家計の予算制約を一時的に緩和するからである。賦課方式から年金基金方式への移行は給与所得者の資産を変化させ、金融資産は消費の重要な決定因になりつつある。同時に、利子率が低下するとき、住宅ローンを見直す能力によって、新しい金融の源泉が開かれた。企業による労働のフレキシビリティの追求の結果たる賃金抑制があるにもかかわらず、信用への容易なアクセスによって消費が下支えされる。

したがってこのような新しい同盟は制度諸形態のヒエラルキーに変化を引き起こす（Boyer 2000b）。そして少なくとも可能性として、経営者とコアの給与所得者との同盟に暗にもとづいた――そしてフォーディズム・レジームとは対立する――真正の蓄積レジームが構築されるだろう。

図 1-9　金融主導型蓄積レジームの主なマクロ経済的関係

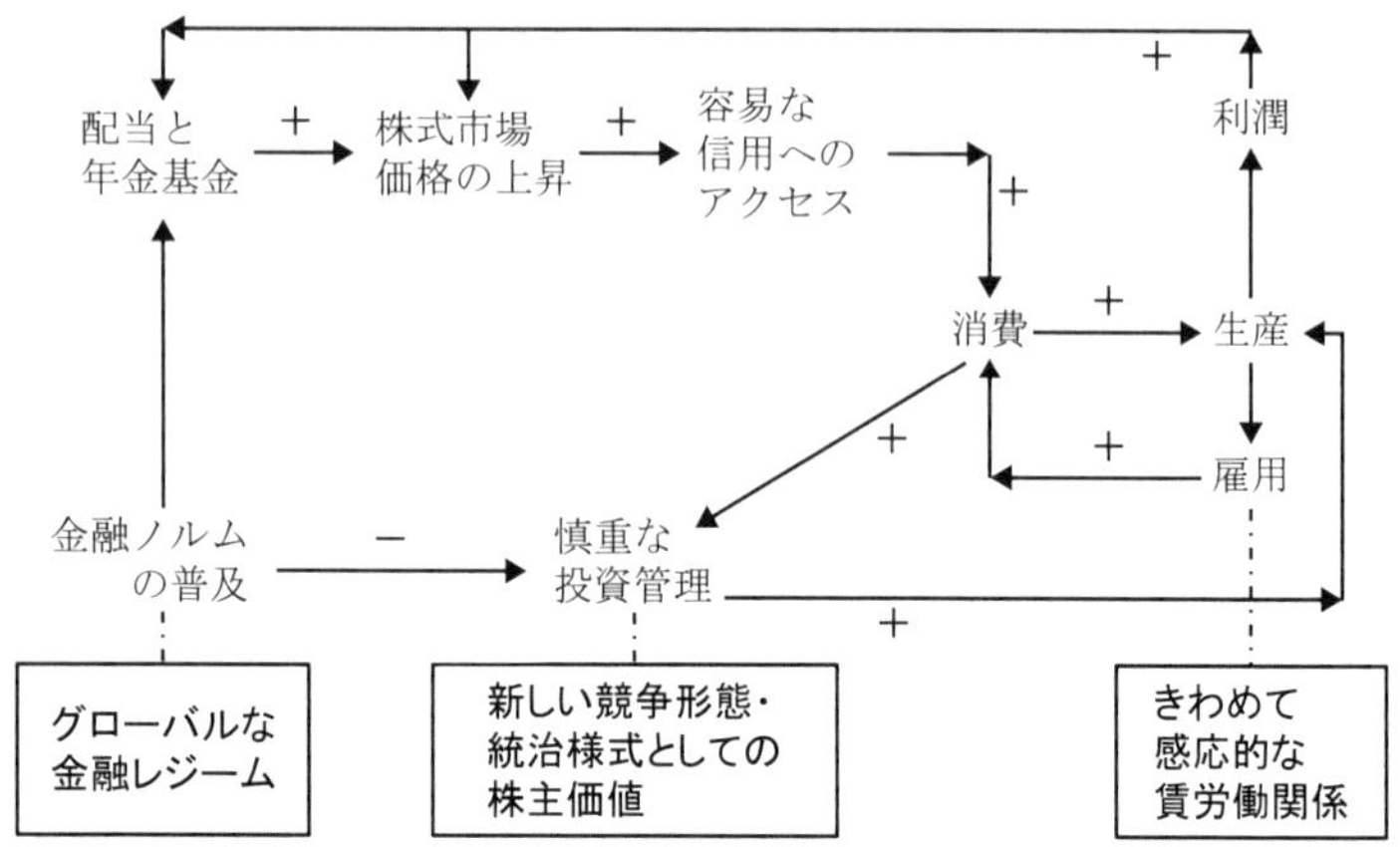

2　金融主導型蓄積レジームの構成要素

このレジームの中核的な変数は株式市場の評価である。というのも、株式市場こそが企業の戦略および個人の行動を支配するからであり、そしてこの市場はすべてのアクターの期待を社会化するからである（Orléan 1999）。金融制度の重要な構成要素として、直接金融が銀行信用よりも上に立つ。つまり信用へのアクセスの寛大さは、株式市場の評価によって条件づけられている。生産的投資の慎重な運営はマクロ経済諸変数にとって新しいパターンをもたらし、同時に、銀行が家計に信用貸しをする際には株式市場の富が考慮に入れられる（**図1―9**）。

結果として、生産や雇用の水準はもはや、金融市場のいかなる主要な役割とも独立した生産ノルムや消費ノルムの相互作用の結果ではなく、つまりは戦後期の黄金時代的レジームではないのである（Aglietta and Rebérioux 2004）。基本的に株式市場は、すべてのアクターが意思決定をするときに考慮する焦点となる。なぜなら、株式市場は期待の調整を提供するからである。かくして成長はこうした期待によって左右される。

3　金融主導型蓄積レジームは可能だが、特殊な条件を必要とする

右のような仮説を使いながら、以前の研究では金融主導型成長の単純なモデルが提示された（Boyer 2000a）。このモデルは、前望的でいくらかリスクのある行動（株式市場が明日はお金持ちになると家計に言っているので家計は今日消費をする）に立脚しており、したがってこのモデルは構造的に生命力があるようには見えないが、それでもある動態的均衡点をもつかもしれない。そのようなレジームの可能性そのものは、投資関数および生産関数のパラメーターに対して、ある精密な構図を要求している。おそらく、可処分所得に占める株式資産の比率が高まれば高まるほど、消費に対する資産の影響はますます重要になり、また、加速度効果に関連して利潤の投資性向はますます高くなる。

第6節　特殊なアメリカ的モデルは二〇〇七年に構造的危機に陥った

この単純なモデルは二つの興味深い結果を提供する。それらは金融主導型ＳＳＡ〔社会的蓄積構造〕の普遍性と長期的安定性に関するものである。

1　このモデルは世界の他の諸国に簡単には広まらない

いくつかのＯＥＣＤ諸国に対してこのモデルを大まかにカリブレートしてみると、一つ目の興味深い結果が得られる（表1―4）。アメリカ経済は明らかに、こうした金融主導型レジームの唯一の候補者であり、次いでイギリスがこれに続く。これと対照的に、その他のすべての国に関しては、株主価値原理が導入されてもパフォーマンスが良くなることはない。そのような結果の理由はきわめて単純である。つまり賃金が主な収入源であり、金融ポートフォリオが小さく、投資が本質的に需要に反応し利潤には直接反応しないときには、金融化は――生産、利潤、雇用における損失を意味するので――有害となる。さらにまた、金融業者、産業家、給与所得者の間の明示的あるいは暗黙的な同盟は、アメリカで普及しているものと比べて、実際にかなり異なっている。

アメリカの構図では、金融規制緩和、企業統治の転換、ＣＥＯ報酬体系におけるストックオプションの増大、賃労働関係の金融化が驚くべき調和を示している。アメリカでは、金融業者とトップ経営者との同盟が真新しい金融主導型蓄積レジームへの一本化に貢献したが、このことは他所では起こらなかった。

2　このレジームの成功が金融的脆弱性およびサブプライム型構造的危機へと自らを押しやる

しかし安定した金融主導型ＳＳＡから出発したとしても、経済は三つのタイプの変化によって不安定になる。第一に自己資本利益率（ＲＯＥ）の目標レートには限界がある。ＲＯＥがあまりに高すぎ

表 1-4　アメリカに典型的な金融主導型 SSA は，イギリスを除いてその他の諸国に広まる可能性は少ない

変数＼国	アメリカ	イギリス	カナダ	日本	ドイツ	フランス
平均消費性向（1996）	0.95	0.926	0.956	0.869	0.884	0.908
株式資産／可処分所得（1997）%	145	75	95	30	25	20
キャピタル・ゲイン／可処分所得（%）	35.5	15	11	–7	7	5
家計の金融資産における株式・債券割合	28.4	52.4	n.a.	25.3	21.3	14.5
市場金利	5.34	7.38	5.20	0.32	3.5	3.46
債権利回り	6.51	5.59	7.30	1.06	3.97	4.23
参照収益率（%）	12–16	12–16	12–16	5	6–7	9

出所：1 行目：日本 1998，経済広報センター『英文国際比較統計集』，p. 97.
2, 3, 4 行目：*The Economist*, 9 月 19-25 日，1998，p. 129.
5, 6 行目：『朝日データ年鑑 ジャパンアルマナック』，朝日新聞社，1998, p. 26.
7 行目：*The Economist*, 9 月 19-25 日，1998, p. 129.

ると、均衡は失われるだろう。したがってＲＯＥを上げるという持続的な圧力は、永遠に存在し続けることはできない。第二に、もし給与所得者の交渉力の継続的な低下によって賃金があまりに弾力的になれば、均衡が不安定になってしまうだろう。第三に、金融化の成功そのもの、すなわち勤労所得よりも急速な金融資産の持続的上昇は、安定的レジームから不安定レジームへの突然の転換を引き起こす可能性がある。したがって金融バブル――それはこのモデルでは捕捉できない――がなくても、金融化プロセスに対する内的障壁は存在する。

　こうしたことは、なぜアメリカ経済とある程度までイギリス経済が、二〇〇七〜〇八年危機によって最も深刻に打撃を受けたのかを説明している。この危機は典型的な好不況による調節以上のものである。なぜならそれは多くの構造的危機の特徴を示しているからである（Guttman 2008; Crotty and Epstein 2008）。一連の金融イノベーションは、アメリカ家計の可処分所得にかかわる信用ストックの累積的な増加を引き起こした。このような増加は初め成長を支えたが、しかし今やそれは消費回復に対する足かせとなっている。こうしたマクロ経済的限界の他に、店頭デリバティブ〔取引所などの外で行なわれるデリバティブ取引〕に対して価格メカニズムはもはや機能せず、それはデリバティブ商品の利乗せ《ピラミッド》の存続可能性に対するシステミックな問題を引き起こす。最後に、アメリカ金融制度の完全崩壊や、一九二九年型の累積的大恐慌を防止するためには、連邦準備制度理事会による例外的介入や政府予算措置が必要であった（Boyer 2008）。

第7節　結論

本章の主な目的は次の三つであった。

第一に、企業の実際の業績をはるかに超えた、そしてしばしば業績とはまったくかけ離れたアメリカのCEO報酬の高騰に対して、政治経済学的解釈を提示することであった。金融界がどれほど強力に見えようとも、CEOはその地位によって、アウトサイダーが容易には監視できないほどの固有の権力を持つにいたった。

第二に、このような局所的な経済的権力は政治的ロビー活動によって、それを資産横領に変換する力へと拡張された。皮肉にも、経営者と株主の利害調整を想定した株主価値の運動は、CEOがこの戦略で成功するのに一役買った。

第三に、これらすべての転換は一つの新しい金融主導型蓄積レジームへと集約されていった。それは当初うまく行き、アメリカのマクロ経済的ダイナミズムに貢献した。しかし二〇〇〇年代に入るとそれは金融脆弱性の域に突入し、最終的にサブプライムのデリバティブ市場の崩壊とともに、構造的危機を経験した。結果として、二〇〇七年危機の原因は、最も洗練された金融制度たるアメリカの金融制度のうちに探られるべきであって、一九九七年の金融危機とはまったくちがって、新興諸国のうちに探られるべきではない。

金融自由化の正当性がアメリカ市民によって疑われ、トップ経営者の報酬が綿密に検討されるようになったのは、初めてのことである。まったく不確実な新しい「ニューディール」に向かって、新しい時代が始まっている。

第2章　ピケティ『21世紀の資本』を読む

第1節　資本と不平等の関係についての要約――経済学者の信念との別離

経済学者は学術誌への投稿を通じてお互いに議論し、その内の何人かは新聞のコラム、テレビ、ラジオなどのメディアを通して、大きな時事問題に関する意見や主張を表明する。しかしながら、彼らの立ち位置は専門領域と必ずしも密接な関係にあるとは限らない。トマ・ピケティの著書のオリジナリティの一つは、不平等の推移を描写・分析し、その主要な決定要因を見つけ出すために、二〇〇一年から取り組んで来た膨大な学術研究の結果を集約していることである。とはいってもそれは、既に出版された論文の単なる寄せ集めではない。経済学の専門的スキルを必ずしも持っていない一般読者にも、彼の主な研究成果や経済政策への提言を伝えることができるように、きわめて教育的に書かれている。

第二に、これらの研究は、最初、フランスの富裕層と相続資産の長期的推移に焦点を当てていた。次に、多くの同僚、若手研究者、博士課程学生と協力して、アメリカ、インド、中国、ヨーロッパ、ラテンアメリカへと対象を広げていった。その結果として、所得と不平等に関する歴史的かつ国際的なデータバンクが誕生した。そうしたなかで本書は、とても説得力のある一連の図表を提供することになった。というわけで、〔フランス語版原書で〕あわや一千ページになろうかという本書『21世紀の資本』以下同じ〕の尋常ならざる分量の理由がわかる。おまけに本書は、一連の包括的かつ多様な付録と組み合わされており、それらはインターネット〔http://piketty.pse.ens.fr/capital21c〕で入手することができる。

三つ目のオリジナリティとして注目に値するのは、この長くて根気のいる研究が現代の支配的研究潮流に属するものではないと主張していることである。ここで提示されているのは、不平等のミクロ経済学的基礎に関するいささか幼稚で錯乱した研究ではなく、包括的な意味をもつ分析である。また本書は、何であれ、ある大理論に由来する標準モデルを検証するために話を進めているのではない。とはいっても、ひとたび説明しようとする問題や定型化された事実が画定されたならば、著者は躊躇なくあれこれの分野の理論的先行研究を必要に応じて動員する。著者は認知科学プログラムを取り入れようとしているのではないし、経済理論に心理学を再び導入しようとしているのでもない。むしろ、ピケティは、文学や映画の各種作品を好んで参照する。それらは、アクターが自らの意のままに操ることが出来ない歴史的・制度的な文脈に置かれたときの、彼らの行動を解釈するための手がかりを提供している。ピケティはまた、管理された実験に基づいた実証的手法――これはある種の科学者的幻想の犠牲だと考えられている――がぶつかる熱狂をなだめる。実際に、彼は次のように指摘している。「新手法はしばしば歴史の無視につながり、歴史的な経験こそが今でも主要な知識の源泉なのだという事実も見失わせてしまう」（邦訳605〔以下、ピケティからの訳文は山形浩生ほか訳『21世紀の資本』みすず書房、二〇一四年、に依拠し、このように表記する〕）。

第2節　長期歴史統計への讃歌

これは、実際に本書の中心的な問題意識である。つまり、経済学者の使命は、出来る限り広範な地理的範囲を対象にして、長期時系列における綿密な分析によって導きだされた規則性、連続性、断絶を説明することにある。数量的な歴史分析には少なくとも次の三つの利点がある。

一つ目は、経済学者によるものも含めて、決まり文句《クリシエ》や慣習的表象を検証するという利点である。例えば本書は、一九世紀のアメリカが旧大陸ヨーロッパよりもずっと平等であったということを証明する。なぜなら、二〇世紀末から現れる資産の極度な集中は、まだこの時期には出現していなかったからである。同様の仕方で、資産と不平等の世代間の移転を扱う章においては、今日、社会的流動性はアメリカよりもヨーロッパのほうが大きいということが示されている。この点、政治指導者たちが求める多くの戦略の背後にある表象とは正反対である。これによって、本質主義的特徴をもつ文化的アプローチの立場はぐらついてくる。つまり、「ヨーロッパと米国のちがいが、永遠の文化的なちがいとはそもそも何の関係もないことを、再度強調しておかなければならない。それは主に人口構造と人口成長のちがいで説明がつくようだ」(邦訳 445)。

本書で二つ目に面白い点は、とても偉大で優れた理論家でさえ、事実上、資本主義のごく短期で特定の局面で観察された変化を、長期的かつ普遍的な傾向として拡大解釈してきたのだと、繰り返し指摘していることである。これは、マルクスの利潤率の傾向的低下法則に向けられた批判である。「マルクスが利用可能な統計に対して基本的にかなり逸話的で、非体系的なアプローチをとったことだ。特に、一部の工場の帳簿に見受けられた非常に高い資本集約性が、イギリス経済全体に典型的なものなのか、そしてイギリス経済の特定産業部門だけでも典型的と言えるのかどうかも、突き止めようとしていない」(邦訳238)。この議論は例えば、価値論をめぐって引き起こされた大論争の信奉者にとっては不快に映るかもしれない。つまり、大いなる歴史の風向きこそが事を解決するのであって、理論構築の完成が決するのではないと言っているわけだ。クズネッツ曲線が大手を振っている不平等の議論はよく知られている。それは、近代化の第一局面では経済的不平等は拡大するが、より効率的な技術があまねく普及するにつれて不平等は低下していくというものである。ピケティにとっては、それはおそらく給与所得者間の所得分配のケースに当てはまる。しかし、資産の形成とその集中によって、企業家は最終的に金利生活者《ランティエ》に成っていくのであり、その結果、不平等のまた別の原因が生まれ、それが今日、何よりもアメリカで支配的になっている。こうして長期歴史分析に精通することによって、現代の資産における不平等は一九世紀のそれの完全な繰り返しではないということがわかる。つまり、歴史はただ単純に繰り返しているのではない。歴史はまたイノベーションでもあるからだ。第二次世界大戦後、「世襲型中流階級」が生まれ、富裕者は例えば資産課税の削減を正当化するため、この階級の存在をしばしば引き合いにだした(邦訳270–275)。同様に、個人所得の分配に関するパレートの法則は、期待されていたような普遍性をもたなかった。その理由としてまず、彼が使った統計指標は不確かなものであり、種々雑多であったからである。次に、その統計的分布は個人的特徴に依存しているだけでなく、マクロ経済的特徴――とくに資本収益率と経済成長率の乖離――にも依存しているからである。著者はコブ＝ダグラス型生産関数を使うことについても同様の批判を向ける。この生産関数は資本と労働の関係が安定的であることを前提し、そして分配的コンフリクトに関する調和的見解を正当化している。「でも収集したデータを見ると、この仮説は長期的、短期的、中期的に見られる歴史的パターンの多様性を十分に説明出来ないのだ」（邦訳 227）。

数量史と長期時系列の構築はピケティの三つ目の重要な長所である。それは、とりわけ課税に関する政治的議論に対して、より堅固な土台を提供している点である。また本書は可能性として、一般市民に対して、いくつかの主要な事実に関する情報を提供する。したがって、本書は、実証的にあまり裏付けのない理論から直接に引き出されたモデルによる分析を相対化しているだけでなく、本質的にイデオロギー的な立場をも相対化している。どの国が財産を没収するほどの所得税率を思い切って実行したのだろうか。それは、実際にはアメリカであり、アメリカは第二次世界大戦後に八〇％を越える税率の先陣を切ったが、だからといって反対に経済的効率性や成長が弱まることはなかった。事態はまったく逆であった。相続財産税、次いで所得税、そしてやがて資産への累進課税〔キャピタルゲイン課税〕という制度の裏に隠された長所の一つは何であろうか。関連する情報の体系的収集によって、所得と資産の分配問題を扱うことが可能になり、したがって政治的議論に対してより客観的な情報を提供することができるようになったのである。つまり情報の体系的収集によって、それぞれの社会経済グループの日常的経験に基づく矛盾した表象や信念が対立しあっているだけだったのが、それよりもはるかに客観的な情報が得られるようになったのである。一世紀あるいは二世紀にわたる多様な国民的軌道を比較することは、可能性の範囲をさらに広げ、他に選択肢はないという考えや、民主的選択は「科学的法則」――所詮は捕捉不可能だ――の適用に還元されるという考えに、異論を唱えることを可能にする。

第3節　経済理論の科学性なるものの再検討

実際に、人口、所得分配、資産、贈与、相続財産を対象としたきわめて多数の統計セットによって、この分野でごく頻繁に引き合いに出される理論の妥当性を検証することができる。代表的個人の存在を仮定する理論が不適切であることは否定できないであろう。というのもそれは、公債の完全中立性を主張するが、調査が証明するように公債を所有しているのはわずかな国民だけである。それによって資産の集中が促進され、したがって実体経済に逆の効果を及ぼす。したがって、現代のマクロ経済学に支配的なリカード等価定理を不平等分析に適用することはできないのである（邦訳 141-142)。一九〇〇年代には相続財産と贈与の年間価値額が国民所得の二四%を占め、第二次世界大戦後には四%に落ち込み、そして二〇一〇年代に一二%を越えるまで上昇したという事実は、フランコ・モジリアーニによって提唱された「ライフサイクル資産」理論、つまり個人は資産を残さずに死のうとするという仮定に立つ理論を無効にする(邦訳399)。もしライフサイクル理論の立場に立つのであれば、不平等の世代間の移転は資産によって伝わることはないであろう。ところがそれは、一九世紀ヨーロッパ社会の核心をなしていたのであり、また今日、勤労所得の上昇よりも資産の爆発的増大によって支配される経済において、再びそうした不平等の世代間移転がなされつつある。そしてこれこそが、金融主導型成長体制の典型的な構図なのである。

同様の仕方でピケティは、現代経済においては人的資本が物的資本を支配するのだ、と高らかに叫ぶ世界銀行の研究をあざ笑う。まず、なぜ明らかに所得フローであるものが資産に変換されるのか。次に、人的資本はその所有者と切り離すことができないのに、これを資本と同じ項目に入れるのは全くもって誤っている。最後に、賃金が国民所得の六〇%~七〇%の間を占め続けることからも分かるように、関連する所得フローが同じ割引率で調節されると、明らかに「人的資本」の総量は物的資本の総量を上回ってしまう。資産と資本収益の不平等に関して見られる大きな変動とは対照的に、賃金の不平等は長期的に一定であることからもわかるように、それは不平等の原因の大転換では全くない(邦訳282-283)。

テクノロジーの転換はもっと継続的なかたちで高度技能層の全体に影響を与えるはずだったが、高額報酬が飛躍的に上昇したのは上位一%の富裕層に限られ、さらに日本やヨーロッパの場合とはちがい、アメリカでは上位〇・一%の超富裕層に限られていた。このような事実確認にもとづいて、ピケティは「限界生産性という幻想」を指摘する。というのも、「不完全情報仮説を、標準的な経済モデルに取り入れると（この場合にはきわめて正当なことだ）、『個人の限界生産性』という概念そのものの定義がむずかしくなる。それどころか、高い所得層を正当化する理由をでっちあげるための、純粋なイデオロギー的構築物に近いものになってしまうのだ」（邦訳 344）。かくして、スーパー経営者という一部の経営者の報酬の爆発的高騰は、大規模組織の統治構造の複雑さや、「実力至上主義」――これは過去の不平等のロジックを改めて正当化することになる――の勝利によって説明されることになる（邦訳 347）。

現代の標準的経済学のこれらすべての支柱は、同一の方法論的かつ認識論的な公準に由来している。それをピケティはこう暴く。「パレートの例が興味深いのは、それが社会科学における数学の無批判な利用が招きがちな、永続的な安定への強力な幻想の好例となっているからだ」（邦訳 382）。ピケティは次のように付け加える。「現実には、これはとんでもない話だ。歴史的視野で格差を研究するとき、説明すべき重要なことは、分布の安定性ではなく、その時々起きている重要な変化だ」（邦訳 383）。

第4節　文学や社会諸科学は経済学者の研究に示唆を与えてくれる

ここで、本書のスタイルと形式について言及しておくのがよかろう。この点でも、著者の仕事は革新的であり、見事な表現の自由を見せている。第1章は素人に所得や生産の概念を紹介するという、一見すると無味乾燥な課題に当てられている。しかしそれは、ロンドンに本社をおくロンミン会社が運営する南アフリカ共和国のマリカナ・プラチナ鉱山の労使対立を参照することから始まる。こうして著者は、資本と労働の不平等がもつ重要性——本書全体のガイドラインをなす——を提示しようとする。その意図ははっきりしていて、ピケティは現実に存在する事象を読者にわかりやすく理解できるようにしているのであり、これまでの彼の多くの論文でしてきたような、学術的コミュニティに向けて新しい理論モデルを発案するといった名人芸を見せようというわけではない。したがって本書には、しばしば皮肉った形や何食わぬ顔で、現実への参照が散りばめられている。これによって、そうでなかったら専門的知識のない読者にとってかなりハードルが高かったであろう書物に、息継ぎの時間が与えられている。

もっと根本的に言えば、著者は実質的合理性や限定合理性——これは行動理論や実験経済学の認知的基礎をなす——に基づく伝統的アプローチに取って代わるものを見つけた。一九世紀フランスの不平等を理解するために、彼はバルザックの小説『ペール・ゴリオ』を綿密に読み返すことを勧める。とくにヴォートランがラスティニャックに語った助言がそうだ。「勉強、才能、努力で社会的成功を達成できると考えるのは幻想にすぎない。数字が示すとおり、一〇〇万フランの富を手中に収められる結婚をしたほうが、よほど手っ取り早いからだ」(邦訳 248-251)。「したがって、当時のヨーロッパ社会では、仕事か相続かの選択こそが中心的な問題であり、蓄えられた資産の大きさを考えると、相続するほうが仕事をするよりもはるかに有利なのだ。これと同じ現実は、一八、一九世紀イギリスにおけるジェイン・オースティンの登場人物たちの間でも見られる。それはまた映画『風と共に去りぬ』のメッセージでもあって、そこでは黒人奴隷によって産み出された富で裕福な生活をおくるアメリカ南部が描かれている」(邦訳251-252)。それゆえ、社会がどう構造化されるかによって行動のロジックが決まってくるのであって、ピケティは自分なりのやり方で、時間・空間のなかで制度的に位置づけられた合理性の力を提示したわけである。文学や映画は、アクターのロジックを理解する手がかりを与えてくれる。それは実質的合理性なるものの専制支配や絶対主義を乗り越えさせてくれると同時に、個人的選好の変化を単なる偶然の産物と考えたりはしないのである。

というわけで、アメリカとカナダを比較分析してみると、政治的なるもののうちに経済を再び組みこむことが正当化される。「北米の二国の軌跡がこうも大きく異なる純粋な経済的理由を見つけるのはむずかしいからだ。政治的要素が中心的役割を担ったのは明らかだ」(邦訳165)。きわめて対照的な時代が連続することは、純粋に経済的なロジックの力を相対化し、代わりに偶然的な決定因や出来事が重きをなすということである。「二〇世紀に格差を縮小させたのは、戦争の混沌とそれに伴う経済的、政治的ショックだった。平等拡大にむけた、段階的同意に基づく紛争なき進展が見られたわけではない。二〇世紀に過去を帳消しにし、白紙状態からの社会再始動を可能にしたのは、調和のとれた民主的合理性や経済的合理性ではなく、戦争だった」(邦訳285)。

本書の結論で、ピケティは政治的および歴史的な経済学をこう弁護する。「私は経済学が社会科学の下位分野だと思っており、歴史学、社会学、人類学、政治学と並ぶものと考えている。…私は『経済科学』という表現が嫌いだ。この表現はとんでもなく傲慢に聞こえる。経済学が他の社会科学に比べてもっと高い科学的な地位を実現したかのような含みがあるからだ。私は『政治経済学』という言い方のほうがずっと気に入っている。これはいささか古風に聞こえるかもしれないが、でも私にとっては経済学を他の政治科学から区別する、唯一の点を伝えるものなのだ。その点とは、それが持つ政治的で、規範的で、道徳的な目的だ」（邦訳604）。この最後の特徴づけは、本書の第Ⅳ部に当てはまる。そこでの主題は、社会的国家の革新による規制であり（第13章）、さらには所得への累進課税の再評価による規制である（第14章）。次いで著者は、さらに独創的な提案を押し出す。つまり、資産に対して世界規模での累進課税を実施することである（第15章）。第Ⅳ部は公的資本価値を今のところ越えていない公債の重要性を再評価することで終わる（第16章）。これは、大方のアナリストや評論家がまき散らす人心攪乱的風潮にくらべれば、ほっとするようなメッセージである。たしかに数量化にはメリットがある。

第5節　新しい成果が経済史にもたらす大いなる収穫

そうした成果の一つ目は、クズネッツ曲線の否定である。一九一〇年から二〇一〇年までの間、上位一〇%と上位一%の富裕者層の所得シェアは〈U字曲線〉の形で推移している。例えばアメリカでは、一九四五年以来、富裕層の所得シェアは急激に下降し、次いで一九八〇年まで一定した推移を見せ、やがて上昇に転じて二〇〇八年には頂点に達した。この年の不平等は、一九二九年危機の前に観察されたものに匹敵した。確かに、国によって違いはあるが、全体的に類似したパターンが検出された。先進諸国における不平等の縮小は、何よりもまず戦争の産物であり、そして戦争のショックに伴い実施された公共政策の産物であった。

このような結果は、収斂の諸力と乖離の諸力の相互作用の帰結だと考えることができる。収斂に働く諸力のうち、著者は知識の普及について語っているが、とりわけそれが教育や職業訓練に関する政策と結びつく場合に収斂がおこる。乖離に働く諸力については、低い成長と高い資本収益率によって特徴づけられる世界における高額報酬の爆発的な増加や、さらには資産の蓄積・集中プロセスが提示される。しかし最終的に、多くの現代的変化を説明する重要な点は、利潤率〔資本収益率〕と経済成長率との乖離である。まことに、「資本収益率や経済成長率の、一見すると小さなちがいでも、長期的には社会的格差の構造や力学に対し、強力で不安定化するような影響をもたらせるということだ」(邦訳81)。

このような現象はアメリカや、それほどでないにしてもイギリスで見られるが、しかしカナダや多くのヨーロッパ諸国では見られない。これは純粋に経済的に決定される問題ではないからである。とりわけ財政に関する適切な政策によって、このような変化は部分的に阻止されうるのであり、金利生活者の所得が労働者人口の所得を上回るという状況を避けることができる。一九四五年から一九八〇年代はじめまで、これはアメリカにさえ当てはまった。それはきわめて累進的な所得税のおかげであった。そして忘れてはならないのは、一九世紀のアメリカは旧大陸ヨーロッパよりも不平等ではなかったということである。不平等の程度は歴史的プロセスの結果であって、ありもしない均衡状態に向けての収斂の結果なのではない。

利用可能な、一八二〇年から今日までのフランス統計指標を使った総個人資産に対する相続資産の比率の分析は、次のようなことを明らかにした。第一に、この相続資産の割合は一九世紀の不平等の進展にとって決定的な要因であったこと、第二に、二度の世界大戦は相続資産の重要性をかなり低下させたこと、第三に、一九七〇年代以降、人口の高齢化と資産の再形成という事実があるとはいえ、相続と贈与が改めて不平等を増大させる役割を果たしたこと（邦訳417-418）。こうして、さまざまな世代の間に大きな不平等が引き起こされた。「私たちが『相続の終焉』時代を抜け出したばかりなことは明らかに示しており、またそれらは二〇世紀に生まれたそれぞれのコーホートが経験した貯蓄と相続の相対的重要性が、どれほどどちがうものだったかを示している。ベビーブーマーのコーホートは、戦争によって大きな打撃を受けた、大戦間や世紀の変わり目のコーホートとほぼ同様に、自分で自分の道を切り開かねばならなかった。これとは対照的に、二〇世紀の最後の三分の一に生まれたコーホートは、一九世紀と二一世紀とほぼ同等の、相続財産の強力な影響を経験している」（邦訳421）。この点に関して、本書全体を通して見られる人口統計学と経済学のすばらしい統合だと強調しておく必要がある。それは、何世紀にもわたる本書の分析範囲を考えると、まさに生まれるべくして生まれた統合であろう。

振り返ってみると、レギュラシオン理論においてフォーディズム分析が誕生した期間である〈栄光の三〇年〉期は、一つの例外をなすものであった。というのもこの期間、教育、財政、金融規制に関する多くの改革によって、成長が促進されながらも個人資産は大きく減少し、その結果、それ以前に観察された資本収益率と成長率の大きな乖離が一時的に食い止められたからである。

本書の結論すべてを引用することはできないので、今後の研究にとっての教訓を一つだけ取り上げる。それは、確かに脆さはあるが非伝統的な見解を提示しているものである。すなわち、もし世界的規模に立ち、そしていわゆる新興経済諸国の追い上げプロセスが二一世紀の後半の間に成しとげられると仮定すると、世界経済は、二〇世紀アメリカのパフォーマンス・レベルが一般化したものというよりも、今日のフランス経済やその低成長にいっそう類似したものになるであろう、と。このシナリオに異論を唱えることは自由だが、それは確かな実証的根拠といくつかの簡潔なメカニズムに基づいているという利点がある。そして、それは驚きゆえに熟考を引き起こすという利点もある。

しかしながら、本書の最も重要な貢献はおそらく、経済学という学問分野の中心に社会経済史を再び組み入れたことにあり、ニュー・エコノミック・ヒストリー以来、経済学者と歴史学者の間にできていた知的交換の流れを逆転させたことにある。実際に、数量経済史《クリオメトリクス》は歴史的現実に基づいているかどうかということをそれほど気にせずに、経済学者の理論、モデル、技法を取り入れていた。それに対して、ピケティは二つの学問分野のもっと密接な統合を提案する。それによって、長期的歴史への精通から、新しい解釈が引き出され、望むらくはやがて独創的な理論が導きだされることになろう。

$\alpha = r. ß$ (1)	国民所得に占める利潤シェアαは，資本収益率 r に資本／所得比率 ß を乗じたものに等しい。

$ß = s/g$ (2)	資本／所得比率 ß は，長期的には貯蓄率 s を経済成長率 g で除した商に等しい。

$b = \mu. m. ß$ (3)	国民所得に占める相続と贈与の年間フローの比率 b は，死亡率μ，死亡時の平均資産と生存者の平均資産の比 m，資本／所得比率 ß の積に等しい。

第6節　大いなる欠落
——賃労働関係をめぐる分配コンフリクト——

ここで、これまでに見てきた結論の多くを得ることを可能にした概念的枠組みを、もっと綿密に調べてみよう。厳密に言えば、それは理論的モデルではない。というのも、各種の歴史分析は二つの会計式と一つの傾向法則に立脚しているからだ。最初に、国民所得に占める利潤のシェアは平均利潤率〔資本収益率〕と資本／所得比率から出発して次のように単純に表される〔上記(1)式〕。

次に、貯蓄率と経済成長率を考慮すると、資本／所得比率は、貯蓄率を経済成長率で除した商に等しい極限値へと漸近的に向かう。これこそがピケティが第二の基本法則と呼ぶものであり、事実、資本主義の動態と不平等の生成を理解するために最も重要な法則である〔上記(2)式〕。

最後に、著者は不平等の生成とその持続における資産移転の役割に注目し、国民所得中の相続・贈与のフローに対応する部分の比率を三つの要因に分解する〔上記(3)式〕。

たくさんの統計的指標を収集することで、戦後すぐのようないくつかの例外を除いてほとんどの場合、驚くべきことに資本収益率は四〜六％の間で長期的に一定しているという結論が導きだされた。他方、世界経済レベルでは、経済成長率は長期的に一〜二％で推移している。この r〔資本収益率〕と g〔経済成長率〕の乖離は資本主義の大いなる矛盾の一つとして提示される。というのもそれは、資産所得が勤労所得よりも急速に増大するということを示しているからである。

しかしながら理論的説明へと移ると、一連の理由から問題が生じる。

方程式(1)の書き方は、因果関係が資本／所得比率から所得に占める利潤シェアへと向かうということを想定している。これは資本と労働の分配コンフリクトや付加価値の分配に関して、レントが支配しているという仮説を暗黙のうちに採用することである。しかし、一九六〇年代、賃金／利潤分配の安定性という仮説は統計データによって正当化され、そしてそれはコブ＝ダグラス型生産関数の存在や完全競争の仮説に合致していた。事実、一九一三〜一九五〇年期と一九五〇〜二〇一二年期には、資本の平均収益率は経済成長率を下回り、この「法則」――結局はそれほど一般化できない――に対する例外をなした（邦訳 370-371）。本書によって紹介されている分析では、長期的に一定なのは資本収益率であって、その結果、付加価値の分配が資本／所得比率の推移によって調節されるのである。賃金シェアは資本の比重が大きくなるにしたがって低下する。

もしこの力が、賃労働関係をコード化する根本的な非対称性や支配関係によるものでないのであれば、その力はいったい何に由来するというのか。というのも、この利潤というきわめて包括的な概念は土地の地代、不動産の賃料、企業家の所得、資本への報酬、知的財産権などを含んでいる。これらの所有形態は、生産や価値創造への権利や貢献という点において大きな違いがあるが、それでも結局それらには、経済成長率よりも持続的に高い報酬を生み出すという同じ能力が備わっているということはどのように説明されうるのか。ピケティは次のような考えを持ち出す。「おそらくこれがこの研究における最も重要な教訓だ。つまり現代技術は、いまだ大量の資本を利用しているということだ。そしてもっと重要なのは、資本には多くの用途があるため、収益をゼロにすることなく莫大な量を蓄積できるという点だ。このような状況下では、労働にとって多少都合のよい方向に技術が変化したとしても、超長期的な資本シェアが減少するとはかぎらない」(邦訳232)。確かに、常に限定された労働者の能力に比べて、資本がもつ多才な能力は自らに有利に働く。しかし、問題は中短期の調整であって、それというのも、資本の使用法はどれも――研究開発でさえ――収穫逓減に行き当たってしまうからである。

このような賃労働関係の忘却は、所得分配と不平等に関するある特定の理論に行きつく。実際に、この分析は二つの次元を結びつけているが、その内のどちらもが、資本主義経済における生産組織に固有の支配関係を含んでいないのである。第一の次元は、資本や資産を用いることで生計をたてる社会グループと、基本的には労働者として職業的活動から所得を得る社会グループを対置させる。そして、生産活動の成功とは関係なく、資本は長期的な報酬を生み出す特殊な能力をもっていると本書は仮定している。ピケティにとっては、これが不平等の主要な源泉なのである。というのも、時間の流れとともに、資産は勤労所得よりも急速に増大するからである。つまり、それはストックとフローの対立なのである。二つ目の次元は、これら二つのグループのそれぞれの内部で作用する。一方で、資本収益は資産規模とともに増える傾向があるので、上位一％の富裕層は上位一〇％の富裕層よりも急速に富を蓄える。これは著者が十分位層間の闘争と呼ぶものである。それは人口の千分の一、さらに万分の一に相当する超富裕層の資産の爆発的増大とともに、現代において頂点に達した。他方で、勤労者たちの内部では今日、スーパー管理職というカテゴリーが生まれ、彼らの所得は他の勤労所得者とくらべて飛躍的に上昇した。最後にアメリカでは、特定の個人は以上の二つの所得源泉を併せ持っており、これが不平等の爆発的増大をかき立てた。ピケティにとって、等級《クラスマン》をめぐる闘争は、資本／労働の伝統的対立に、つまり厳密にマルクス主義的な意味での階級《クラス》闘争に、まさっているかのようである。

第7節　観察の豊かさに比べて遅れをとった理論化

所得分配をめぐるコンフリクトを過小評価することに加えて、本書には本質的に帰納的な手法を過度に用いるという難点がある。というのも本書は、統計的規則性について、これを解き明かす連鎖関係、因果関係、理論を十分に精密化することなく、その規則性を拡大して当てはめているからである。

前節の方程式⑵はある漸近的な関係を示しているが、それは少なくとも二つの問題点をかかえている。一方で、そこに示された二つの変数の関係に関していえば、経済はどんな速さで均衡へ収斂していくのであろうか。他方で、データの周期性（図10―10および図10―11　邦訳書371-372）は、各々のレジームの収斂の速度と整合しているのか。さらに言えば、景気が停滞している経済に対してその方程式を適用することはできない。なぜなら、それは生産が一定にとどまっているのに、資本は際限なく増大することを意味しているからである。つまり経済は、方程式(1)における利潤シェアが1という値を越えることができないという現実にぶつかる。そして、この絶対的な閾値に達する以前に、各種の強い非線形メカニズムが作用しうる。例えば、それらは労働者の反逆、各種資産形態間のコンフリクト、危機をもたらす金融バブルの可能性、そしてもちろん利潤率の低下である。長期レジームを支えてこれを誘導しうる調整様式が明らかにされなければ、諸レジームの長期的なメタ・モデル化には限界があることが分かろうというものである。

少し心配なことがある。それはピケティが次のようなレジームを引き合いに出していることだ。そこでは、いくつかの現在選好型モデルによって成長率を上回る資本収益率が排除されておらず、また、その選好モデルでは、資本収益率を決定するのは、無限の視野をもって利他主義的に行動する代表的個人の心理であるという、そういったレジームである。彼はそのような理論の前提を打ち壊したばかりであるにもかかわらず、自らの論証の必要上、次のように述べる。「たしかに、モデルの背後にある直観が（限界生産性の背後にあるものと同様に）完全にまちがっているはずはない」（邦訳374）。限界生産性仮説を公然と非難し、代表的個人を拒否し、個人が最適化のために無限の視野をもつのは非現実的である――悲しいかな個人には寿命があり常に利他主義的とは限らない――と告発したのに対して、何て奇妙な方向転換であろう。幸いなことに、著者はこの点に関して次のように結論づける。「選択は、個々の心理的、文化的要因に加えて、（公的年金制度の存在といった）社会的、制度的環境、家族戦略と圧力、そして社会集団が自分たち自身に課している制約にも左右される」（邦訳 375）。

本書を通して、著者はキー変数間のさまざまな相互作用の可能性を議論することで、基礎モデルの硬直性と単純性を補っている。第一に、経済成長率と資本収益率の関係に関していえば、ピケティの考えは、成長率の加速は資本収益率を引き上げるが、しかしその二つの差は維持されうるか、あるいは広がりうるというものである。第二に、人口と生産性上昇の関係については、著者は成長レジームの安定性／不安定性が依存する要因に関する両ケンブリッジ学派（ハロッド対ソロー）の論争に言及する。しかし、その議論はあまりにも簡潔すぎるので、多くの読者が投げかけるであろう次のような質問に答えることはおそらくできないであろう。例えば、資本収益率 r と成長率 g の間の長期持続的な不均等を解き明かす確固とした経済理論を構築することができるのであろうか。あるいは、その不均等は、部分的な諸レジームに対応した、社会諸科学のさまざまな分野に関わるきわめて複雑かつ多様なメカニズムの結果なのであろうか。

本当のところを言うと、資本収益率 r が成長率 g よりも大きいという理由は、自明的かつ同義反復的であるか、あるいは理論的観点から見ると満足ゆくものではない。第一に、税引前の粗利潤を内部留保、消費や再投資に向けられるべき所得への分配、利益や資本に対する税など各種租税に分割することで事足りるであろう。これは、機械的に、同じだけの粗利潤にとって個人資産の蓄積のスピードを低下させるに違いない。したがって、r>gというこのミステリーが部分的にあるいは完全に解決されるはずである。『21世紀の資本』を読んでいる間ずっと、評者は、フォン＝ノイマン・モデルの発見的《ヒューリスティック》な特徴について長い間納得していたという事実によって動揺を余儀なくされた（«A model of General Economic Equilibrium», *Review of Economic Studies*, vol. 13, 1945）。つまり、さまざまな技術をもって、設備と他の財を使用しながら今期から次期にわたって繰り返し財を生産するという経済においては、競争価格仮説の下での各プロセスにおける利潤最大化は、経済成長率と資本収益率が均等である成長経路を実現するという結論に行きつく。これは、フォン＝ノイマン・モデルが複数の期間にわたって使用される設備があることを認めていることを除けば、小麦と労働によって小麦が生産されるというモデルの一般化である。

この純粋な実物経済モデルでは、資本収益率と経済成長率の乖離は起こりえないということがよく分かる。しかし、おそらくこの分岐は基本的には、リカード的な意味でのレントを加えた不動産財や、金融ポートフォリオに由来するにちがいない。金融ポートフォリオの場合、サブプライム危機が示すように、明らかな情報の非対称性の上に成り立っているので、その収益は、製造業のプロセスの収益とは必ずしも一致しないのである。

第8節　魅力的だが脆さが残る二一世紀への提言

本書は二一世紀末までの成長のシナリオと予測を試みているが、それは本書の理論的基礎の脆弱さを露呈させる。

第一に、ピケティは資本収益率が経済成長率を平均的に下回った、一九一三〜二〇一二年期を駆け足で通り抜けている（邦訳370-371）。中国やその他の新興諸国のキャッチアップが、二一世紀において、二〇世紀に見られたようなヨーロッパや日本によるアメリカのキャッチアップに匹敵するものに達することは本当に不可能であろうか。人口統計学的レジームや各種経済発展度は一般に収斂するという仮説が優先されているので、そうした可能性ははじめから排除されている。それはちょうど、長期的なキー変数が第一次世界大戦以前の時期の値に戻るようなものである。エコロジー的・社会的な理由から、この代替的なシナリオは実現しないかもしれないが、ピケティによって展開される議論はそのようなものではない。

第二に、長期的レジームを構成する各種変数の交錯した関係に関する仮説を提供することが重要である。しかしながら、本書は会計的性格をもつ方程式を備えるだけであり、キー変数間の構造的関係を説明していない。したがって、二者択一の状況が起こる。一方で、この経済学者は、自分のモデルのキー変数が複雑な社会的プロセスに由来しているということを知っているので、次のように社会諸

図 2-1　キー変数間の構造的関係に関する会計的制約の概要

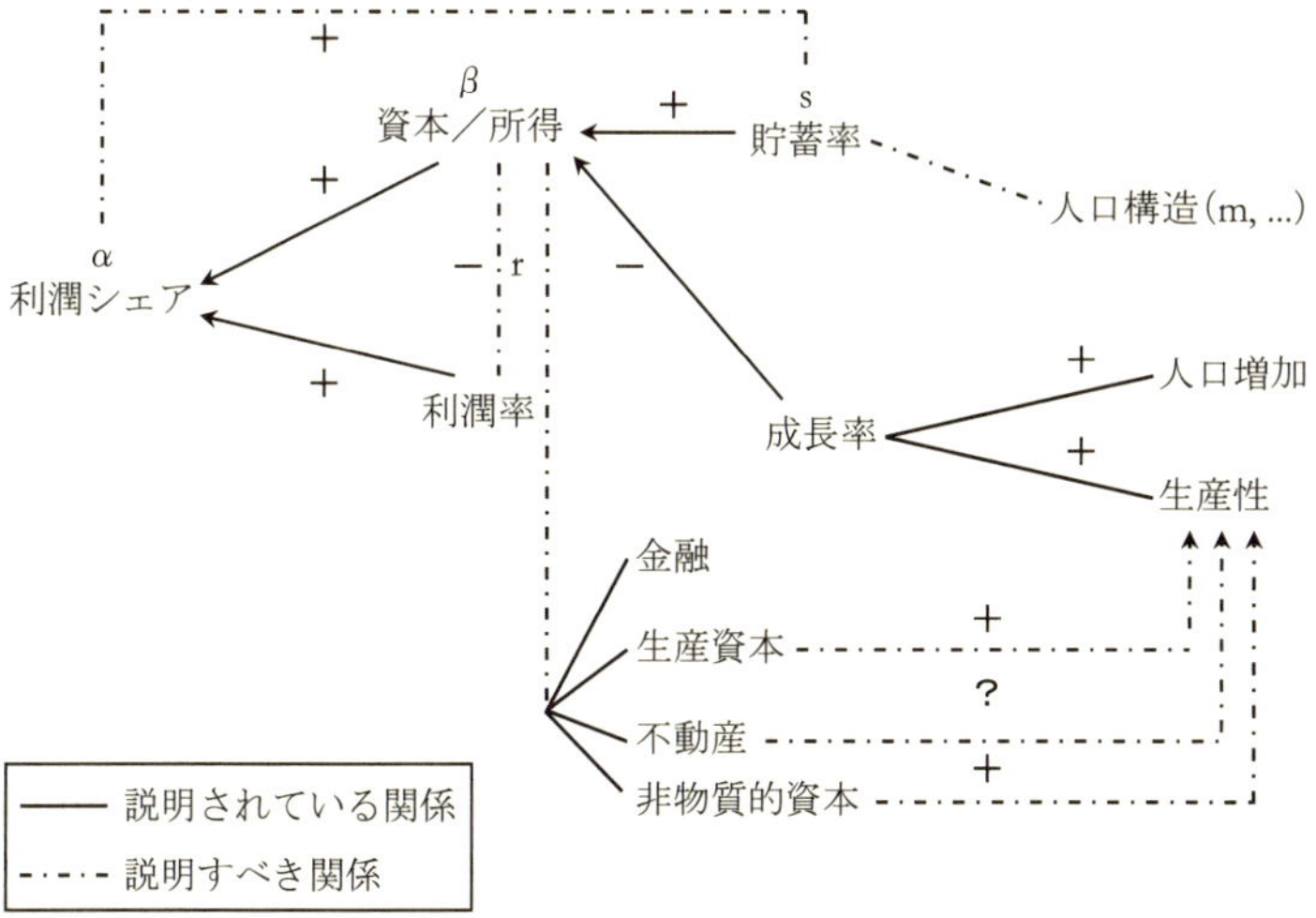

科学の仲間に助けを求める。「これら二つのマクロ社会的パラメーター（貯蓄率と経済成長率）自体も、数々の社会的、経済的、文化的、心理学的、人口学的要素の影響を受けた無数の個人決定に左右されるし、国や時代によって大きくちがうかもしれない」（邦訳207）、と。他方でピケティは、これらの変数をお互いに結びつけるメカニズムやプロセスが何であるかということを、先行研究や経験的データのなかから探す。これは成長理論の大問題を再検討することであって、そこには人口動態、技術変化、生活スタイルの変化、所得分配、不平等が混合して含まれている。したがって、この特筆すべき歴史的研究は続編が望まれ、そこでは、本書であまりに簡単に扱われた諸関係をより体系的に分析し、その理論を提供すべきである（**図2―1**）。

　ひとたび本書を読み終えたところで、最後の疑問が浮かんでくる。どの点において、著者は自らの研究が政治経済学に属すると考えているのであろうか。既に言及したことだが、ピケティの答えは次のようなものである。すなわち、あまりにも傲慢で、必ずしも適切ではない経済学と別れようとしている点、また彼の目的が新しい経済政策を提案することに貢献するという点にある、と。しかし、『21世紀の資本』において、政治的プロセスの場とは何であり、そして政治的なるものと経済的なるものとの関係はどのように考えられているのであろうか。彼の立場は最終的にははっきりしている。彼は例えば次のように書いている。「米国の政治的プロセスは一%に牛耳られてしまったのか？　この発想は、ワシントンの政治情勢の評論家たちの間でますます支持を得るようになっている。持ち前の楽観主義と職業的な傾向のため、私としてはアイデアや知的論争にもっと影響力があると思いたい。各種の仮説や証拠を慎重に検討し、もっとよいデータにアクセスできるようにすれば、政治論争にも影響を与えられるし、プロセスを社会全体の利益にもっとかなう方向に押しやれるかもしれない」（邦訳537）。そのような提案に異論を唱えることはできないかもしれないが、その独自性は強調されなければならない。事実、伝統的に、政治とは利害の対立だとする者と、理念・表象・イデオロギーの役割を主張する者との間で、論争は熾烈をきわめる。ピケティは次のように言って、どちらの肩も持たない。「実は、一九八〇年あたりに始まった経済自由化《リベラリゼーション》も、一九四五年に始まった国家介入主義も、そんな賞賛も責めも受ける言われはないのだ」（邦訳104-105）。結局、ピケティにとって、情報こそが、最終的に利害だけでなく理念・表象・イデオロギーを規律づけるのである。ピケティをしてその使命を完遂させてくれるはずの、ハーバーマスにおなじみの市民的広場《アゴラ》はどこにあるのだろうか。

要するに、彼に向けられる疑問には事欠かない。こうしたことは活発な議論を引き起こすに違いない。その第一歩として、経済学者だけでなく他のすべての学問分野を対象にした集会を組織するのがよいのではなかろうか。「彼によって明らかにされた定型化された事実は、揺るぎないものであろうか。もしそうであるならば、どのような理論を提示できるであろうか」。銘記しておくべきは、これはスコラ的論法から抜け出すための手段であったということであり、そしてそこから啓蒙の運動が始まるということである。楽観主義的に構えると――もっとも私はそうなれないが――、この社会諸科学の広場《アゴラ》は市民の広場《アゴラ》への道をならすことになろう。

第9節　レギュラシオン理論の基礎的研究とのいくつかの知的収斂

これはもちろんレギュラシオン派／制度派の伝統に依拠する研究者に向けられた質問である。別の理由からも、つまりそれによって自分たちの原点に立ち戻るという理由からも、これらの研究者は早くこの分析を読んで熟考しなければならない。

本書の最後の部分で、ピケティは彼の研究を〈ひと続き〉の歴史に直接的に結びつけている。その研究の中心的テーマは、過去・現在のさまざまな社会階層の所得を分析することである。この点にかんして、彼は一九六五年に出版されたジャン・ブーヴィエ／フランソワ・フュレ／マルセル・ジレ著『一九世紀におけるフランスでの利潤の動き』に言及している（邦訳 606-607）。ブーヴィエはレギュラシオン理論の経済学者に共鳴した最初の歴史学者であり、〈蓄積・調整・危機〉セミナーの共同設立者でもあり、そのセミナーでは、三〇年の間にさまざまな世代の研究者が出会った。たとえピケティがレギュラシオン学派をアナール学派と呼んでいたとしても、ブーヴィエの研究が果たした役割を知るとき、評者は彼がブーヴィエを参照したことにただただ心を動かされる。かつて一九七〇年代、マルクス主義的分析に対する批判的反省が、ケインズよりもカレツキにヒントを得たマクロ経済学と合流し、その結果として、レギュラシオン学派のアプローチや手法は今日まで継続して展開されることになった。ピケティはといえば、彼はフランソワ・フュレが政治的・文化的歴史を優先して、こちらの研究路線を放棄してしまったことを残念がっている。というのも、「物価や賃金、所得や財産の上下変動は、政治的な認識や態度の形成を後押ししたし、そして逆にそうした表象は、政治制度や規則や政策を宿すものとなり、それが最終的には社会経済変化を形成するのだ」（邦訳607）。

社会階層論的な分析のなかで所得分配を考慮に入れる——これらを再導入するのは簡単だ——ためには、国民経済計算やその所得・利潤・賃金・資産の測定を豊富にしていくことが必要である。その社会階層とは、長期的には資本家と労働者であり、それにこの半世紀の間の新しい世襲型中流階級を加えなければならない。こうして社会的構造と国民経済計算の諸カテゴリーを連結させることは興味深いことである。そして、これはこうしたアプローチに、社会経済レジームの変化に対応することができる能力を授ける。現代の議論において、社会階級や資産を参照することはあまり好意的に受け入れられるものではない。これはピケティをニコラ・バヴェレスが〈三流のマルクス主義〉（*Le Point*,

26 octobre 2013）信奉者と形容した所以である。フランスにおける失業の発生の分析に貢献した歴史学者としては奇妙な特徴づけである。実際に、ピケティにとって、左派市民の共感を得ることができる貢献が重要なのではなく、むしろ社会グループ間や社会グループ内の不平等の大きさに関するすべての結果をそこから引き出すことが重要なのである。ピケティはジニ係数、タイル指数、上位一〇％富裕層と下位一〇％貧困層の所得比率といった伝統的な指標の妥当性に異論を唱えている。というのも、それらの伝統的指標は、（労働者、金利生活者、所有者、企業家といった）社会的地位とは無関係な個人的特徴――能力や運――だけが重要だと想定しているからである。しかし、これらを区別することこそ、根本的に重要なのである。「労働所得格差の場合、これらのメカニズムとしては、さまざまな技能の需要供給、教育制度の状態、労働市場の運営と賃金決定に影響を与えるさまざまな規則と制度などがある。資本所得格差の場合、最も重要な過程として挙がるのは、貯蓄と投資活動、贈与と相続を管理する法律、不動産と金融市場の働きなどだ」（邦訳 254）。ある意味において、本書では、階級闘争の説明は一〇〇分位層間の闘争と結びつけられており、その結果、不平等は最上位の富裕層が国民所得に占めるシェアによって測られている（邦訳 261-264）。こうしたことは一方で、所得の機能的分配と個人的分配を結びつけることを可能にし、他方で社会的な議論に対して理解しやすい数字を提供する。例えば、一九七〇年代には上位一％の富裕層がアメリカの国民所得の八％を占めていたのに対して、二〇〇八年危機が資産の低下をもたらしたにもかかわらず、二〇一〇年には上位一％の富裕層が二〇％を占めている（邦訳 312）。〈ウォール街を占拠せよ〉運動は、その闘争を広めるために、そしてアメリカの不平等の拡大に関する直感的なイメージを与えるために、この概念をうまく利用した。

「一時的ショック」という名の下で、本書は三〇～四〇年の期間でとらえられる長期的変化と、そこそこ長く続くような一〇～一五年というもう少し短い期間――それでも人間の寿命と比べると十分に長い時間であるが――での変化を区別する（邦訳297-300）。結果として、一〇～数十年を対象とした平均的なデータが、長期的な変化を検出するために使われる一方で、その他の分析は年次データを扱っている。短期的には、不平等はむしろプロサイクリカルに推移する傾向がある。その一方で、この相関関係は長期的レジームでは必ずしも観察されない。レギュラシオン理論が長期的性格の蓄積体制と景気循環的な調節を表す調整様式を区別するとき、レギュラシオン理論とのもう一つの相同性が現れる。つまり、前者はサイクル全体を対象にしたデータに基づいて研究がされ、後者はより短期の事象を検討する。蓄積体制は明らかに研究者による構築物であり、――おそらく蓄積体制が成熟し、構造的危機が告げられるとき以外は――アクターがその存在を自覚しているかどうか明らかではない。調整様式は諸個人の行動の形成や調整において不可欠である。ついでに言えば、最近の新しい古典派のマクロ経済学やその計量経済学的応用は中短期的な調節だけにとどまっており、長期的レジームを不変のものとして想定している。私たちは二〇〇八年に起こった危機に直面したときのアナリストたちの動揺を知っている。つまり、以前の成長経路に戻るという彼らの予測は否定されただけでなく、さらに彼らは、新しい社会経済レジームの出現を予想できる手段をまったく持ち合わせていないのである。というのも彼らは、根本のところで、政治的意思決定者がよい理論――つまり彼らの理論――を採用しさえすれば、最終的には一個同一の普遍的かつ永遠的なレジームが支配的になると考えているからである。

最初にアメリカ、次いでフランスを対象とした〔レギュラシオン学派の〕創成期の研究では、レギュラシオン理論の研究者たちは、戦争や大危機が蓄積体制と調整様式の大転換における決定的なエピソードであったという発見をして驚いたものだった。実際に、これらのエピソードは、信用貨幣、所得税制、社会保障の誕生、新しい賃金形成メカニズム、政府と産業の前例なき連結などの実験において、正真正銘の社会的な実験室であった。これはピケティが得た結論の一つと類似している。彼にとって、二〇世紀前半に観察された経済的不平等の顕著な縮小は、本質的には、ニューディール政策やこれに類したヨーロッパの諸政策の継続的な実行に由来するのではない。そうではなく、二度の世界大戦によって引き起こされた白紙状態《タブラ・ラサ》と、金利生活者層や資産的不平等のほぼ完全な排除に由来している。もっともその後、一九八〇年代からは勤労者のなかで不平等が再び現れたのではあるが。通常、計量経済学者はこれらのカオス的な変動の影響を修正するために、年数と同じほど多くのダミー変数を使用する。ところが実際は、こうしたカオス的変動こそがレジーム転換や時代転換を形づくるのである。これは歴史的アプローチがもつもう一つの長所である。なぜなら、歴史的アプローチは、このように副次的な効果――それが現代の計量経済学的研究の自慢の種である――を相対化しながら、主要な変化を検出することを可能にするからである。

第10節　しかし、二〇一〇年の学術世界は一九八〇年と同じではない

この書評を締めるにあたって、各時代の支配的パラダイムに対する両時期の間の断絶が何に由来するのか、その制度的条件をたどることは重要である。さらに、レギュラシオン理論のプログラムが周辺に追いやられてしまって、ついには、不平等の歴史的分析と制度変化の政治経済学の連携がほとんど話題にならなくなってしまったということを強調することは重要である。

いま検討している本書は、一人の研究者の根気強さの結晶である。著者は自ら決定的に重要だと考え、先行研究では十分ないし正しく扱われていないと判断した政治的問題によって情熱をかき立てられた。フランスだけでなく外国の仲間の関心を惹き付ける基礎的研究から出発したピケティは、ネットワークを徐々に作り上げ、ベテランだけでなく博士課程学生を含めた研究者のコミュニティを最終的に立ち上げるに至った。彼らはこのテーマについて一緒に研究し、彼らが精緻化した統計データを共有し、うまく調和のとれた分業――それは協力と競争の巧みな妥協の結果である――を享受している。こうしたことは、収穫逓増の源泉であり、自分たちの研究が新しいパラダイムを定義しつつあるという自覚を芽生えさせる。

しかしながら、今日の学術世界と、レギュラシオン理論が目覚ましい発展を遂げたときの学術世界とを同一視するのは危険であろう。レギュラシオン理論の起源は経済行政のために働く研究所の仕事

のうちにあった。したがって、レギュラシオン理論は大学の課程にその道を見つけることが難しかった。第二に、不平等に関する研究は、以前の理論研究の業績により経済学界に堂々たる地位を占める著名な経済学者たちがいることで、ごく早期からすでに国際的に組織されている。対照的に、レギュラシオン理論は経済学という職業の外縁で誕生し、ゆっくりとしか国際的に普及していかなかった。第三に、『21世紀の資本』は膨大に集積された統計セットから暗示的にしか標準的理論に挑戦しないが、他方、レギュラシオン理論の創成期の研究にとっては、歴史的分析は代替的な――結局ははるかにラディカルな――理論を提供するための一つの手段でしかなかった。このことは、市場原理主義の大挙復活によって特徴づけられるその後の数十年間、レギュラシオン理論の成功を危うくせずにはおかなかった。最後に、学術研究の専門化と教育・研究職採用基準の厳格化は、レギュラシオニスト養成の場を刷新するという点でマイナスに働いた。学術世界では知的問題以上に、権力と野心の関係が交差しており、最終的にはこちらの方こそが決定的なものとなる。というのもこれこそが、研究プログラムに対する生殺与奪の権利をもっているからである。

第11節　結　論――この歴史的な政治経済学は学派を形成することになるのか

本書は、不平等をより分かりやすく理解するために費やされた一〇年以上もの集団的な努力の成果として読むことができる。これはまた、〈経済学を学ぶ〉ための新しい形の出発点でもあろう。つまり、それは、政治経済学の大問題に戻ること、経済的な現象や理論の歴史的文脈を十分に認識すること、規則・価値・制度・組織の上に成り立つ社会に生きる個人の行動の本質を明らかにしうる各種学問分野に目を向けること、この数十年の間に発展したさまざまな手法を使うこと、さまざまな技術や概念づけを論理的に使うこと、そして、長期的歴史や国際比較が明らかにする定型化された事実を参照することで純粋経済的モデルの妥当性を検討すること、である。

なんて広大なプログラムであろうか、と懐疑主義者は思うであろう。そのうちの何人かは、公理にもとづいたモデルの分析的明瞭さを好むかもしれない。一方で他の人は、経済生活の諸部門の数ほどにたくさんある細目的学問分野で展開された個々的な計量経済的研究を蓄積し続けるかもしれない。しかしながら、彼らにとって〈他に選択肢はないのだ!〉There Is No Alternative！と表明することはできないであろう。加えて、誤りを犯し続け、社会的・人間的に破壊的な結果を引き起こした政策について、これを鼓舞し、正当化した一学問分野の独裁を、市民はこれからもまだ長い間受け入れるのであろうか。

ここに歴史的な政治経済学の復権の場がある。この場に飛び込むのは若手研究者の役目である。とりわけ、レギュラシオン理論から影響を受けた研究者の役目である。しかし、彼らの成功は、学術的アプローチの多様性の利点を改めて認めるような、そのような教育システムから得られる評価と支援の大きさにかかっているであろう。

第3章　不平等レジームの世界的多様性と相互依存性

――中国、アメリカ、ヨーロッパ、そしてラテンアメリカ――

第1節　はじめに——ラテンアメリカ地域における経済史的転換点

不平等が世界中で急激に拡大し、そのことは多くの社会科学者の関心を引きつけ、現代の政治的論争の中心的な論点となりつつある。学術の世界では、社会学者、政治学者、経済学者、疫学者、歴史学者が、不平等に関して、どういうわけかある程度一致した新しい分析や解釈を提供してきた。多くの国では、不平等拡大の問題は、世論や社会運動によって最重要な政治的課題にまで押し上げられた。有名な主流派の保守系雑誌は、二つの号にわたって次のようなタイトルの特集を組んだ。「アジアの次なる革命——社会保障の再考」(The Economist 2012a) および「資本主義の新しい政治と不平等」(The Economist 2012b)。不平等、福祉、現代資本主義の問題は、多くの社会において再び最重要課題に位置づけられている。したがって、たとえ本章がラテンアメリカの包摂的な発展（平等を伴った成長）の可能性や形態に関するものであったとしても、またそうであるとしても、不平等および出現しつつある成長レジームの観点から世界経済の全体的展望を見ておくことは依然としてまだ有益なことであろう。あらゆる国民的軌道を形成する強力な共通のメカニズムは存在するのか。それとも、それらのメカニズムは、国内の社会的・政治的プロセスと国際関係の構造的転換との相互作用に応じて、大いに特有なメカニズムなのか。これは挑戦的な課題だ。というのも、アナリストたちは次の三つの明白なパラドクスに直面しているからである。

1　第一のパラドクス――極めて不平等な資本主義は良質な資本主義を駆逐しているのか

約三〇年前から、すなわち戦後黄金時代の終焉以来、一般的に、所得と富の不平等が劇的に拡大した。それは例えば、一九二九年のアメリカで起こった大恐慌の直前に観察された不平等の水準に匹敵する。社会科学の様々な分野で活躍する多くの研究者が、同時にしかし全く独自に、ある共通した解釈と結論に向かって一致した。つまり、経済および政治を統治する構造、ならびにこの両者の相互関係は、その国内の市民間の不平等を悪化させる一連のメカニズムを生み出している、というものである。彼らは、不平等が社会的結束、経済的効率、政治的参加にとって有害であるということを明らかにした（Wilkinson and Pickett 2010: 20, 21, 52, 53, 82, 160, 225）。しかしそれでは、なぜ正常に機能していないそのような社会が、正常に機能している社会に自らの論理や改革を押しつけようとするのか。それをどのように説明することができるのか。

2　第二のパラドクス――欧州連合の深刻な危機は、福祉資本主義の優位性さらには存続可能性に対する反証なのか

実際に、市民の幸福 well-being を守るという国家のイデオロギーそのものは、二度の世界大戦と一九三〇年代不況のなかから生まれた。ウィリアム・ヘンリー・ベヴァリッジやジョン・メイナード・ケインズがヘンリー・フォードとともに、新しい国民的および国際的秩序の創始者であった時代であ

る。サブプライム危機の第一局面では、欧州統合とユーロは、行き過ぎた金融自由化とグローバリゼーションによって引き起こされた世界経済の予測不可能な変化から、旧大陸を救ったと思われた。しかし、二〇一〇年春以降、ヨーロッパ全体の統合プロセスは危機に直面し、そして多くの海外の消息筋や国際機関は、急増する福祉関連費用をさらに抑制しなかったという理由で、ヨーロッパの指導者たちを非難する。実際に、公私双方の国際金融機関の圧力の下で、ギリシャ、ポルトガル、スペイン、イタリアの政府は、多くの福祉給付の大幅な削減を実行しなければならなかった。経済パフォーマンスと社会保障との間にあった過去の相乗効果は消え去ったようであり、今や公然と対立しているものに変わりつつある。否応無しに、国際投資家の信用を取り戻すための一つの前提条件として、一般市民は不平等の拡大を受け入れなければならず、そして貧困の拡大さえも受け入れなければならなかった。こうしたことは、考慮しなければならない関連した悩ましい問題である。

3　第三のパラドクス――なぜ最も不平等な大陸たるラテンアメリカが、いま、不平等の縮小に基づいた新しい発展戦略を切り開いているのか

この変化は、埋め込まれた不平等、植民地時代からの強い経路依存性、原材料採掘への特化の呪い、そして部分的で遅れた工業化といったことについて理論化しようとしたこれまでの多くの試みに異議を唱える。しかも、これらの特徴のすべてがグローバリゼーションの圧力によって悪化したと言われている。しかし、多くの統計的指標が、ここ一〇年から一五年の間に起こったある重大な変化を指摘

している。つまり、高い成長率、フォーマル雇用の創出、そして十分に驚くべきことだが好調なマクロ経済パフォーマンスの恩恵が、ただエリート層や上流中産階級に限定されることなく、低所得者層にも分配されたのだ。不平等を測るあらゆる伝統的な測定尺度は、ラテンアメリカ史においてある分岐が生まれている可能性を示唆する。それを牽引するものは何なのか。それらは新時代を切り開くほど十分に長続きするのか。このような難問に直面して、どんな分析ツールが利用可能なのか。

本章の目的は、出来ることならば、これら三つのパラドクスを一つの共通した分析枠組みで明らかにすることである。本章は、国民的成長レジームの比較分析に関する主要な成果から出発し、そして、レギュラシオン理論（Boyer 1994）から着想を得た政治経済学的アプローチを不平等の問題にまで拡大する。中国は、その目を見張る発展、莫大な人口、地政学的役割の増大によって、大きな関心を集めてきた。競争法規や労働法規に関する現在の構図を考慮すると、それほどでもない貧困と、不平等の拡大が共存していることは驚くほどのことでもない（第2節）。次に、本章は二つ目の大陸として北米へと視点を移す。というのも、そこでの変化は、現代社会のベンチマークおよび将来予測として、しばしば提示されるからである。多くの社会経済学的研究は、こぞって、第二次世界大戦後の資本－労働妥協の崩壊と、超富裕層に有利な不平等の急激な拡大の理由について、次のような説得力のある分析を提示する。つまり、世界的競争への突入、国際資本移動、金融化、これらすべてが最上位層の所得を急激に増大させるように働いた、というものである（第3節）。

旧大陸は、かつては現代福祉国家の原理を打ち出したビスマルクやベヴァリッジの縄張りであった。この手の資本主義ブランドは、今や詮索の対象となっている。つまり、ユーロ危機は、福祉資本主義および交渉型資本主義の歴史において、重大な分岐点でなかろうか。ヨーロッパ諸国のたいていの政府は今や、ある程度の不平等は経済的ダイナミズムを取り戻すために必要だと考えている（第4節）。この文脈において、不平等縮小へと向かうラテンアメリカ社会の変化は説明を要する。各国ごとに特殊な固有の成長レジームと新しい政治的構図が、不平等の縮小への軌道を形づくっている（第5節）。資本主義と成長レジームの多様な形態は、互いに直接的に競争しているというよりも相互補完的であることが先行研究によって明らかにされた。こうした仮説は、ここでは関連する不平等にまで拡げられ、そして社会経済的不平等レジームの概念は精緻化され、世界経済の各地域に適用される。その結果として、われわれは次のような疑問をもっとよく理解できることになる。つまり、なぜ世界経済の三つの地域が発展と社会的正義を調和させることに苦労しているのであろうか。一方で、同時になぜラテンアメリカは、新しい道――それが成功するかどうか不確かであっても――を追い求めているのか。これらの研究結果のうえに構築された分析枠組みは、「はじめに」で挙げた三つのパラドクスに説明を与える（第6節）。ラテンアメリカのUターンが永続的であるかどうかについて思い切って予測することはあまりに時期尚早なので、結論部分では主な成果を要約し、そしてこの比較アプローチが考慮し得なかった極めて重要なラテンアメリカの特異性をより詳細に分析することによって、方法論的前進のための提案をする（第7節）。

第2節　中　国——現代の産業革命、そしてクズネッツ曲線再訪

一九七八年から観察された変化は、クズネッツ曲線の仮説によって捉えられるような、過去の歴史的経験に光を当てることによって解釈可能である。しかし、不平等拡大の起源は、現代中国に固有の制度的構図に特有なものでもある。

1　生産の近代化と急成長の産物

ある著名な論文（Kuznets 1955）によると、経済発展のプロセスは、最初に経済的不平等が拡大し、そして初期段階を過ぎると不平等は縮小する、というものである。二つのメカニズムが、一人当たりの所得と不平等の度合の間に見られる逆U字曲線の原因になっている。テイクオフの初期段階は、生活水準の向上を犠牲にして、インフラや生産への多額の投資を必要とする。同様に、伝統的な農村部門から近代的な工業部門への労働移動は大きな生産性上昇を生み出し、そして今度はこの差が所得の不平等を拡大する。基本的なインフラが整備され、経済の重心が近代的部門へと移っていくにつれて、所得の不平等はある機械的なプロセスを通じて縮小する。

このような単純な仮説は、中国の成長パターンのいくつかの特徴を捉えている。つまり、伝統的農村部門から近代的都市部門への人口移動は、生産性レベルの大きな違いを考えると、総労働生産性の

表 3-1　不平等拡大において極端な生産性の違いが果たす役割
——中国（1978-2008）

	1991			2008		
	付加価値	雇用	相対的生産性	付加価値	雇用	相対的生産性
第一次	7.1	48.8	14.5	6.5	39.6	16.4
第二次	62.8	26.8	234.3	50.6	27.2	186.0
第三次	30.1	24.4	123.4	46.1	33.2	138.0
	100	100	100	100	100	100

出所：中国国家統計局「中国統計年鑑」（各年）

表 3-2　一人あたり平均所得の差でみた都市／農村比率

1978	1991	2001	2008
2.57	2.40	2.90	3.31

出所：中国国家統計局「中国統計年鑑」（各年）

急上昇を可能にする（表3—1）。農業と工業の間に存在する生産性レベルの絶対的な差は、一九九一年から二〇〇八年にかけて減少しているが、ほんのわずかである。したがって、中国経済はクズネッツ曲線の上昇局面に沿って移動し続けているのである。実際に、生産性の差は一人当たり所得の差に転換され、市場自由化という改革が農業部門から工業部門へと拡張された一九九一年以降、とくに農村と都市の一人当たり所得の格差が広がりつつある（表3—2）。

2　経済改革は不平等を抑制してきた集団的制度を蝕む

これは純粋な経済的メカニズムの結果ではないことは明らかである。というの

表 3-3　中国における不平等の二つの原因
——都市対農村，集団的所有と私的所有

所有形態＼場所	農村	都市
集団的	1978 年以前の構図	1978 年以前の構図
	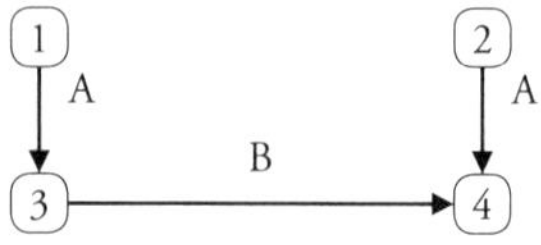	
私的	中間段階	2010 年の構図

A：私有化に向けた所有形態の変化
B：労働力移動と農村戸籍と都市戸籍の持続性
出所：筆者により作成

も、制度的・法的文脈もまた重要な役割を果たしているからである。一方で、農村と都市の労働者は居住、保健医療、教育へのアクセスに関して同じ権利をもってはいない。このような不平等は二重の戸籍制度の実施と強化のなかに埋め込まれたものである（農村戸籍の移住者は、彼らが働いている都市で正式な居住証明の許可、つまり被選挙権を得ることは簡単ではないのだ）。こうした制度は、多くの工業化経済に典型的に見られる共通の労働法や統合的福祉国家とは相容れないものである。他方で、制度的・組織的転換は所得分配の変化においてある役割を果たす。一九七八年、農業生産を増やすために民間のインセンティブが導入され、これまで義務的であった集団的組織形態に民営の農村部門が追加された。第二段階では、そのメカニズムは、いくつかの工業圏や工業部門に広げられた。それによって、貧しい内陸地域出身の移住労働者を惹き付けてきた沿海地域において、経済的勢いが生み出された（**表3―3**）。したがって、比較的に

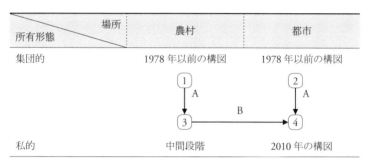

平等で、政治的に調整された集団的組織は、その他無数の所有形態の論理で経営されている企業と、財市場競争によって次第に挑戦を受けるようになっていった。このような構造的変化は企業、個人、場所の間に見られる所得格差の拡大のもう一つの原因となった。こうして中国は、歴史のなかでしばしば見られたパターン、つまり市場拡大の初期段階では不平等の度合が拡大するというパターンに従っているのである。

3　地方と都市の間に存在する大きな不平等

この現代の産業革命と、それに関連した資本蓄積のダイナミズムの特徴そのものは空間のうちに埋め込まれている。つまり、地域的不均衡は、企業の不均等な発展と所得分配の両極化と対をなす。例えば、北京、上海、広東省は不平等拡大の大きな一因となっている（UNRISD 2010: 722）。というのも、初期段階において、市場化の暴力を埋め合わせるための裕福な地域から貧しい地域への公的移転がまったくなかったか、あるいはほとんど行なわれなかったからである。

同じ省内でも、その様々な場所では同じダイナミズムを示していないので、不平等は極めて多面的《フラクタル》であるようだ。つまり、それぞれの観察レベルで、平等を崩壊させる新しい形が生まれている。こうしたことはまた同じ市の中でも起こりうるのであり、それというのも、そこでは新しい社会層が所得の大部分を獲得しているからだ。さらに中国では、一つの共通の市民権が存在しないために、平等原理に対するもう一つの障害物が生まれている。つまり、農村戸籍の移住者は、彼らが都市に引っ越し、職を得るとき、都市戸籍を所有している人々と同じサービスへのアクセスをもっていないのである。いくつかの不平等は人為的なものであり、そして法、規則、組織、不平等縮小のための政策的余地に組み込まれている。したがって、農村戸籍と都市戸籍の差別は段々と緩和されてきている。そして、中国当局はとうとう、遅れた地域に助成金を与えるために、裕福な地域に税金を課すことになった。こうして、少しずつだが、福祉国家のかけらが構築され始めた。しかしながら、蓄積の活力は不平等を拡大し続け、そこからある重大な理論的問題が浮かびあがる。つまり、公的介入は、どのようにある体制から別の体制への移行に一役かうことができるのか、と（第2—5項参照）。

4　農業の市場化は不平等を縮小したかのようだが、資本主義的工業化は不平等を劇的に拡大させた

中国の軌道は、不平等に対する市場メカニズムの影響について、興味深い仮説を提供している。つまり、すべては市場メカニズムが生み出す集権度の変化次第であるのだ。農産物の自由化が一九七八年以降決定されると、ほぼすべての農民は彼らの実質所得の増加をもって利益を得たようであり、そして生活水準や土地の集団的所有は維持された。実際に、タイル指数（Galbraith 2007: 153）〔所得の総計に占める個人の所得の割合と平均所得に対する個人の所得の比率に基づいて算出される不平等度指数〕は、主として農村社会における不平等の緩やかな縮小を示している。対照的に、実験的自由貿易圏における現代テクノロジーの導入は、旧国営企業と海外多国籍企業との合弁企業の間で、また沿海部各省と内陸各省の間で新しい二重構造を生み出した。その時、タイル指数は急激な上昇を経験し、そして天安門運動

の鎮圧は、中国の市民社会における対抗勢力の組織化を防ぐ役割を果たした。中国に市民社会があったなら、不平等の小さい成長パターンが促進されたはずであった。

様々な所有形態（国営、市町村、合弁、民営など）を持つ企業間の競争によって、典型的な資本主義的蓄積プロセスが始動した。これこそが、結局のところ、多かれ少なかれ世界経済の変化と歩調を合わせつつも、不平等を拡大させる要因である。香港はこうした連鎖が普及した格好の例であり、資本の自由化と集中は国内レベルにおける所得分配のかつての安定性を崩壊させることになった。したがって、国家間の不平等は縮小されるものの、国内での個人間の不平等はほぼすべての社会で拡大している（Bourguignon 2012）。世界規模での生産資本の移動は、このようなパターンの普遍化に決定的な役割を果たす。つまり、新興工業経済諸国の急成長はその国内における貧困を低下させ、成熟経済諸国との差を部分的に縮める。しかし、それはまた、二〇〇〇年代のラテンアメリカのようなほんのわずかな例外を除いて（第4節参照）、各国の社会内において不平等の急拡大を生み出す。

5　社会的安定性への脅威は控えめだが効率的な福祉の確立を要求する

中国は次のような転換を象徴する国である。つまり、貧困の劇的な減少によって、一見したところ、まずは国内の自由化の、次いで国際的な（部分的）自由化の正当性が支持される。しかし、所得や富の不平等の急激な拡大は、この社会経済体制の長期的な存続にとって脅威となる。

（1）経済成長は、以下のことを伴った。土地といった過去の集団的所有物は、個人的利益によって不平等に私物化され、汚職によって公務員は自分の私腹を肥やし、農民は自分たちの土地所有の権利をもつことができず、そして二重戸籍の市民権が確立された。これらすべては、政治制度の正当性に対する脅威となっている。それゆえ、様々な非政府組織が報じるところによると、地方レベルでデモや抗議が急増し、そのうちのいくつかは極めて暴力的なものであった。したがって、説明責任、世論の発言権の拡大、社会的正義を求めて、強力な社会的要求が政治制度に突きつけられている。これらは、福祉制度の構築や、社会的移転の拡大を求める第一の理由であるが、他にも極めて重要な二つの理由がある。

（2）集団的組織が崩壊して以降、中国国民は所得水準だけに関心を抱いているのではないのだ。

（3）職場やコミュニティレベルでの連帯を促進する行動は、市場が必要な教育、医療、住居あるいは老齢年金を提供してくれるだろうという期待をまず引き起こした。しかし、このような期待は、まったくもって満たされなかった。というのも、地域間、企業間、都会人と農村住民の間で、これらのサービスへのアクセスの格差が拡大していったからである。それは、優遇されていない人々に対して重大な結果をもたらした。このような脅威への対応を求められた中央政府は、人口が急増している層に対していくつかの基礎的な福祉が利用できる可能性を徐々に作り上げることを決定したのである。

（4）福祉国家の構築に有利に働く最後の構造的・歴史的な議論は、新しい社会経済体制の成功そのものが過去の連帯を壊し、同時に技術、製品、局所化、生活スタイルの恒久的な転換を促進するというものである。したがって、それは危険で、極めて不安定で、社会的カオスが起こりうる状態を創りだす。それに対して、適切なセーフティネットを構築することによってのみ、人々の期待や日常生活のつながりを安定化させることができる。これはカール・ポランニーによって主に洞察されたことであり、そして、中国は既に歴史的に観察されたパターンを辿っているかのようである。二〇〇〇年代中頃から、政府は最貧地域への社会的移転を組織すること、福祉の最初の形を試みること、そして最低賃金政策を進めることを決定した。これらの改革は、果たしてうまくいくのか。

6 全国民的な福祉の確立は中国の核心的な制度形態——地方コーポラティズム——の論理に反する

一連の研究が示唆することは、中国が政治家と企業家の利害を、少なくとも部分的に、調整する方法を見い出したということである。無数の地方コーポラティズム的機関の発展は競争主導型蓄積によって始まった（Boyer 2011a）。十分に発達した法体系や単一の企業設立形態がないために、行政当局は資源（土地、原材料、労働力、有能な人物など）の利用をめぐる権利を、少なくとも地方において一定期間は定めることができる。さらに、所得フローの割当に関するいくつかのルールを正当化することもできる。このような行政当局の保護の下で、企業家は生産、投資、技術に関する意思決定を行なうことができる。彼らが成功を収めることができるならば、そこで生み出された価値を再投資、

図 3-1　地方コーポラティズム仮説——概観

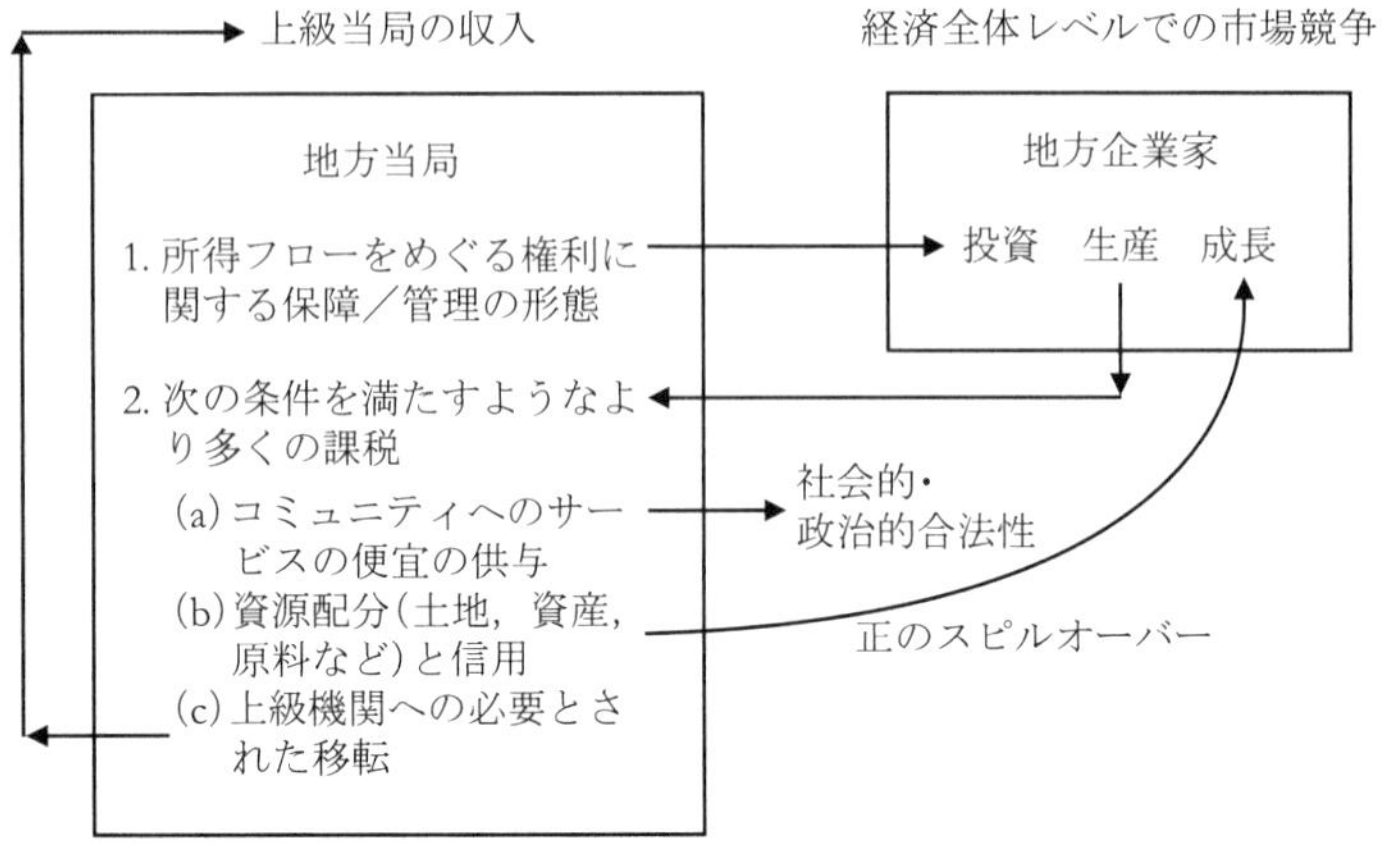

出所：筆者により作成

社会的支出・インフラ支出、関連機関の課税ベースの拡大へと配分することができるのである。結果として、このような取引は官僚と企業家を巻き込んだ好循環を進めるであろう。しかしながら、そのような体制は単独では、価値創造において効率的というよりももっと利己的で、地位を悪用したものになりかねない。そこで、地方コーポラティズムには他に二つの特徴がある。行政側では、各機関は上級機関に対してある程度の説明責任をもち、この上級機関は横領という最も有害な形態を罰することができる。実業界側では、もし地方の企業家が意思決定を誤れば、それらの企業家は多くの他の地域で育成される他企業との競争のなかで罰せられるであろう。かくして、地方コーポラティズムは中国社会の様々なレベルを接合するというもう一つの重要な特性をもっているのである（**図3―1**）。

しかし、このケースでは、北京の中央当局は福祉の拡充や均質化を、あるいは国内消費主導型成長レジームを助長するための最低賃金増大の同時発生の形態を促進する直接的な経済政策の手段を何も持ち合わせてはいない。

7　競争優先主義は全社会的な福祉に対する障害である

資本主義の二つの基礎的な社会関係として、基本的に、市場競争と資本／労働関係がある。これらの結合は、蓄積が社会経済体制の支配的な特徴だということを意味している。この点に関して、現在の制度的分析は、中国の蓄積体制が基本的に競争主導型であると主張する。実際に、さまざまな法的地位と地方属性（村、区、省など）をもった多くの組織は、天然資源、資本、信用、最終的に製品市場の獲得のために恒久的に競争しているのである。それぞれの地方コーポラティズムの機関は、囚人のジレンマみたいなものに直面している。つまり、各機関は、競争力を落とすというリスクなしに、他の地域における賃金上昇や、福祉の実現によって生み出される追加的な国内市場から恩恵を受けたいのである。その論理的帰結は、可能な限り低い水準に地方の賃金と福祉給付を設定することである。その時、全体的なマクロ経済的均衡は、これまでの競争主導型レジームに依拠している。したがって、中央政府は、中国社会の長期的存続にとって必須条件である、最低限の福祉の実現の成功を抑制してきた。生産能力の急成長と国内消費の成長の遅れの間にある矛盾を補うために、インフラ投資や海外市場向け販売が実施される（**図3―2**）。

これは、中国の成長レジームに極めて独特な特徴である。国際関係への編入は外部から押し付けら

図 3-2　競争——中国の制度諸形態のヒエラルキー

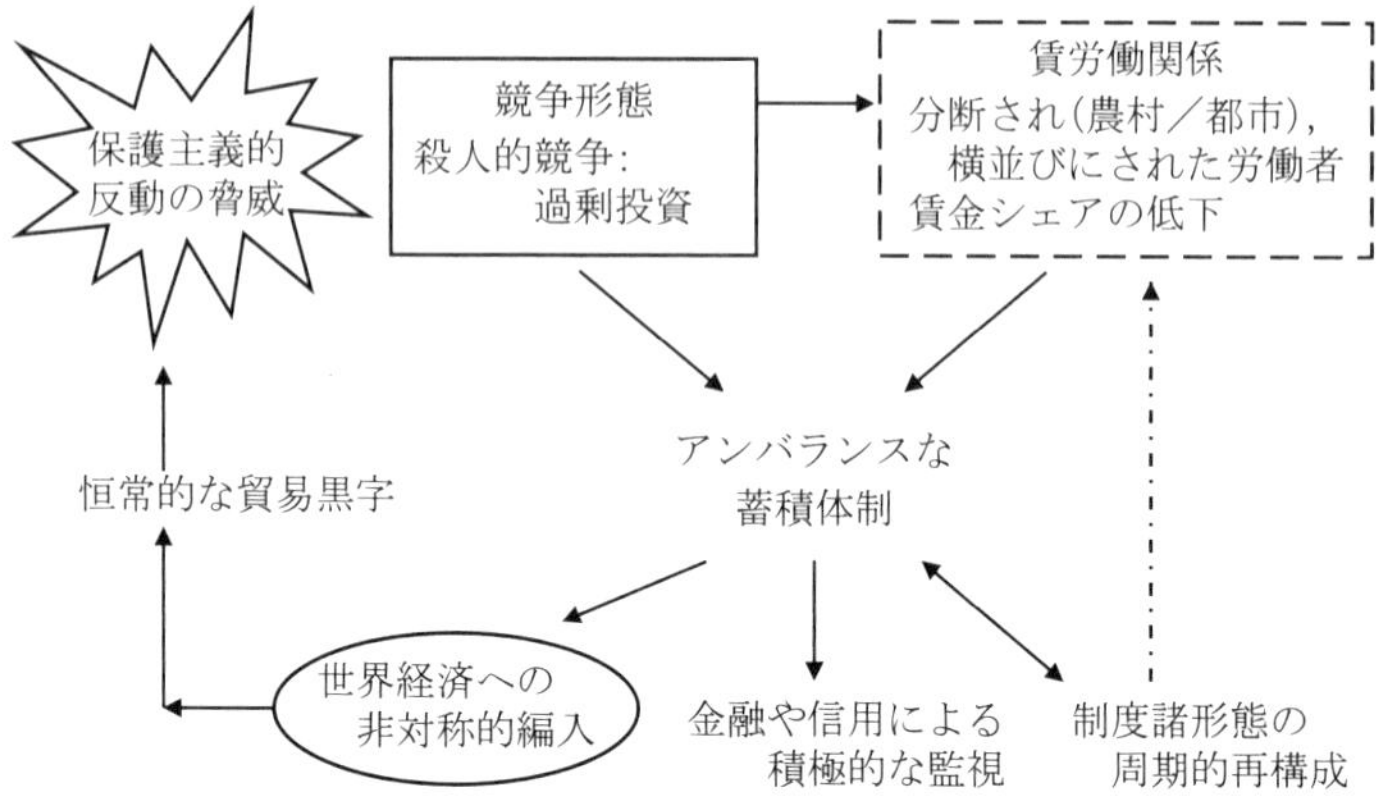

出所：筆者により作成

れたものではなく、基本的には国内政策の決定であった。量的に見れば、中国経済の開放は印象的なものである。しかし、質的には、資本投資、信用割当、ノルム管理、為替市場介入、一九九七年のアジア金融危機に匹敵する危機に備えるための大量の外貨準備貯蔵に対して、行政当局がまだ大きなコントロール権をその手に納めている。このような議論は、中国の体制がイデオロギー的あるいは教義的な選好を体現したものではなく、世界経済のなかでの中国の蓄積レジームを投影したものだ、ということを明らかにする。

8　中国型不平等レジームの特殊性

このような分析枠組みから、以下の主な三つの結論と、そして一つの全般的な仮説を引き出すことができる。第一に、中国の不平等は、過去の西洋諸国の産業革命を思い起こさせるものであり、そして典型的なクズネッツ曲線の仮説を辿っているかのようである。それらは生産の近代化に内在する構造的な異質性に由来し、それに関するメカニズムは、国連ラテンアメリカ・カリブ経済委員会（ECLAC）によってラテンアメリカに対しても指摘された（Pinto 1970）。すべての社会が資本主義の同じ発展段階にあるということはないので、それらに同じ分析を無差別にあてはめることはできない。第二に、中国の不平等レジームは、極めて弾力的な軌道のなかで政治と経済を調和させながら、無数の地方コーポラティズム的機関の激しい競争に基づいた特殊な社会関係の帰結でもある。これは、なぜ最低賃金と福祉の政策が、消費主導型成長へのスムーズな移行に向けて北京が抱く期待をまだ満たすことが出来ないのか、ということを説明している。第三に、不平等レジームは中国経済の開放なしには持続可能ではないであろう。つまり、賃金と利潤の間に見られるアンバランスによって生み出される、ビルトインされた過剰生産能力は、アメリカ、欧州連合（EU）、ラテンアメリカ、アフリカへの輸出のダイナミズムによって部分的に解決される。しかしながら、これらの地域はそれぞれまったく異なった不平等レジームを持っているのである。一般的に言えば、国際化は、閉鎖経済下では持続不可能であろう複数の成長レジームの（一時的な）両立を可能にする。言い換えれば、グローバリゼーションは、対照的な国民的不平等レジームの媒介者なのである。アメリカ（第3節）、欧州連合（第4節）、最後にラテンアメリカ（第5節）を分析することで、この仮説に対するいくつかの証拠を提示する。

第3節　アメリカ――黄金時代から超富裕層所得の急増へ

現代アメリカ経済において、不平等が急激に拡大してきたことは明らかである。しかし、そのメカニズムは中国の軌道を形成するメカニズムとは異なる。生産パラダイムがフォーディズムから転換しただけでなく、熱狂的な金融化プロセスによって、機能的および個人的な所得分配に関するこれまでの決定因が問題に付された。簡単な回顧分析をすることによって、このような新しい大転換と、その危機に関して光を当てるべく、いくつかの証拠が示される。

1　驚くべき戦後成長レジーム――技術的ダイナミズムと成長を伴う不平等の安定と縮小

大恐慌および戦争によって引き起こされた大転換はトラウマとなる出来事であった。その後、多くのアメリカ人アナリストは、戦間期の推移が繰り返される可能性を予測した。つまり、まず急速な復興と経済回復が起こり、次いで景気停滞および／あるいは不安定の新しい時代が到来する、と。ケインズ派（Hansen 1947）およびマルクス派（Baran and Sweezy 1966）の経済学者のどちらもが、過剰生産能力と非自発的失業を生み出すという、成熟経済に組み込まれた特徴についてのこうした分析を共有した。幅のある学術領域の他面では、現代の一般均衡論者たちは経済的効率と社会的正義が相容れないトレードオフの関係にあることを指摘した。純粋な市場均衡のパレート最適と比べて、限界生

図 3-3　第二次世界大戦後の成長レジームの起源にある制度的転換と不平等の縮小

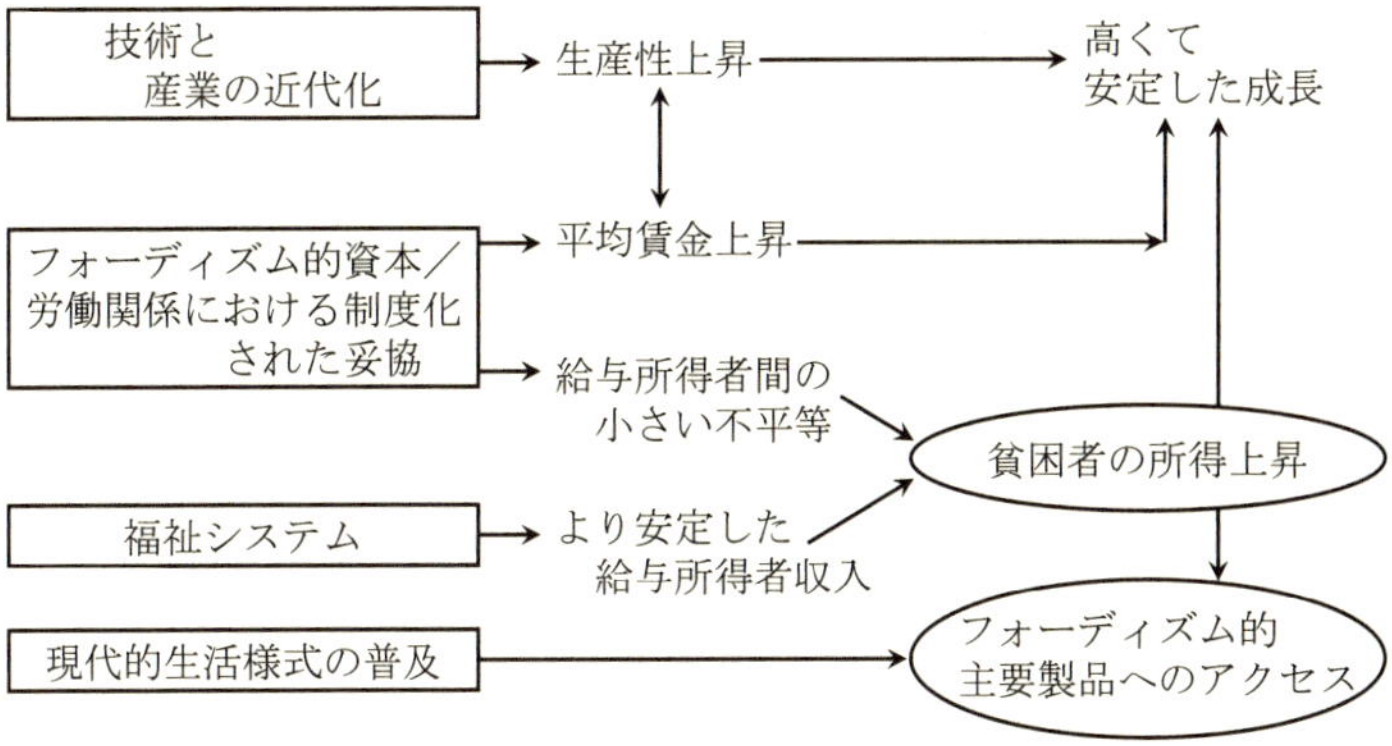

出所：筆者により作成

産性と報酬の不一致は、厚生の低減によってその代償が支払われるであろうというわけだ。こうした見解は、名だたる教科書によって広く知られるようになった (Samuelson 1948)。

一九四五年から一九七三年の間には、正反対のことが観察された。**図3—3**によって描かれるように、その長期間に、いかなる不況も起こすことなく、急速な成長と経済的不平等の著しい縮小が生じた。アメリカ経済は、戦間期に比べて劇的に変化し、新しい成長レジームが開拓され、実現された。大量生産技術は軍事部門から民間部門へと移転され、消費財が大量生産されるようになった。それと関わって、規模に関する収穫逓増は、相対価格の低下および／あるいは実質所得の上昇を可能にした。そもそも、過剰生産能力を生み出す傾向が克服され、一九三〇年代に見られた価格戦争が引き起こされることはなかった。より強くなった労働の交渉力が、労働協約の交渉権を労働組合に与え、それによって実際にインフレや生産性に明示的に連動した名目賃金がコード化された（図3―3）。

労働組合はまた、上級管理職も含めて様々な技能や責任をもつ給与所得者の間に見られた報酬の格差を安定化させた。ある意味で、所得はかなりの程度で集団的に決定され、もはや純粋な市場変数ではなくなった。にもかかわらず、このような変化は、通例の経済理論によってはかなり過小評価されており、そして、これこそがレギュラシオン理論の出発点となったのである（Aglietta 1979）。さらに、これらの労働協約はまた、失業手当、医療、老齢年金、住宅手当といった保障を定めた。こうして、これらの福祉的要素によって、生涯所得は安定化した。現代生活様式の成熟化を進めたという点で、福祉はこのようなフォーディズム的成長レジームの発展に貢献した。また、賃金決定と福祉が補完し合うことで、大量生産から大量消費への、そしてその逆の大量消費から大量生産への好循環が支えられたのである。貧困がかなりの程度解消されただけでなく、不平等もまた縮小した。こうした画期的な変化は、第二次世界大戦後の新しい経済秩序を正当化させることに重要な役割を果たした。つまり、社会的正義／公平性と資本主義はもはや自動的に対立するものではなくなったのだ。

2　新自由主義の新しい主流――不平等拡大は成長回復の必要条件である

いかなる社会経済体制も永遠に続くことはありえない。その発展と成功はまたさまざまな変容を引き起こし、それらが蓄積され、最終的にはその構造的安定性を脅かす。一九六〇年代、インフレ率が加速し、景気後退時にスタグフレーションが起こった。財政赤字はもはや失業に対処するには足りず、

図 3-4　1980 年代における反平等主義的パラダイムへの転換
——不平等主導型成長

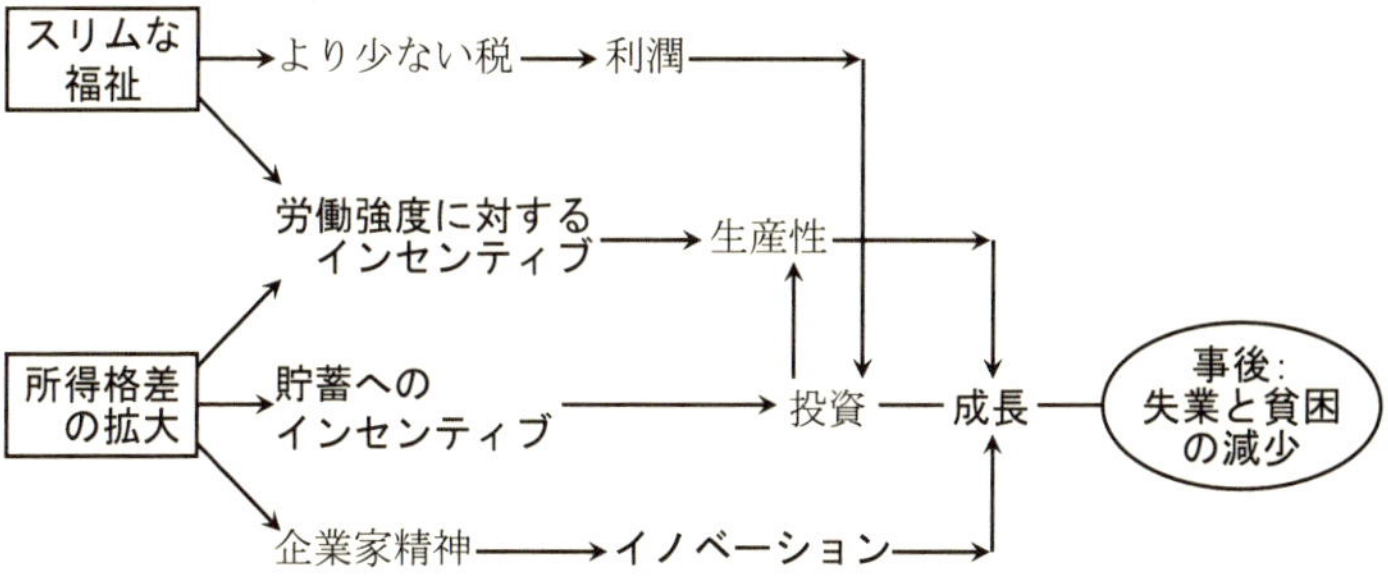

出所：筆者により作成

対外競争は対外貿易赤字という形で経済に穴をあけ、過去の好循環を弱体化させた。これらのマクロ経済的不均衡は保守派に復活のための道を差し出し、そしてフォーディズムの歴史的限界はラディカルな理論的代替案を提示するために利用された。つまりそこでは、不平等の拡大と福祉の縮小は成長を回復させるために絶対に必要なものだと考えられたのである。成長こそが、貧困を減らすための必要条件なのだという。保守派の社会政策にとって、成長は唯一の正統な目的なのだ（**図3―4**）。

　こうした保守派的見解にあっては、不平等は市場経済にとって「適切な」インセンティブを与える。それは、企業家精神、イノベーション、したがって成長を促進するための条件である。富裕層は貧困層よりも多く貯蓄をするので、彼らは貯蓄を通して投資のペースを決める。これは投資と貯蓄の均衡に関するケインズ以前の考え方への回帰である。所得格差の大きな開きは、労働強化や企業目的に対する労働者の個人的参加へのインセンティブでもある。それはまた、新しい技術パラダイムによって要求される能力を身につけるために、人的資本の形成を促す。

減税やスリムな福祉国家（現在はワークフェア政策）は、現代社会経済体制に関するこの新しい考え方を補っている。最後に、経済学的な理論づけによって、こうした反革命はいくつかの点で正当化される、ということを言っておきたい。つまり、第二次世界大戦後に典型的に含意された社会構成主義は、「市場インセンティブを正常に作用させよ」という標語に取って代わられた。不平等は、このような戦略の論理的な帰結なのである。最後に、不平等の拡大は貧困を減らすための条件なのだという。この点、現代中国の構図と奇妙に一致していると同時に、またフォーディズムの黄金時代からの明確な決別でもある。

3　国際化と金融の圧力による経営者と給与所得者の同盟の崩壊

保守派の巻き返しは、学術的研究やイデオロギー言説に限られてはいなかった。給与所得者の力および保障に対する攻撃が一貫して続けられてきたが、これは労働組合の高い組織率によってこれまで保護されてきた諸部門の規制緩和という旗印のもとで実行された。その結果として、制度化を通した賃金調整メカニズムのほとんどが廃止され、国際競争が牽引役となって、報酬制度が完全に設計しなおされた。インデックス条項〔物価・生産性の上昇に賃金上昇をインデックスさせる条項〕におけるあらゆる自動性の廃止、賃金決定の分権化、成果主義的報酬の広範な普及、労働契約の個別化や多様化といったものが、一九八〇年代および一九九〇年代の典型的な特徴となった。要するに、企業は「契約の束」となり、そして模擬的な市場競争を企業内部に創りだすために、大企業内では部、課、個人の間の競争が組織された。年功賃金はますます標準ではなくなり、昇進は勝ち抜きトーナメントの後で決定されるようになり、そこでは「勝者総取り方式」の論理がさらに普及していった。

企業内における報酬のヒエラルキーを安定化させることはもはや不可能となったのである。というのも、これらすべての変化が、所得の変化においても大きな差異を生み出すからである。つまり、同じスキルや能力を持っていても、部門・地域・企業の間で、さらに同一企業内でさえも、もはや平等に報酬が与えられることはなくなった。フォーディズムが含意していたマクロコーポラティズムは優位性を生み出したのだが、それが一連のミクロコーポラティズム的制度によって取って代わられている。そこでは、労働者の報酬や運命は、彼／彼女が働いている企業の業績に大きく依存する。フラクタルな不平等が予想外に拡大しているのである。しかしながら、ある大きな共通の定型化された事実をアメリカの所得統計から引き出すことができる。つまり、全要素生産性がほぼ横ばいの状態のもと、平均実質賃金は二〇年間ほぼ一定であったが、しかしトップ経営者の報酬は爆発的に上昇した。その主な理由は、経営者報酬は利潤の増加や、上場企業の株式市場価値とリンクしていたからである（図3―5）。

これは社会全体における社会・政治的妥協の画期的な変化を表している。これまでは、トップ経営者は給与所得者の中から内部選抜プロセスを通して誕生していた。そして、彼らはまだ自分たちを、給与所得者の一部だと考えていた。一九八〇年代中頃から、経営者は株主価値の創造を優先的に考えるようになり、彼らの報酬は金融市場の評価に沿うようになった。実体経済でのわずかな生産性の上

図 3-5　CEO 報酬と平均賃金のギャップの拡大

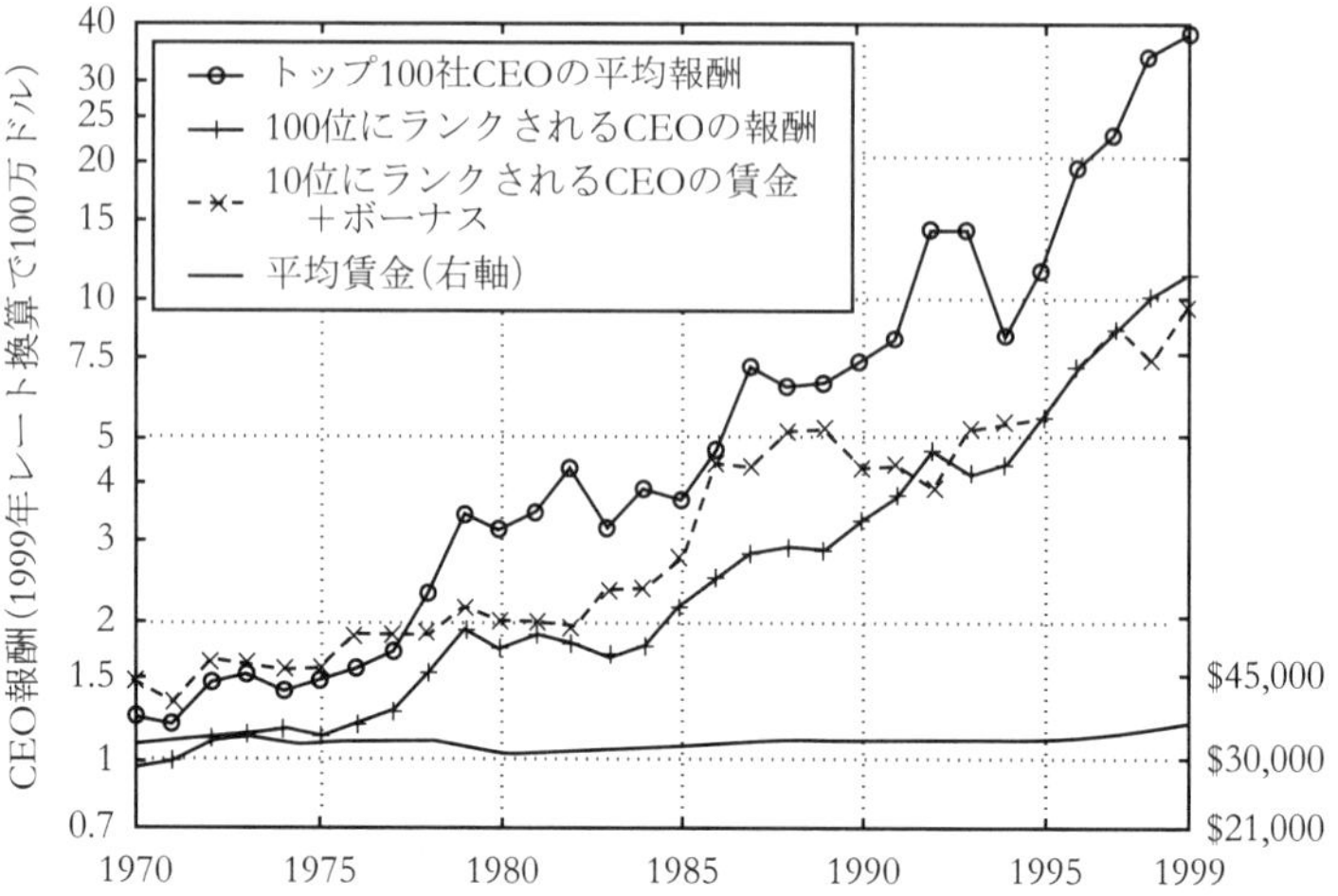

出所：Piketty and Saez（2003：33）図 11. 許可のもとで使用
〔本書図 1-3 と同じ〕

昇とは極めて対照的に、金融バブルは周期的にウォール街の各種指標を上昇させた。これこそが、上位所得の急増の二つ目の、そして重要な要因であり、そこには経営者と金融業者の同盟が表されている。したがって、経営者はもはや企業業績に集団的に貢献する給与所得者層には属しておらず、これはドイツ資本主義において永らく支配している関係とは好対照をなしている。

4　賃金上昇と福祉拡充への代替案としての家計への住宅信用の急増

これに対応する成長レジームは一見するとアンバランスである。つまり、実質賃金がほぼ一定であるならば、一般労働者はどのようにして、これまでと同じペースで拡大し続ける消費を維持することができるのであろうか。各家庭内で、より多くのメンバーが仕事をもつようになり、彼ら一人一人の働く時間はより長くなる（Schor 1992）。しかし、これら二つの戦略によって、単位当たりの実質賃金と家計消費トレンドの間に見られる乖離を縮めることには限界がある。ここに、金融発展の別の側面が登場する。つまり、規制緩和、グローバリゼーション、そしてそれに誘発されたイノベーションが、サブプライム信用や証券化といった金融商品を次々に生み出し、国民の最貧層であっても信用貸付がさらに受け易くなるというわけだ。これによって、住宅や近代的消費財を支払うために借金をするだけでなく、貸付によって彼らは医療費や大学の学費を賄うこともできる。レーガン政権およびブッシュ政権の下で決定された減税政策によって、福祉制度の拡大が阻止されたので、銀行信用は部分的に社会保障の集合的編成に取って代わるものとなった。信用政策の緩和は、実際には、所得不平等の急激な拡大によって新体制の存続にのしかかる悪影響を小さくするために実施された補償的措置であった。

北米の不平等レジームの新しさと特殊性を把握するためには、二つ目の特徴が付け加えられなければならない。確定給付型の「賦課方式」年金を払いたがらない企業がますます増えてきているために、保険業者や金融業者は確定拠出型年金基金への転換を提案し、労働組合はそれを受け入れなければならなくなった。しかし、それには、このような個人化や、株式市場の上下動にさらされることによって起こるすべてのリスクが伴う。これに対応したＥＲＩＳＡ法〔従業員退職所得保障法〕（Montagne 2006）によって、アメリカの金融システムへの大量の資金流入が促進され、一連のバブル（インターネット、不動産、株式市場のバブル）が生み出された。それはさらに、もっと多くの信用を受けるための担保として利用される資産ポートフォリオや住宅価格のおかげで、家計はまるで自分たちがお金持ちになったかのような気分になった。かくして二〇〇〇年代に、家計の貯蓄率はゼロへと向かっていき（図3―6）、負債／可処分所得比率の持続的上昇（図3―7）によって、所得、消費、不動産投資の間に見られる顕著で、非持続的な乖離が生まれた。

こうした信用や洗練された金融商品の急増は、新しい経済体制を生み出したが、その後すぐに、一九八〇年代中頃まで見られた金融資産の対GDP比率の安定性を壊した。その結果として、金融部門はもはや単にある一つの生産部門から別の部門へと利潤を移すのではなく、国民総利潤のますます大きな部分を自分自身のために領有することになった（Crotty and Epstein 2008）。これらの利潤は、次いで、ボーナス、ストックオプション、配当を通して配分されるようになる。そこから、所得上位層と、主に賃金に依存している所得中位層との格差が加速する。これら超過利潤の大部分は、あまり裕福でない国民層に信用へのアクセスを容易にした金融規制緩和に由来している。このような構図は、ある顕著なパラドクスを明らかにする。それは、金融業者が貧困層に信用を供与することによって、新たな利潤の源泉を発見したというパラドクスである。結果として、不平等は所得分配を二つの極に広げ、その両極の変化は密接に関連しているのである。

5　金融化による超富裕層への莫大な所得移転

金融は明らかにマクロ経済活動の牽引役であったし、今もそうである。しかし、それはまた一九三

図 3-6　アメリカ家計のとても低い貯蓄率

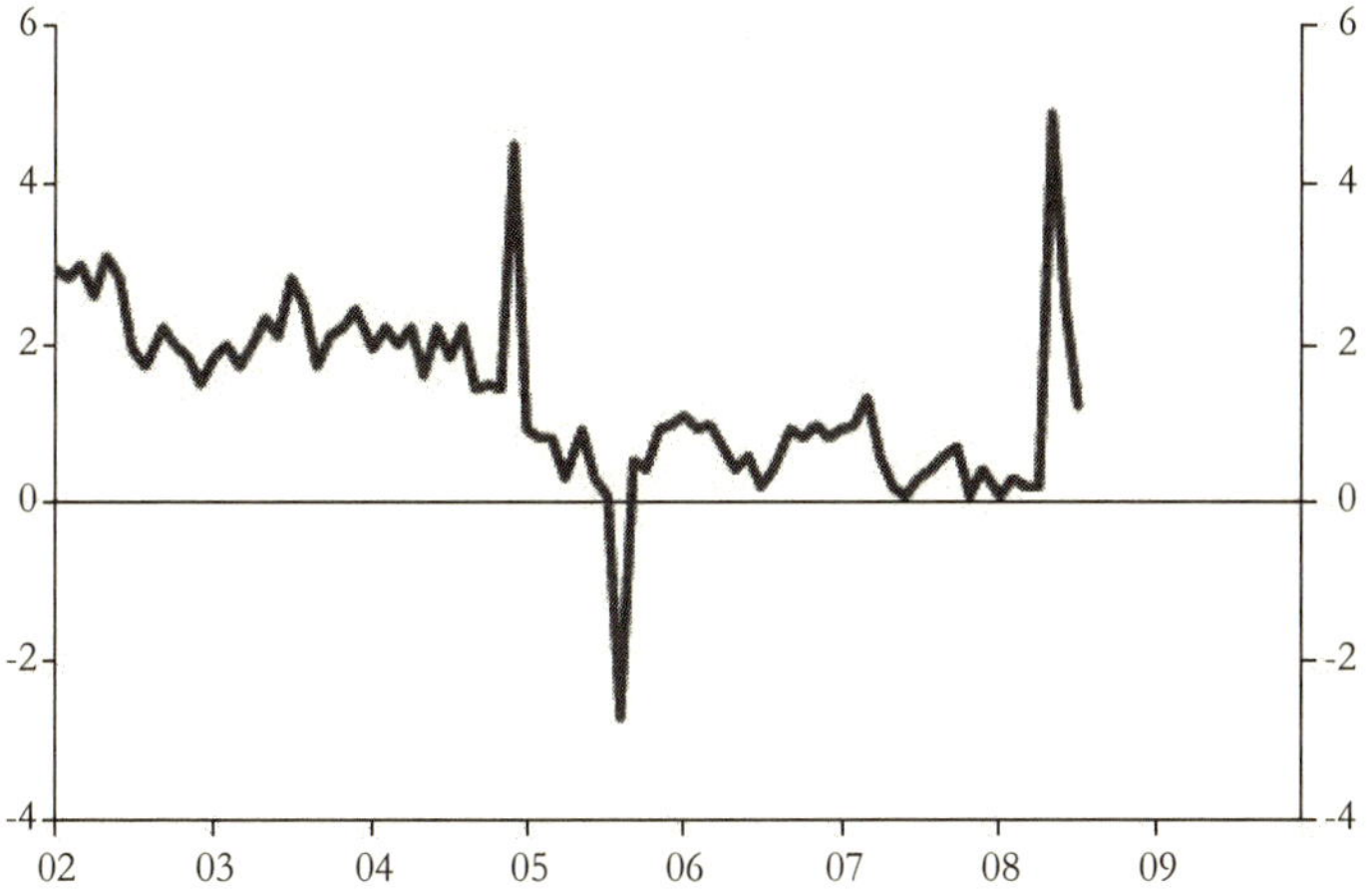

出所：Artus（2008：2）．許可のもとで使用

図 3-7　負債／所得比率の上昇

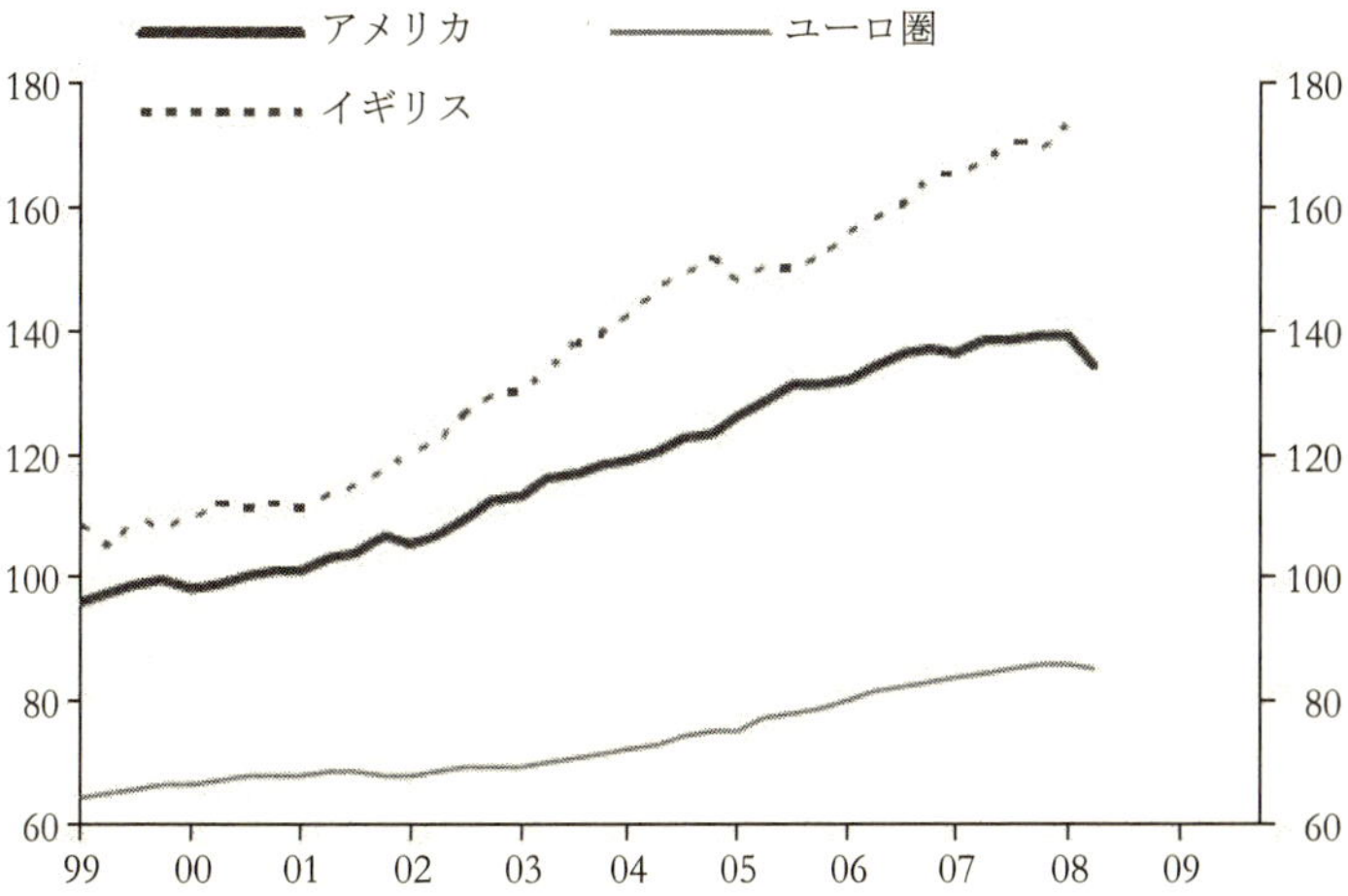

出所：Artus（2008：2）．許可のもとで使用

○年代以降の前例のない個人所得の二極化の原因でもある（図3―8）。

（1）個人所得分配の下位層は、融資を受け易くなったことで、典型的な大量生産の海外移転によって大打撃を受けた未熟練労働者の雇用の停滞あるいは減少さえ我慢できるものとなり、組合がそれほど組織化されていないサービス職の増大も受け入れた。そうしたことは疑いなく、アメリカ経済の推進力である消費を引き続き拡大させる。ある意味で、金融イノベーションは激しい国外競争の否定的な影響を埋め合わせるための要因なのである。

（2）個人所得分配の上位層では、新しい金融商品の多様化と、トップ経営者と金融業者の同盟が、キャピタル・インカムとキャピタル・ゲインの急増を引き起こした。そして、これは「勝者総取り方式」の論理にしたがう報酬の個別化の影響力を強める。規制緩和された金融市場の厚みと流動性は、最も多くの情報を持ち、支配的な立場にあるアクターへの急速な富の集中をもたらした。それに比べて、製造業部門やサービス部門における生産性その他の業績指標はもっとゆっくり推移する。

結果として、世界競争への突入や金融イノベーションは、構造的にアンバランスな新しい成長レジームを定義する。つまり、このような新しい社会的構図にあっては、所得と富の不平等は、それが機能するための一環をなしているのである（図3―8）。ここで、アメリカと中国における不平等の原因

図 3-8　不平等による金融の促進と，金融による不平等の拡大
——現代アメリカの不平等レジーム

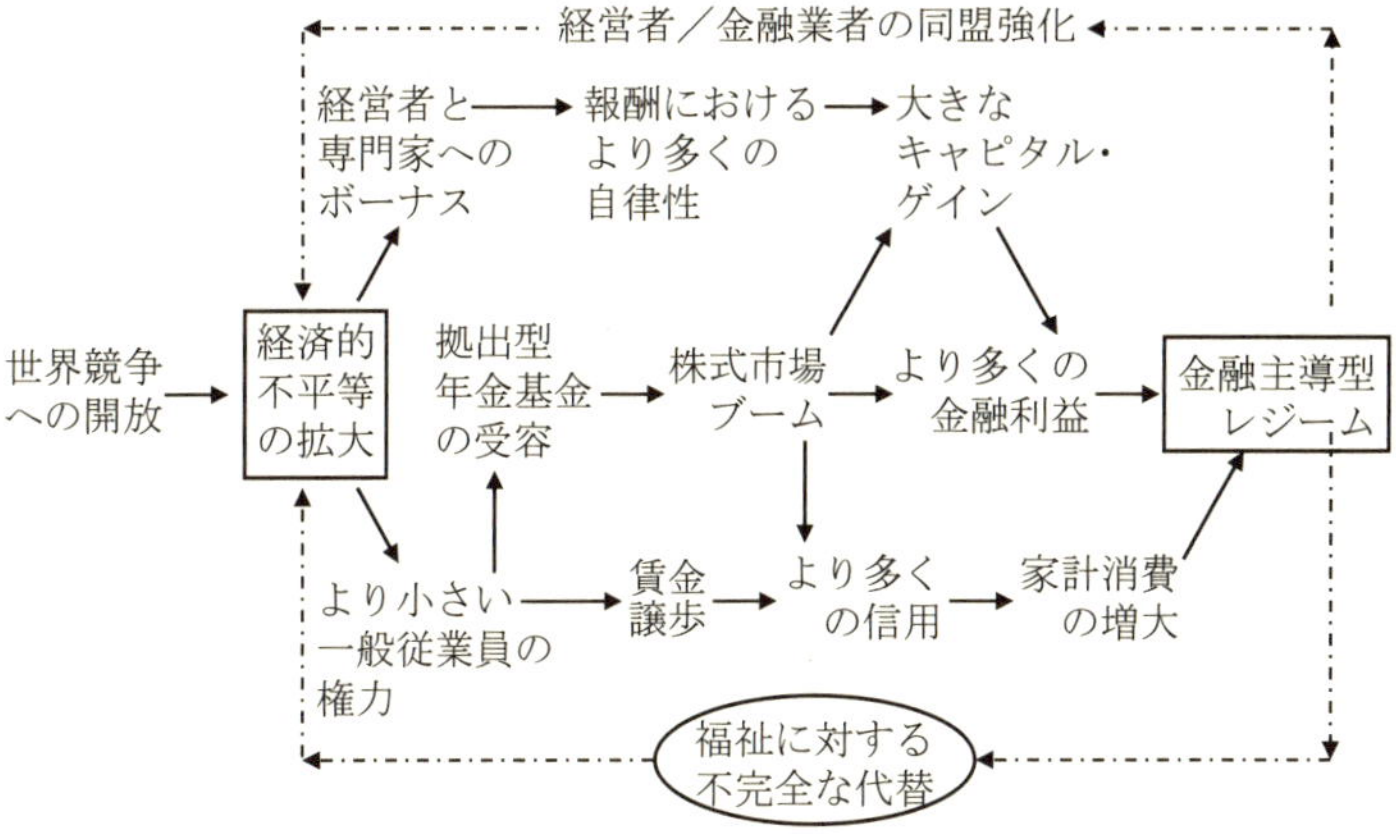

出所：筆者により作成

図 3-9　キャピタル・ゲインとキャピタル・インカムは分配トップ（百分位上位層）との不平等拡大の主な原因である

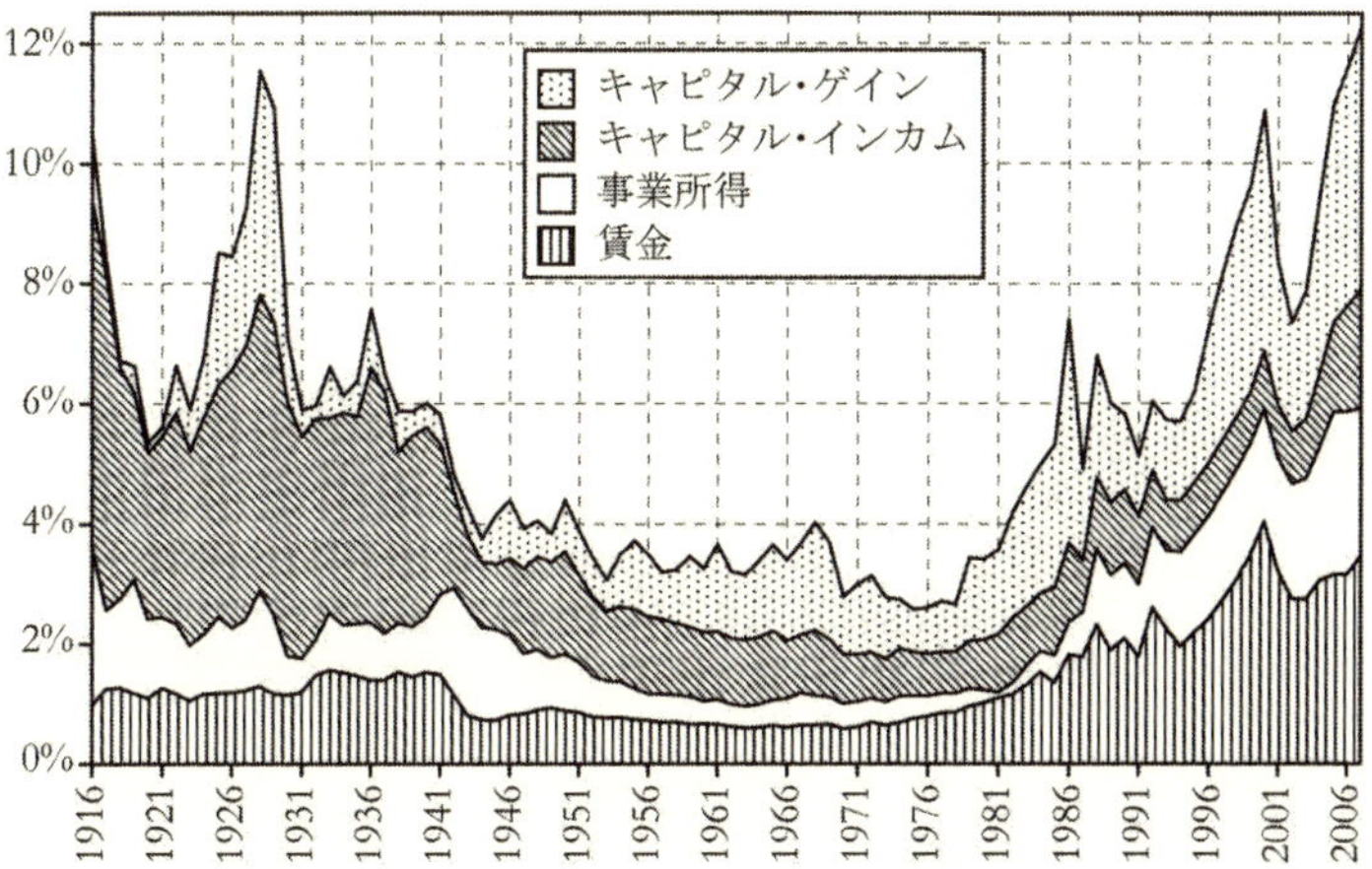

出所：Atkinson, Piketty and Saez（2011：8）．許可のもとで使用

がどのように異なるのかを見てみよう（前掲図3―2）。

この枠組みによって、なぜ最近の研究が十分位による伝統的な分配を考察するだけでなく、百分位最上位層における所得増加の集中をも考察するのか、が説明される。黄金時代と比べて、一九八〇年代から二〇〇〇年代中頃までに、百分位最上位層が占める所得シェアは三倍になった。成果主義報酬とキャピタル・ゲインの双方が、この急激な増加をもたらしたのである。これは、一九二〇年代をいくらか思い起こさせるが、しかしその時は資本所得が先導的な要因を担っていた（図3―9）。

6 経済における権力の非対称性は、経済政策の立案および規制の阻止に関する能力へと転換される

典型的な自由主義においては、そしてオルド自由主義においてはなおさら、ゲームのルールは最も影響力のあるアクターのロビー活動と独立して定められ、維持されてきた。対照的に、新自由主義の現局面では、勝者が自らの利益になるように、意のままにルールを変更することができる。例えばアメリカでは、累進個人所得税が維持されていたならば、確かに所得上位層の急増を緩和することができたであろう。しかし実際には、ポスト・フォーディズム的な競争・金融主導型レジームの恩恵を受ける人たちは、アメリカ政府、上下両院の政府高官たちに対して、次のことを納得させるのに成功していた。非累進的なフラット税率は、（彼らの富を投資に振り向けることを通して）イノベーション、成長、雇用創出にとって不可欠であり、これによって、彼らの富は投資、イノベーション、そして最終的に成長と雇用創出へと振り向けられるのである、と。黄金時代に対する保守派の反革命も、この

新しい財政パラダイムを正当化させることに貢献した（図3―4参照）。

一九六〇年代と二〇〇〇年代中頃を比較すると、課税原理の変化は実に印象的である。今や、最上位一％が最上位一〇％と同じフラットな所得税率を享受している。したがって、課税原理の見直しは、中間層へのいくらかの譲歩とともに、主として超富裕層に有利に働いた。そして、このような政治的連合によって、アメリカの規制体系および法体系全体の再設計に成功した（Piketty and Saez 2007: 12）。かくして、アメリカの不平等レジームの変化は政治的に推進されたものであって、単なる対外的および外生的な経済的諸力の結果ではなかったのである。競争への突入は、組合化された労働者から交渉力を取り上げた。そして、金融の自由化は製品や労働の規制緩和の後に当然続くものとして主張された。次いで、極端な資本の流動性と大規模で厚みのある金融市場の形成が、利潤とキャピタル・ゲインに対する課税の劇的な低下を正当化した。こういう具合に、経済から政治へとスピルオーバーし、地政学からまた経済へとスピルバックした。

かくして、アメリカの不平等のほとんどが、支配的経済グループの私的利益の維持と防衛にとって都合の良い制度的秩序を創るための一連の戦略のなかで、彼らの明確な戦略によって集団的に生み出されている。これが、政治学的アプローチから予測された結論である（Hacker and Pierson 2011）。一つの目新しいことは、経済学者のなかでも、同じ診断に納得する人たちが増えてきていることである。つまり、自由市場的イデオロギーの普及や規制緩和に利する積極的なロビー活動を通して、また金融イノベーションへの集団的コントロールの欠如によって、確固として身を固めた経済力は集団的組織を形成する能力に転換されたのである（Stiglitz 2012）。

アメリカ的政治制度の多くの特徴が組み合わさって効果を発揮し、こうして、危険だが極めて収益性が高い金融イノベーションに対する効果的な公的コントロールを妨げるというウォール街の力の出現が説明される（図3―10）。まず、二大政党制は選挙ごとの資金集め競争を意味し、そして一般的には、国民のうちの富裕層は、たいてい市民や消費者を擁護するグループよりも多くの資金を支出することが多い。次に、選挙の頂点や日常的なベースでは、支配的な経済グループは、法や規制が彼らの利害を考慮するのを確実にするために、ロビイストに金を払うための資金源をもっている。選挙に関するアメリカの各種規制のもとでは、これらの寄付や支出は公開されている。しかしこのような透明性は、実際には、他の多くの社会では汚職としてみなされるはずのものを覆い隠す。というのもそれは、所得に関わらず全市民が持っている表現の平等原理に反しているからである。第三に、リーマンブラザーズの破綻と大きな経済危機の後、アメリカの大統領は金融再規制を思い切って実行することが出来なかった。なぜなら、立法府、裁判所、大統領の間の権力分割のうちに埋め込まれているチェック・アンド・バランス原理は、金融業者の影響力の核心を温存してきたからである。彼らのロビー活動は、ドッド・フランク法〔ウォール街改革および消費者保護法〕のような、制約色の強いいかなる規制に対しても闘い続け、これまで彼らは勝利をおさめてきたのである。

頻発するスキャンダル（インサイダー取引、ゴールデンパラシュート、共謀によるＬＩＢＯＲ〔ロンドン銀行間取引金利〕）や、家や職を失った市民の間でのウォール街の不人気にもかかわらず、トップ

図 3-10　アメリカにおける中核的経済グループによる国家と政治的舞台の支配が引き起こす不平等の急拡大

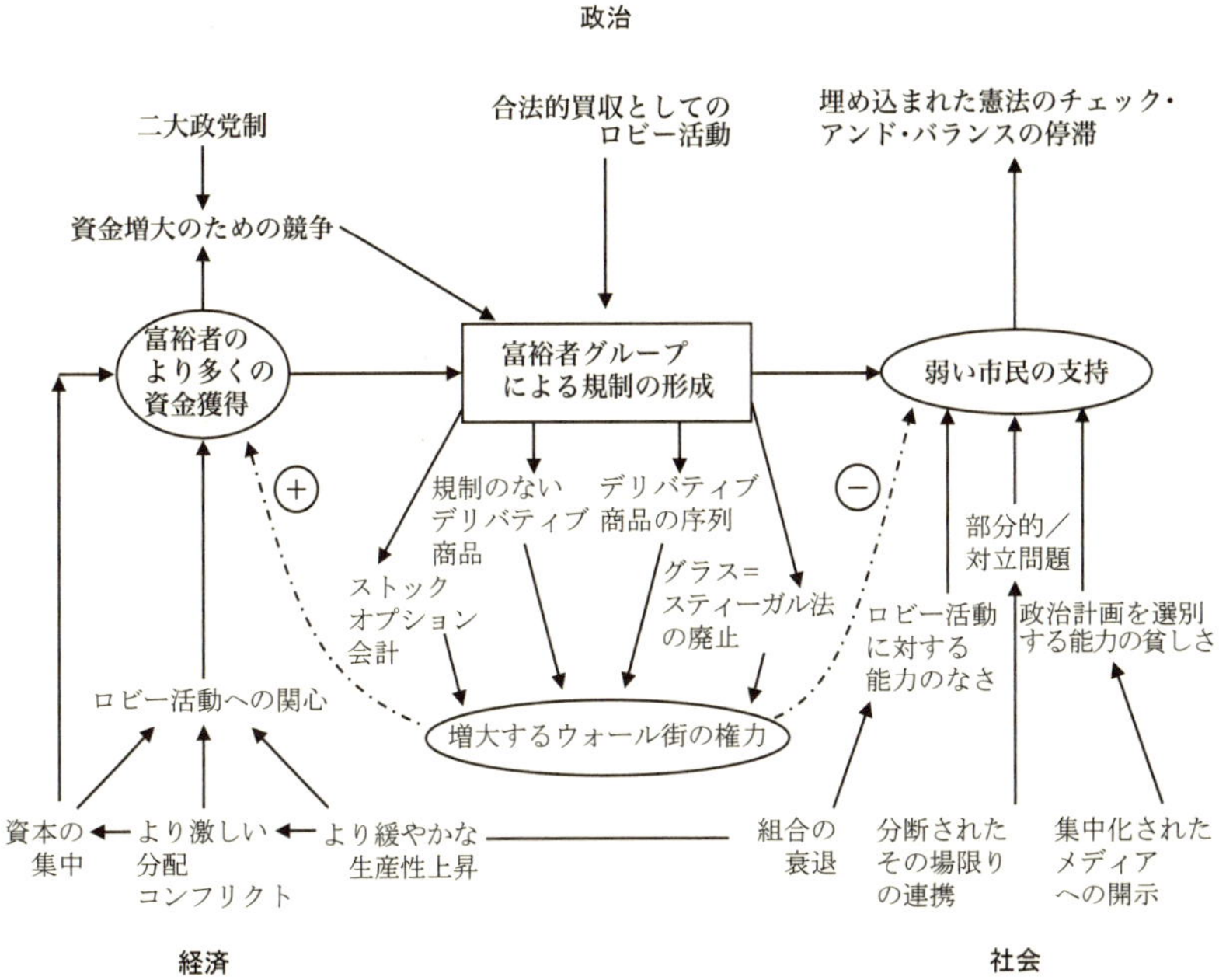

出所：Hacker and Pierson（2011：163-306）に基づいて筆者により作成

経営者たちの報酬は相変わらず万有引力の法則に反している。それはまさにアメリカの核心的な政治制度の結果であり、純粋完全競争を促進するいかなる見えざる手の結果でもない。ここでもまた、アメリカ的な不平等レジームは中国と同様に人為的であるが、しかし中国のそれとは異なったものである。

7　完全自由化の組み合わされた結果——不平等の拡大と金融危機　カール・ポランニーは正しかった

振り返ってみると、さきの図3—8で描写したマクロ経済体制は、住宅価格の上昇がストップするやいなや、存続不可能であることが明らかになった。しかし、こうしたことはまた、危機以前に十分予測できたことであろう。つまり、最貧層の購買力低下を考えると、彼らが負債の利息を払うことはできないだろう（Boyer 2000c）。したがって、新自由主義に執着することで、二つの不安定化プロセスが動き始めた。一面では、上位一〇%の所得シェアは一九七〇年代の三四%から危機直前の約五〇%へと変化した。それは、一九二〇年代の所得シェアに匹敵する構図である。そのような傾向は、明確な社会的・政治的理由のゆえに、永久に続くことはありえないだろう。コインの他面は、バブルの膨張である。しかし、何らかの悪いニュースが過度に楽観的な期待をパニックに変えるやいなや、そのバブルは破裂するに違いない。そのパニックは、中央銀行や財務省によって金融部門に与えられる完全な保証によってのみ押さえ込むことができる。

長期歴史的なデータがこのような分析枠組みの妥当性を実証している（Moss 2010）。信用の膨張はブームに火をつけ、所得の集中と、危機とは無縁の新しく先例のないレジームが来たという幻想を助長する。こうしたことは一九二〇年代に起こり、それはニュー・エコノミーの金融バブルの崩壊とともに一九九〇年代に繰り返され、そして最後に、二〇〇〇年代のサブプライム危機でも繰り返された。その時、銀行破綻が加速し、上位所得は一時的ではあるが急激な低下を経験する。結果として、アメリカの金融危機とその後の経済危機は、不公平でアンバランスな社会にとっての徴候でもある。

以上から、労働力の商品化（賃金は再び純粋な市場変数になりつつあり、福祉はワークフェアへと転換している）や貨幣の民営化（流動性の高い金融商品の創造の容易さによる）はアメリカ経済を危険にさらしている。もし、自然の市場化（炭素排出権取引、生物多様性の価値評価、気候に関わるオプション取引）が追加されるならば、カール・ポランニーの根本的な直感はわれわれの時代にまったく妥当するものとなる。つまり、そのような社会は持続不可能であり、限りのない市場化に歯止めをかけるために力強い社会運動が起こされるべきである、という直感である。

8　アメリカと中国の不平等レジームの異質性と成長パターンの補完性

以上のいささか長い分析から分かることは、アメリカと中国という二つの社会は同時代的な存在であるが、しかし同じ蓄積パターンや不平等レジームを示しているわけではないということである。しかし、両社会は世界への開放なしに機能することはできないように思われる。ある意味で、それら二カ国間の相互交換は両国の存続に寄与し、そして両国の存続は閉鎖経済という文脈のなかでは保証されなかったであろう（図3―11）。

（1）成長レジームの観点では、アメリカの消費者需要のダイナミズムは、生産ネットワークの集中的な海外移転とともに、累積的な貿易赤字を生み出す。他方で、金融のヘゲモニーは減税を暗示しており、これは恒久的な政府財政赤字につながる。中国ではこれと対照的な構図が観察される。中国は世界の製造基地へと変容し、この経済は大幅な貿易黒字を生み出している。なぜなら、中国の競争主導型成長レジームは恒久的な過剰生産能力を伴っているからである。このような中国の特徴は、ひるがえって、アメリカ国債の購入を通してアメリカ経済への資金調達を可能にしている。これら両経済はもはや閉鎖的ではない。なぜなら、両国経済はますます相互依存的になってきており、それらの成長レジームの存続はこの相互依存関係の舵取りにかかっているからである。

（2）アメリカの資産的不平等レジームと中国のクズネッツ的不平等レジームは、相関的に関連している。アメリカ側では、中国から輸入される製造業製品の恒久的な増加は、控えめではあるが着実に生活水準の向上に寄与している。そして、中国からの貯蓄の流入は、ハイ・リスクな融資だけでなく財政赤字に対しても、低金利や条件緩和を可能にする。かくして、アメリカの不平等レジームは、不動産バブルが続く限りは受容可能であり、そして存続可能である。中国側では、急速な生産の近代化によって不平等が爆発的に拡大した。一方で、二〇〇〇年以降の投資や輸出

図 3-11　アメリカの資産型不平等レジームと中国のクズネッツ型不平等レジームの補完性

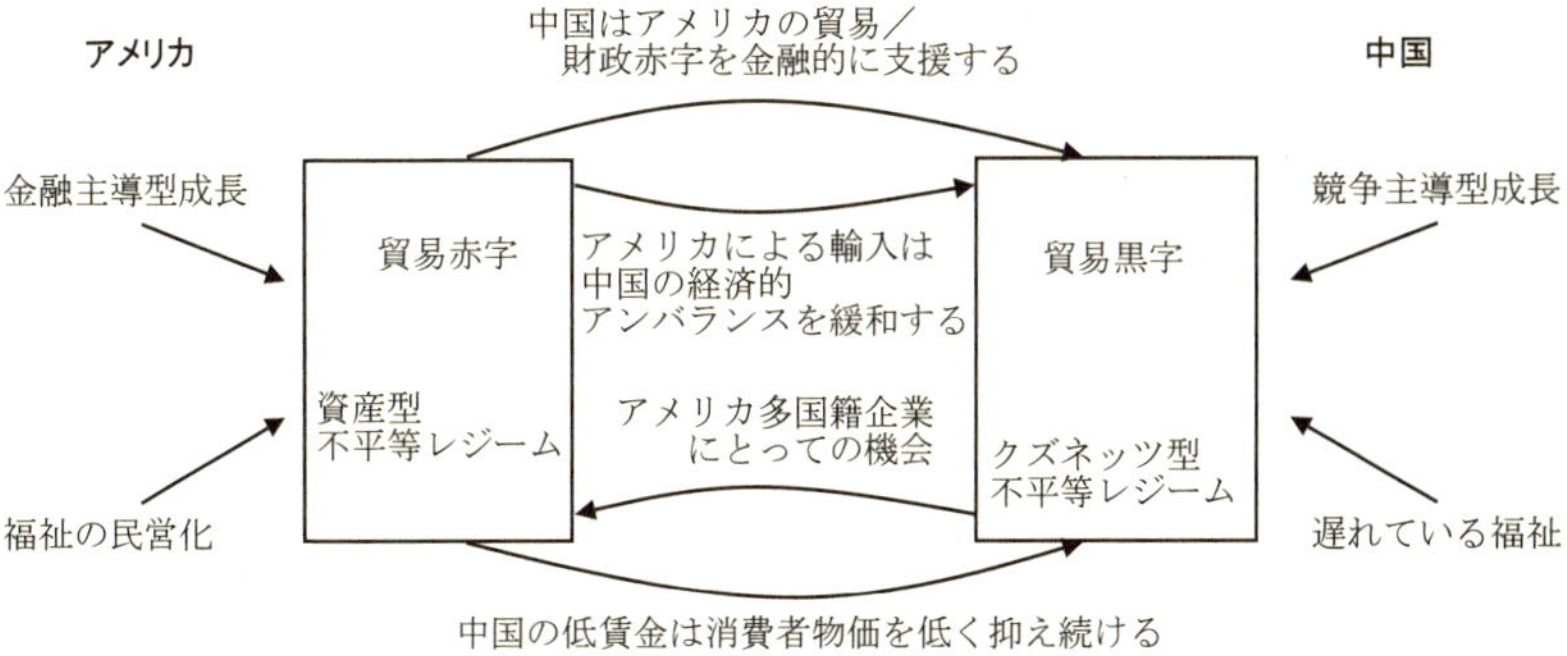

出所：筆者により作成

のダイナミズムは貧困を劇的に減らし、社会的地位の上昇によって金持ちになる道が開かれるという期待が中国の民衆に広まった。比喩的に言えば、中国労働者に対する福祉の貧困によって、民間保険を払って福祉へアクセスすることができない最貧層のアメリカ国民は、アメリカ的生活様式を続けることができているのである。

このような全般的仮説を、世界経済のその他の二つの圏域たるヨーロッパとラテンアメリカに広げてみよう。

第4節　欧州危機
——ユーロ圏協定の機能障害の原因を福祉に探すことは誤りである——

グローバリゼーションの圧力の下で制度的構図が収斂するというよくある仮説に対して、またとない反例がある。アメリカでは、不平等は社会的結束への脅威であるという認識が政治的舞台に浸透し、それは最終的に成功裏へとつながった医療保障改革の要求をもたらした。中国の当局者たちは自国の近代化戦略が社会的・環境的に持続不可能だと認め、真の福祉国家に向けたセーフティネットを研究し、そして実行し始めた。これとは対照的に、ユーロ圏危機は、普遍的な福祉制度のメリットを根本的に問い直すきっかけとなった。つまり、多くの南欧社会では、欧州委員会によって医療、教育、失業に対する給付の削減が課されるようになったのである。これらの多様な軌道をどのように説明することができるのであろうか。簡単に歴史を振り返ることで、この外見的パラドクスが説明できるかもしれない。

1　ヨーロッパ——ビスマルクとベヴァリッジのお膝元

第一次産業革命はイギリスで起こり、少し遅れてドイツやフランスに広がった。それは、経済的不安や不平等拡大をもたらすような組織的・社会的変化のプロセスを引き起こした。そして、これに関わる諸問題がきっかけとなって、資本／労働関係において公然たる紛争が引き起こされた。紛争の目的は、循環的危機の期間における賃金低下を抑止すること、産業事故を集団的に保障すること、乳幼児死亡率を低下させること、そして老齢年金、失業に対するセーフティネット、最後に家族手当を実現させることであった。これはまさにドイツで観察されたパターンであり、ドイツは再分配制度を進めた先駆者であって、労働者の安全は守られ、不平等拡大へと向かう資本主義に内在する傾向が弱められた。このような初期の福祉制度は、ある特有の資本主義タイプを生み出したビスマルクの功績としてみなされた。イギリスの軌道は、その時期や福祉制度の組織・資金調達の詳細な点で、これとは異なる。その目的は、産業資本主義を存続させ、そして受容可能にさせることであった。ベヴァレッジは、一般課税に基づいた統合型制度を提案し、給与所得者間にのみ連帯を組織する社会保険拠出に基づいた制度――ビスマルク型福祉制度の核心――を提案しなかった。国際比較をしてみると、次のような重要な二つの教訓が示唆される。第一に不安定や不平等に対する闘いは、技術的・社会的・政治的条件の変化への恒久的な調整を必要とする長期歴史的なプロセスであること。第二に、それぞれの社会は、福祉制度を組織するための固有の方法や手段を見つけてきたこと（表3―4）。

これらの社会保障制度の確立はヨーロッパ社会に新しい時代を切り開いた。一八八一年にドイツのGDPの八・七%を占めていた公的支出は、一九三〇年には四三・一%に上がり、そして一九七七年には四六・九%まで増加した（André and Delorme 1983a）。また社会的支出は、一八八一年の対GDP比〇・七%から一九三〇年には三〇・四%に上昇し、最終的に一九七七年には三二・〇%を記録した。公的支出の大部分は、社会福祉支出の上昇に対して起こったものである。一八八〇年には公的支出全体の七・七%以下であった社会福祉支出が、一九七七年には六八・九%にまでなった（André and Delorme 1983a: 11）。時期は異なるが、イギリスも同じ傾向を辿った（ibid.: 30）。つまり、現代の各種社会は、福祉国家型資本主義社会である。というのも、公的移転が基本的な社会サービス（医療、教育、年金、家族、失業保険）を提供しているからであり、それらは現代国家の介入の核心をなしているからである。

これらの制度的転換は、一九四〇年代から一九八〇年代の間にイギリスおよびドイツにおいて、所

表 3-4　福祉制度の構築
——長期歴史的な国民的プロセス　各種保障制度の設立年

国	労働災害	健康・医療	年金	失業	家族
ドイツ	1884	1883	1889	1927	1954
フランス	1898	1930	1910	1914	1932
	1946	1945	1930	1959	1945
			1945	1967	
イタリア	1898	1886	1898	1919	1936
		1928	1919		
		1943			
イギリス	1906	1911	1908	1911	1935
	1946	1946	1925	1920	
アメリカ	1930	1965	1935	1935	
カナダ	1930	1971	1927	1940	1944

出所：筆者により作成

得不平等の著しい縮小において何らかの役割を果たしたと思われる。しかしながら、世界競争への開放と国際金融の拡大とともに、このような構図は不平等の縮小を足踏みさせる各種緊張を経験することになった。

2　ヨーロッパにおける限定的だが不均等な不平等の拡大と、福祉体制における財政的アンバランスの増大

アメリカが一九二〇年代に上位所得の集中を経験したことは既に指摘したが、このような特徴は、一九三〇年代の大恐慌に至るマクロ経済的不均衡に何らかの役割を果たした。カナダやアイルランドも同じパターンを辿った。大恐慌や第二次世界大戦の結果、所得上位層が占める所得シェアは大きく低下した。そして、**図3—3**に示さ

れているような制度的転換はこうした変化の一因となり、フォーディズムの黄金時代の幕開けとなった。そこでは、社会的正義と経済的効率はもはや対立するものではなくなった。しかしこのまったく新しい構図はやがて、製品市場や労働市場で、そして場合によっては金融サービス市場における規制緩和の進展によって侵食された。こうして所得不平等は次第に進んでいき、一九二〇年代の水準にまで達した。イギリスとその他の英語圏諸国は同じ軌道を歩んでいるが、ニュージーランドは例外であった（Atkinson, Piketty and Saez 2011）。

ここにおいて、世間的通念ならば次のように推察することであろう。グローバリゼーションは規制緩和、分権化、報酬の個別化のプロセスを広め、そしてイギリスのパターンが世界中でベンチマークになるであろう、と。しかし、大陸欧州と日本が興味深い反例を示している。そこでは、所得分配が富裕層に有利になるようにシフトしておらず、仮にそうだとしてもごくわずかである（例えばフランス）。どちらかというと、むしろ限定的な労働市場の規制緩和、累進制を維持する個人所得税体系、そして広範囲に拡大された福祉が、不平等の急な拡大を押さえ込んでいる。しかし、一九九〇年代以降、福祉給付の縮小を実行してきたドイツは、例外となるかもしれない（Piketty and Saez 2007）。かくして、これらの社会は平等への選好を表明し続けるであろう。しかしそれには、社会保険拠出および／あるいは各種租税による大規模な外部資金調達〔国債や地方債の発行による政府および自治体の外部からの資金調達〕といったコストがかかるのである。

不幸にも一九九〇年代以降、ヨーロッパでは低成長が既定路線となり、福祉に割当てる財政資源と給付――特に医療保険や失業保障のための給付――のいっそうの拡大との間に見られるギャップがますます大きくなった。リスボン戦略は、ヨーロッパの高水準の福祉を維持するために、技術変化や成長を加速させようとした。しかしそれはほぼ失敗に終わり、南欧諸国では悲劇的に失敗した。財政赤字や、さらには公債増発までもが、南欧諸国の長期的な競争力と成長のポテンシャルの侵食を埋め合わせるために利用された。サブプライム危機が世界不況の脅威へと変わったとき、ヨーロッパ経済は当初、拡大された公的部門と社会福祉という自動安定化装置の恩恵を受けていた。しかしあいにく、これは通例の景気循環ではなかった。というのもそれは、とりわけユーロ圏制度にとっては、長期的なシステミックな危機への突入を意味していたからである。部分的な景気回復も、健全な公共財政をいち早く復活させようとして、二〇一〇年に実施された緊縮政策の普及によって遮られた。増税とともに、公的雇用の削減や教育・医療関連支出――これは以前の拡充された福祉国家における社会政治的妥協の核心的要素をなす――の縮小が実行された。

いくつかの経済小国では、福祉の持続可能性それ自体が問題となっている。世論は平等を強く望んでいるが、しかし経済的資源がもはや、この目的を実現するような福祉制度や租税制度を支えきれない。しかしながら、公的資金不足のみが、ヨーロッパ型福祉のこのような現代的脅威の理由だというわけではない。

3　ヨーロッパ的平等の防衛は無視された——社会保障は福祉と競争の双方に貢献する

福祉に関するイデオロギー的および理論的な表象は改革の方向性に影響を与える。ベヴァリッジ型福祉制度が労働へのコスト増加を課し、競争力と雇用を悪化させて以来、改革の方向性は福祉削減を正当化するものとして示された。同様に、ビスマルク型福祉制度は、中間層の納税反乱や、金融資本の高い流動性による課税ベースの侵食に直面した。社会保障は、いかなる積極的かつ意義ある貢献もしない純粋なコストとして分析される。このような削減主義的会計に基づいた見解は、社会保障がもつ次のような側面を完全に無視している。社会保障は、より充実した保障を通して幸福 well-being を促進し、一般に不平等を縮小し、そしてダイナミックな経済的効率を促進する触媒となりうる、ということを無視しているのだ。この三点セットは最初に「オランダの奇跡」(Visser and Hemerijck 1997) を説明するために明らかにされ、それは次の概略図によって要約されうる (図3—12)。

(1) 教育は学識のある市民を育てることを意味し、医療制度は重病をせずに長生きすることを可能にし、失業手当や最低賃金は給与所得者の貧困を減らす。結果として、たとえ今日の国民経済計算の計算式ではこの豊かさの貢献を測ることはできないとしても、幸福は高められる。

(2) 教育、医療、経済的リスクに対する保険の提供は、社会全体の負担によって集団的に組織され、資金調達される。それゆえに、福祉制度や租税制度は再分配に明確な影響を及ぼし、不平等の縮小を促進するための道具である。反対に、保険契約の個別化、多くの福祉的要素の分権化、そして年金基金の興隆は、本来まったく同じ特徴をもっている諸個人の間で、その進路を分岐させてしまう元凶である。

（3）福祉から経済へのフィードバックは多数あり、イノベーション、成長、経済パフォーマンスに対するこのフィードバックの貢献は明らかである。最低賃金上昇のための活力ある政策は、あまり生産性が高くない企業に一時的に打撃を与えるかもしれないが、労働節約的なイノベーションや生産性の長期的上昇へのインセンティブである。さらに、給与所得者の社会では、給料は消費や総需要の重要な決定因であり、こうして労働節約的な偏向を需要の共進化によって補完するかもしれない。ある意味で、シュンペーターとケインズの考え方は相反しているというよりも、補完的であるのだ（Dosi 2008）。医療支出は、健康状態を改善させ、怠業を減らし、平均寿命を引き上げることに貢献する。そして、今度はこうしたことが教育・訓練投資に対するリターンをさらに高めていく。教育は大部分の国民にとって、問題解決の方法を学ぶ能力を身につける場としてみなされる。そして教育は、国民的イノベーション・システムのダイナミズムにとって重要な構成要素をなす。北欧諸国はオランダの干拓地モデルから得たヒントをさらに一歩進め、福祉制度とイノベーション・システムの補完性を繰り返し調整している（Boyer 2015a）。北欧諸国は失業手当に関しても同じように一歩先んじている。つまり、高い所得代替率が、もし急成長の新興部門や高生産性部門に労働力を再配置するための積極的な訓練政策によって補完されるのであれば、これら諸国はどんな失業の罠も引き起こすこともない。

図 3-12　福祉制度による動態的効率性の拡大

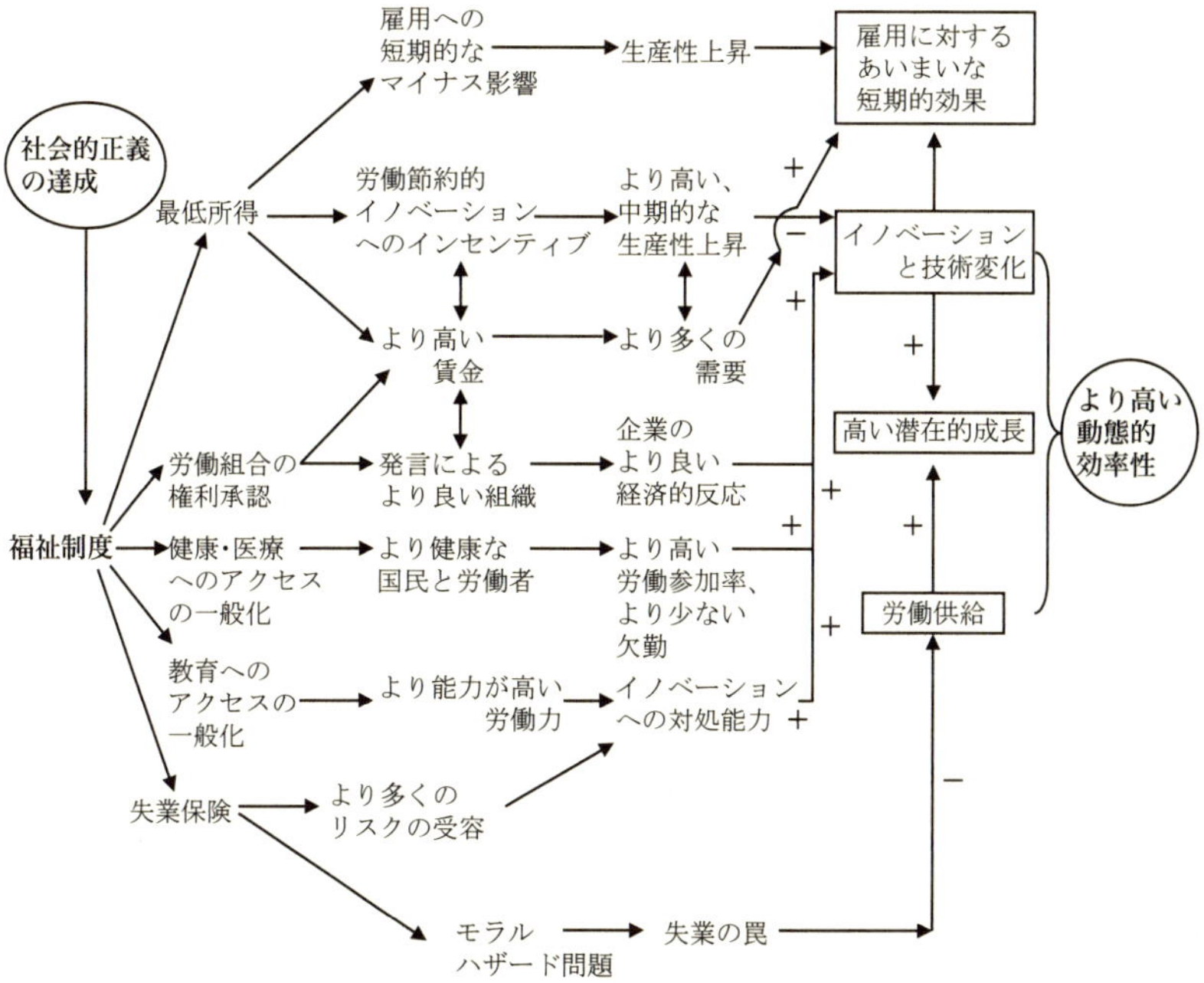

出所：筆者により作成

かくして、北欧諸国以外では、国民的イノベーション・システムと共存可能な普遍的福祉国家のための理論的根拠が放棄された。代わって重視されたのは、コスト削減に対する粗野な会計アプローチであり、そこでは国民の幸福、長期的な生産能力、そしてイノベーションを興し、経済的特化のグレードアップを追求する能力は完全に無視された。

4 危機による資金制約はヨーロッパ型福祉の脅威である——誤った解釈

二つ目の誤った解釈は、ヨーロッパの指導者たちによって下されたユーロ圏危機の起源に関する診断に見られる。そこでは、過大な財政赤字が、ユーロの終焉における金融投機の唯一の原因であるように思われており、したがって、実行されるべき解決策は緊縮政策だとされる。あいにく、このような主張は、極めて特殊なギリシャ危機を、ユーロ危機を招いた全般的なメカニズムと混同している。基本的にユーロ危機は、リーマンブラザーズの経営破綻がアメリカのマクロ経済活動に伝染し、最終的に欧州連合を含めた残りの世界へと広まったことの、予期せざる結果であった。GDPにおける公的支出と社会移転の規模を考えると、自動安定化装置は大規模な財政赤字という犠牲を払って、深刻な景気後退を緩和した。実際に、大多数のユーロ加盟国にとってこの危機は、間違ってそう見られている放漫な公共政策の帰結ではまったくないのだ。というのも、二〇〇八年九月の直前に、ドイツ、スペイン、アイルランド、ベルギーは多少の財政黒字を計上しさえしていた。ドイツでは、これは一連のハルツ改革による福祉給付の早期削減の結果であった。その他の国々にとっては、超低金利によって煽られた激しい不動産バブルが、この良好だが人為的な健全財政の要因であった（Boyer 2011b）。したがって解決策は、不動産部門のリストラクチャリングや、不健全な銀行への早急なる資本注入に求められるべきであった。対照的に、その原因が何であれ、金融市場が大規模な財政赤字を抱える諸国の国債を襲ったことで、結果として、ギリシャにおける典型的な財政運営の失敗と、金融から財政赤字へというスピルオーバーとが、混同されてしまった（図3—13）。

こうした大きな誤解に基づいた診断は一つの論理的帰結を導き出す。つまり、ユーロの存続性に関する金融業者の悲観的な予測を解決する方法は、公的支出——公的インフラ、教育、医療、さらに研究——を削減することであり、福祉給付の規模を縮小することである、と。これらの公的支出の対象はまさに、福祉主導型の動態的効率を構成する要素であり（前掲図3—12）、それは社会的結束とイノベーションのダイナミズムを調和させるためのリスボン戦略の牽引役だと思われた。さらに、公的支出および福祉支出の拡大そのものは、世界貿易や自国ＧＤＰの急激な低下に対応して、財政赤字を削減するものなのである。つまり、自動安定化装置はその役割を果たしているにもかかわらず、多くの専門家や政府はそれを福祉の過剰拡大そして／あるいは福祉の運用失敗の証拠だと解釈する。緊縮政策はヨーロッパの行政当局によって実行され、さらに成長や雇用に対する緊縮政策の否定的な影響が学術世界やＩＭＦの多くのマクロ経済学者によって認められているにもかかわらず、その政策は二〇一三年以降も繰り返されている（Blanchard and Leigh 2013）。かくして、低成長から財政赤字へ、

図 3-13　アイルランド，スペイン，ベルギー，ドイツ
——2008 年以前の財政黒字／GDP（%）

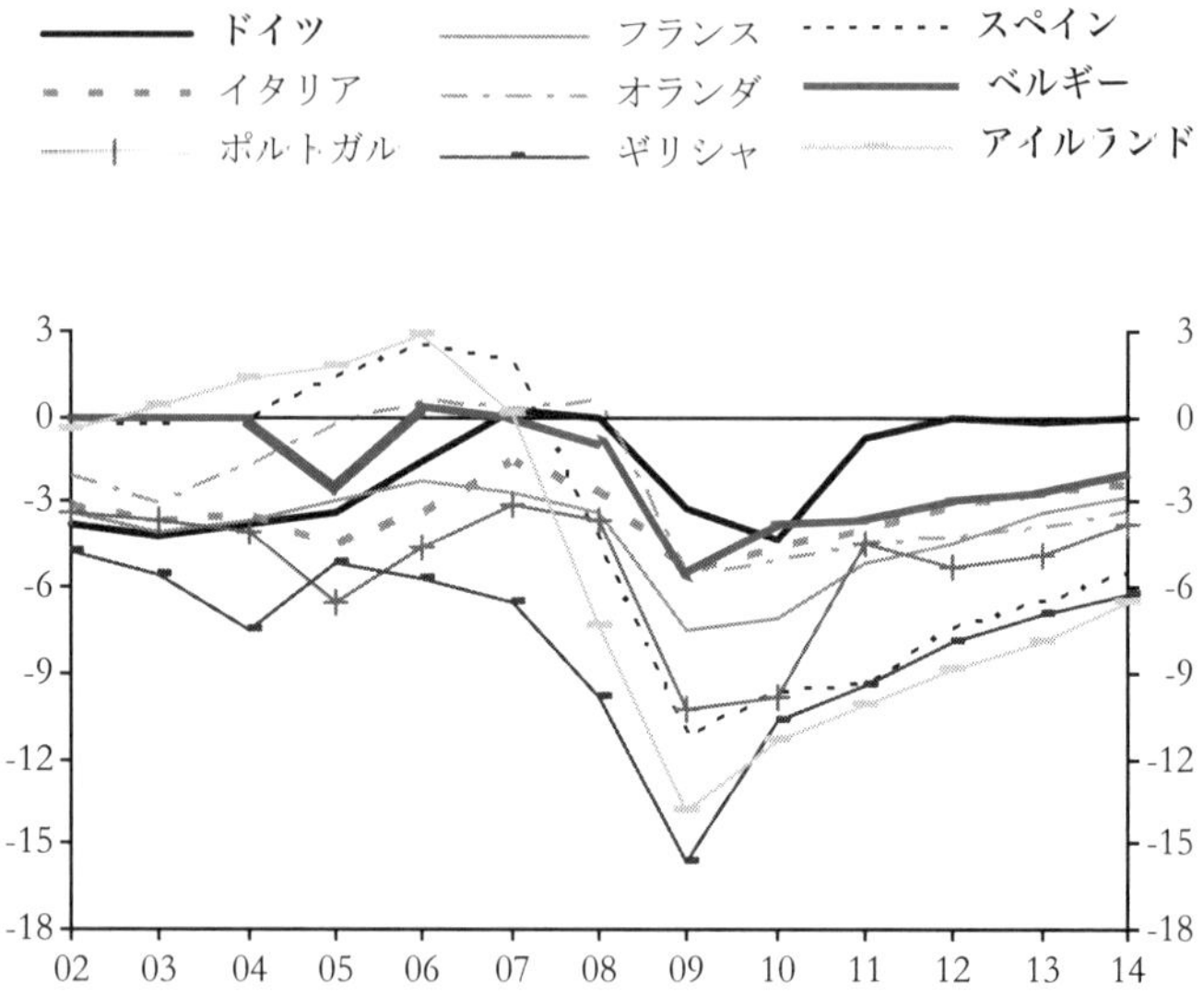

出所：Artus（2013a：5）．許可のもとで使用

福祉削減から不況へ、最後に低調な投資から生産性の停滞および生産能力の縮小へという悪循環が広がっていく。事後的に、国内経済が不景気の際には、福祉はコストが大きすぎるように見える。しかしながら、大半の市民は安全や世間並みの生活条件に対する彼らの権利を主張し続ける。こうしたことは、欧州連合加盟国のなかでも特に大打撃を受けている国に、公然たる政治的不安定をもたらす（Boyer 2015a）。

5　社会民主主義的資本主義の耐性

ヨーロッパモデルは、福祉の拡充、累進的な個人課税、そして時代遅れの賃金決定の規制によって制約を受けた小さな不平等のうえに成り立っている

のであろうか。必ずしもそうとは限らない。というのも、正しく理解され、適切に実行され、そして定期的に改革がなされるならば、福祉資本主義は、激しい世界競争の時代においてさえ繁栄することができるからである（Fellman et al. 2008; Pedersen 2008)。

(1) 一方で、北欧諸国では、国民的競争力に対する福祉の貢献の可能性が真剣に考慮され続けている。それぞれの時代において、政治家たちは企業、給与所得者、そして市民の間の妥協を探求してきた。その目的は、福祉制度とイノベーション・システムを結びつける適切なメカニズムを活性化させることであった（Boyer 2015a)。

(2) 他方で、これとは対照的に、南欧諸国はそのような補完性――とくにイノベーションに友好的な労働立法と福祉の補完性――を組織することができなかった。つまり、ユーロを導入することで、脆弱な構造的競争力の補償弁である周期的な平価切下げを利用することができなくなったのである。そのために、国際的な信用組織が南欧諸国の貿易赤字に資金を融通することを止めるやいなや、南欧諸国は――それほどひどくはないが――機能麻痺した公的部門や福祉を維持することができなくなった。実際に、通念とは反対に、ギリシャ、ポルトガル、スペイン、そしてある程度までイタリアやフランスは、理想的なヨーロッパ型福祉資本主義との乖離に悩まされているのであって、福祉資本主義に固有な欠点に苦しんでいるわけではない。

図 3-14　なぜ社会民主主義市民権は給与所得者の権利と権力を保護し，不平等を抑制するのか

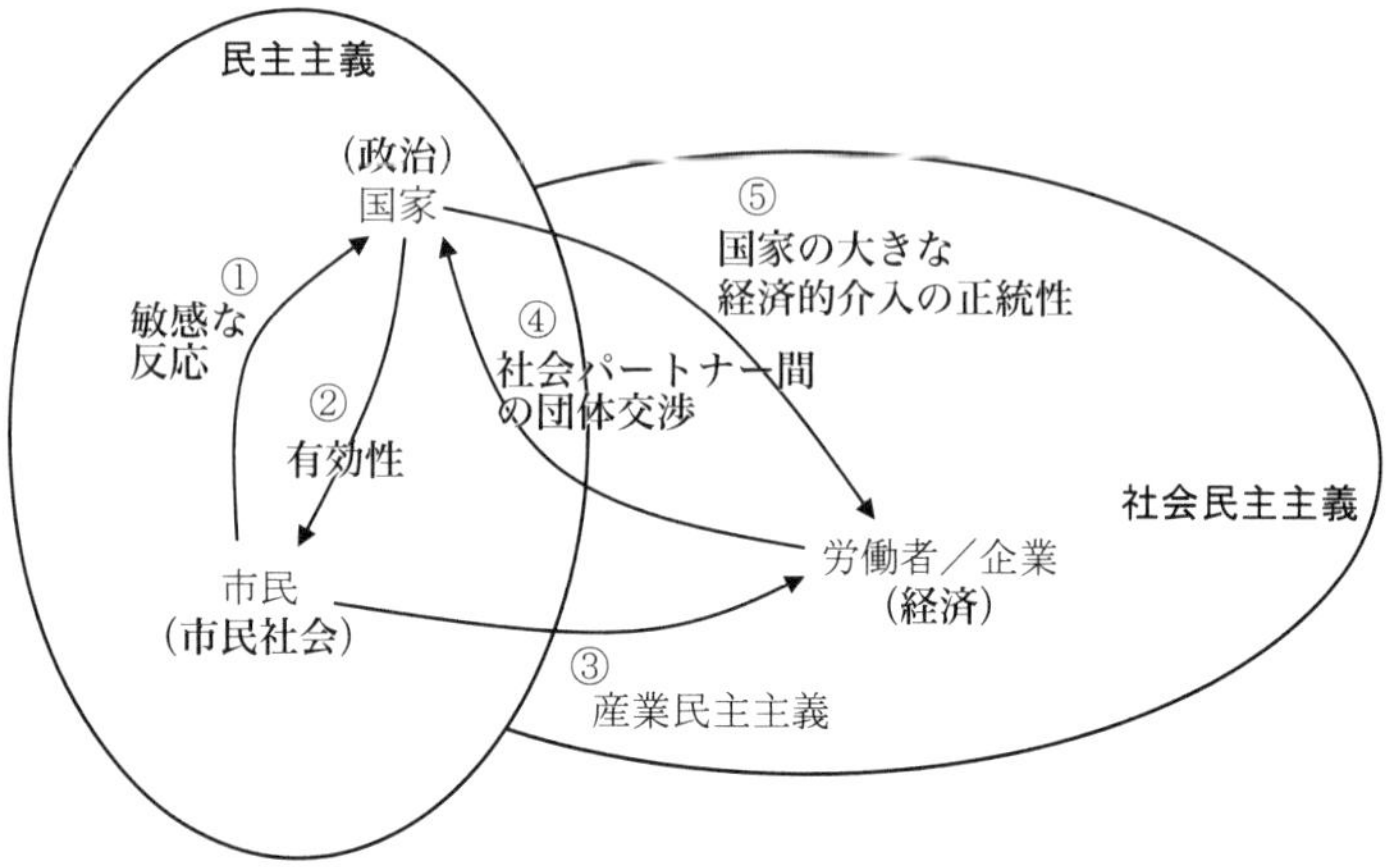

出所：筆者により作成

政治経済学的分析によれば、社会民主主義的構図の優れた耐性を支持する別の議論が展開されている。それは、典型的な自由主義型資本主義と比べると、社会民主主義は不平等の拡大をかなり和らげることができる、というものである。基本的に、経済における労働者の権利の拡大は、彼らに福祉を守るための多くの手段を与え、そして政治的舞台でいっそう活動的な市民になる資格を与える。政治と経済という二つの領域の補完性は、市民権や賃労働関係がともに民主主義的原理の実行によって転換されていくという好循環へとフィードバックされる。結果として、世界競争に広範に開放されているにもかかわらず、多くの社会民主主義国では経済的、社会的、政治的不平等は抑制されている（**図3―14**）。企業と給与所得者、そして政府と市民の間の権力配分は、市場主導型資本主義で見られる構図とは極めて対照的である

（図3―8）。

6　経済保障に対する権利を守ることは、不平等の安定と縮小を伴う良質な成長レジームの誕生にとって決定的である――デンマークのフレキシキュリティモデルの隠された前提条件

三つ目の要因は、様々なヨーロッパ経済諸国におけるこのような制度的相違を理解するために決定的なことだと思われる。というのも、社会的正義と経済パフォーマンスを調和させる政治的プロセスを理解することよりも、テクノクラート的アプローチが優先されていたからである。現に、社会的連帯という伝統的価値観を保持しながら、旧大陸を世界で最も革新的な地域に変えるために二〇〇〇年代に案出された「開かれた政策協調手法」〔欧州連合レベルで作成されたガイドラインに沿って加盟国は国内政策を実施し定期的に評価することで、優良事例の普及と欧州連合目標に向けた収斂を図る手法〕において、北欧諸国は暗黙的な指標として設定された（Rodrigues 2002, 2009）。さまざまな労働市場制度と福祉を比較するという単純な事実だけでも、あらゆる政府がこれを模倣し、結果として、大規模改革が行いやすいように国内の文脈が大きく転換されるだろうと考えられていた。その前提には、政治の主な目的は経済的合理性を達成することだという考えがあった。その際、経済的合理性なるものは、欧州連合加盟諸国から集められたベストプラクティスのなかから、欧州委員会が練りあげた総合的判断によって抽象的に定義されたのである。

北欧の福祉資本主義の歴史そのものが、こうした楽観的きわまりない見解の誤りを立証しており、

そして、いわゆるデンマークのフレキシキュリティモデルの誕生ほど格好の例はない（Campbell et al. 2008; Madsen 2006; Fellman et al. 2008）。一九九三年に戻ってみたとき、デンマークは競争力の喪失、大規模な財政赤字、そしてあまりに硬直的な労働市場に起因する高い失業率に苦しんでいた。雇用をすばやく調整し収益性を回復するために、経営者団体が労働市場の規制緩和を要求したとしても、何の驚きでもない。しかし、労働組合は強く反対し、雇用保障の維持を要求し、こうして失業手当削減の要求を阻止した。このような利害の正面衝突は、多くの労働争議がそうであるように、結局は、経営者か給与所得者のどちらかの勝利というような袋小路で終わらざるをえないと思われていた。しかしながら、二つの集団的アクターが、将来の高賃金職や企業の経済的存続力を維持するためには雇用の再配置は必要だ、ということに合意するやいなや、いまある職の保護が積極的雇用政策と取引された。その積極的雇用政策は、失業者に対する世間並みの生活水準を保障するとともに、政府によって提案され、資金も供給された。結果として、雇用保障の問題は受け入れられたのである。フレキシキュリティモデルの誕生は、二者だけではなく、経営側、労働側、国家という三者のアクター間の相互関係による思わざる結果であった（Boyer 2015a）。たくさんのそのようなコンフリクトが他の社会でも繰り返されてきたが、それらは同様の制度的イノベーションをもたらすことはなかった。なぜなら、これとちがって、それらの歴史は、例えばフランスでは、資本と労働の間の激しく持続的なイデオロギー対立によって影響されてきたのであり、あるいはアメリカでは、自己調整的市場が効率的で公平だという考え方によって影響されてきたからである（**図3―15**）。

かくして、フレキシキュリティモデルが不平等を緩和するために果たす貢献は、次の三つの要素から成る。第一に、良質の民主主義的教育制度の優れているところは、デンマーク国民のほぼ全体に、学び方を学ぶ能力（Lundvall 2011）といったコア・コンピテンスを鍛える能力を付与する点にある。そして、そのようなコア・コンピテンスは、その後、学識ある市民や多能的な労働者として結実されていく。さらに、生涯学習は、世界競争や技術変化によって労働者に要求される精密な能力を周期的にアップデートしていく。第二に、長期雇用は例外であり、低失業率が慣例となっている。こうしたことが意味するのは、ドイツなど他の多くの国における分断化された労働市場におけるインサイダーとアウトサイダーの伝統的併存とは異なって、就業機会が平等である、ということだ。最後に第三として重要なことは、個人所得への高い累進課税や、教育・医療の無料公共サービスの拡充によって、不平等の縮小に向けて大幅な再分配が実施されている点である。かくして、第一次所得配分に関しては、デンマークはアメリカよりもわずかながら高いジニ係数を示しているが（アメリカの〇・四七に対してデンマークは〇・四九）、カルロス・テロ（Telo 2012）によると、税引き後および福祉による再分配の後では、デンマークのジニ係数は劇的に低下している（アメリカが〇・三四に対してデンマークは〇・二九）。

7　あらゆる不平等レジームは、長期的な軌道、思想的融合、政治的媒介、経済的特化の結果である

多くのアナリストは、先述の議論で納得しているかもしれない。つまり、幸福、経済パフォーマン

図 3-15　デンマークのフレックス・セキュリティモデル——失業危機の意図せざる結果，および対立する利害と理論的根拠の葛藤

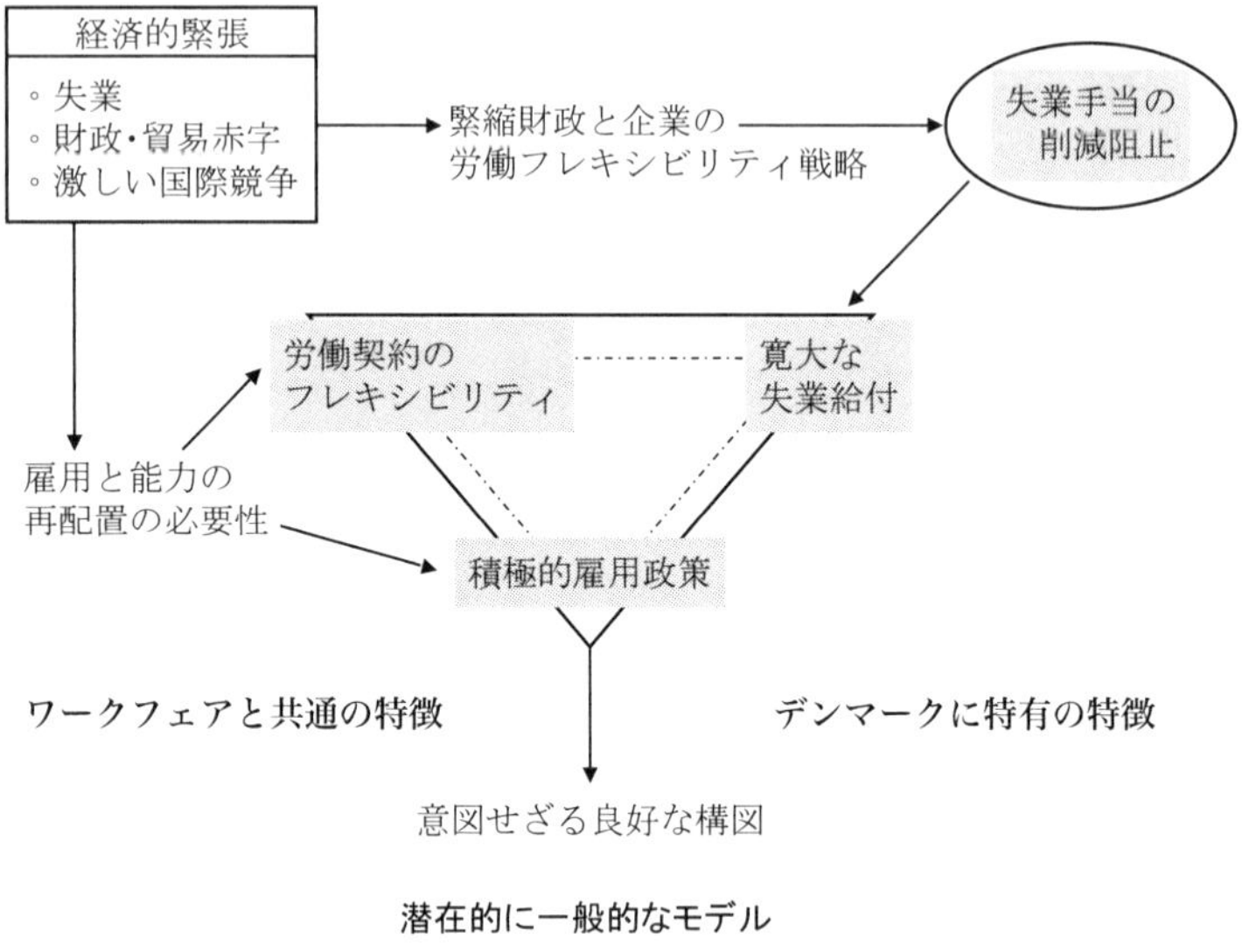

出所：筆者により作成

スおよび環境的持続性の観点から、社会民主主義的構図は、市場主導型資本主義に典型的な自由主義的構図よりも優れているということである（Artus 2009; Wilkinson and Picket 2010; Fukuyama 2012）。それでは、なぜアメリカ人は社会民主主義的構図を採用し、自らの大陸に移転させようとしなかったのであろうか。リスボン戦略への対応における南欧諸国の失敗に関する議論が、既にある一つの答えを用意している。そして、中国とアメリカの対照的な不平等レジームが、あらゆる社会がそこに収斂すべきワンベストウェイの仮説は歴史的な記録と一致しないということを示唆している。

例えば一八八〇年から一九三三年という形成期のデンマークとアメリカを比べ

たとき、現在の両国の福祉組織における乖離は、労働の可動性、社会や政府の考え方、政党の形成、連帯対責任という道徳的な価値観、グルントヴィ的啓蒙主義〔自立した個人が共同社会の中で個人の責任を果たすという考え方〕対ロック的自由主義〔政府の恣意的な干渉に対して市民の自由を擁護する考え方〕、さらには労働組合の結成過程の違いといった、相違の積み重ねにその原因を突き止めることができる（表3―5）。両国の対照的な不平等レジームはそれぞれの歴史の集合体である。したがって、こうした諸点にかかわる補完性は複雑なので、他国モデルの輸入や、ハイブリット化さえもほとんど不可能となる。そうであればあるほど、見習うべき構図はますます美化され、誤解されることになる。

8　ヨーロッパの拡充された福祉制度と限定的な不平等レジームは、グローバル金融によって挑戦を受け、中国の競争圧力によって侵食されている

各種の不平等レジームは、相異なる発展様式や成長レジームを表しているだけでなく、それらはまた相互依存的でもある。したがって、欧州連合の変化は、前述したアメリカと中国の二者関係（前掲**図3―11**）によって生み出されたトレンドと関連しているに違いない。欧州連合のあいまいなガバナンスを考えると、明らかに旧大陸ヨーロッパは、国際経済の二つのキープレーヤーである北米とアジアを起点とする推進力にかなり依存しているようだ（**図3―16**）。

一方で、金融自由化とグローバリゼーションの余波はユーロ圏の制度的脆弱性を明るみに出した。それらは最初、各国政府にゆるやかな信用供与をたきつけ、スペインやアイルランドに不動産バブル

表 3-5　長期的な社会史・観念史の一部としての福祉
――デンマーク対アメリカ

1880–1933	デンマーク	アメリカ
労働	どちらかというと，非流動性が特定地域の連帯を可能にする	流動性への高い期待は政治的コンフリクトを静める
国際的遺産	ギルドが転換した労働組合	連続した移民の波ゆえに組合結成が困難
国家／政府の考え方	「社会」と「政府」の準融合	自由と民主主義は政府の拡大に対して保護されなければならない
社会関係	制度的実用主義 グルントヴィの啓蒙思想	社会的ナショナリズム，自己制御システム，ロック的自由主義
政治的構図	右派と左派，社会主義と自由主義の間の第三の道としての社会民主主義	社会主義は決して選択肢にはなかったし，挑戦課題でもなかった
福祉に賛成／反対する経済的理由	コミュニティの拡張は国民的レベルでの自助を助ける	「清貧にあまんじる人たち」に向けられた福祉 福祉費用は経済的ダイナミズムを邪魔するかもしれない
福祉の一般的考え方	広く認識された原理の継続と更新	個人的自由と基本原理に対する脅威
結論	福祉は相互責任という長い伝統の一部	福祉は個人責任を侵食するかもしれない

出所：Levine (1978)，Knudsen and Rothstein (1994)，Korsgaard (2000)，Cox (2001)，Somers and Block (2005) に基づいて筆者により作成

を伝播させた。その後、リーマンブラザーズが破綻すると、それらは弱小加盟国から極めて流動的な民間資本を突然に引き揚げた。ヨーロッパの北部経済と南部経済のこうした分断は、欧州連合内における生活水準のキャッチアップの逆転を意味した。つまり一方では、どちらかというと小幅な失業と耐性のある福祉が観察され、他方では、若年失業が急増し、社会給付は大幅に削減された。かくして、ヨーロッパ内の不平等は再び拡大しつつあるのだ。さらに、アジアとラテンアメリカで大失敗したにもかかわらず、ワシントンコンセンサスや国際通貨基金（ＩＭＦ）の調整プログラムは、国際的な金融投資家とドイツ政府の結合した圧力のもとで、欧州委員会によって復活させられた。社会的結束および社会資本形成を維持することは、もはや政府の優先事項ではなくなり、ヨーロッパモデルの原点そのものが忘れ去られつつある。

他方で、中国の競争主導型発展と、アジアおよび国際的な分業の再編成におけるその構成的役割は、欧州連合内におけるもう一つの分岐を生み出す。ドイツと北欧諸国は、高品質、高技能、高付加価値製品への特化によって貿易黒字を計上し続けている。これらの国の福祉制度・イノベーション・生産の諸システムは、完全に補完的というわけでなくとも両立可能であり続けている。そして、このことは脱工業化と不平等拡大をともども抑制する。ギリシャ、ポルトガル、スペイン、イタリアで、そしてある程度までフランスでは、反対のことが観察される。世論は現在の福祉制度を高く評価しているが、低調な経済パフォーマンスはその資金調達をますます困難にしている。大半の欧州連合加盟国政府は、金融的救済措置を得るためのヨーロッパのゲームのルールへのコンプライアンスと、労働者・

図 3-16　サブプライム危機および競争力・魅力度の喪失による福祉への支払能力の低下
――リスクにさらされるヨーロッパ的不平等レジーム

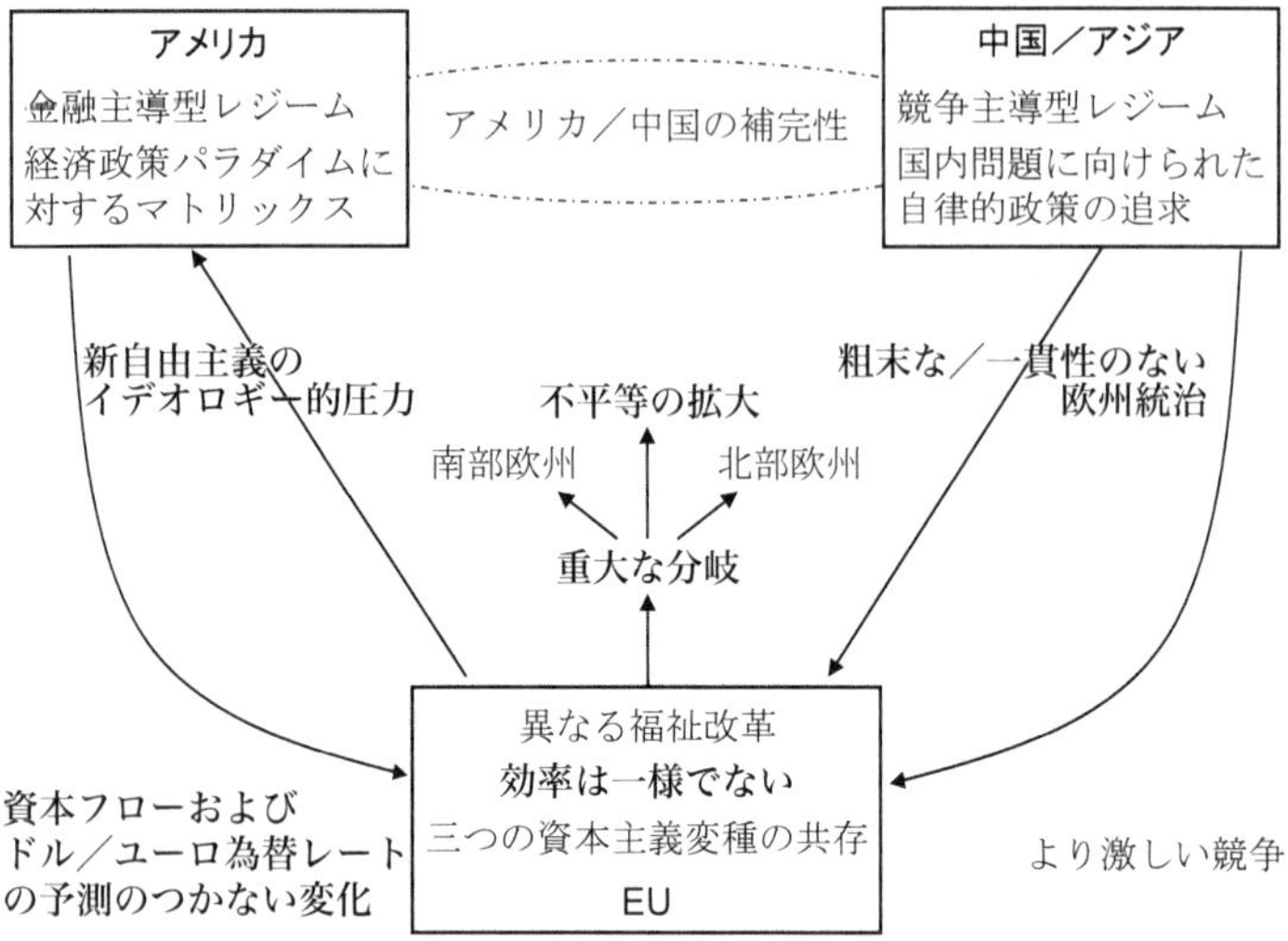

出所：筆者により作成

年金生活者・福祉依存者の強い反対との間で、決心がついていない。

最後に、これまでに得た主な研究結果についてまとめてみよう。第一に、不平等の性質と変化は、かなり異なる各種のレジームのなかに歴史的・地理的に埋め込まれている。第二に、これらの不平等レジームは、イデオロギー、政治的妥協、経済的特化の混合物であり、したがって強い経路依存性を示している。第三に、北米、アジア、ヨーロッパのレジームは、それぞれ単独で理解できるものではない。なぜなら、それらは相互に関連し、そしてその内のいくつかは補完しあっているからだ。

第5節　ラテンアメリカ――パラドクスかそれとも歴史的岐路か

これらの分析のツールと研究成果を今度はラテンアメリカに適用してみよう。なぜ、ラテンアメリカでは、他の地域で観察された動向とは対照的に、二〇〇〇年代以降に不平等の縮小が起こったのか。このようなパラドクスを説明することはできるが、この逆転が持続するかどうかは、二〇〇八年に始まった危機の現在の局面では、依然として未決事項である。

1　それほど貧困ではないが、きわめて不平等な大陸

一見すると、ラテンアメリカやカリブ海諸国はヨーロッパのちょうど反対極に位置づけられる。というのも、それら諸国は貧しいサブサハラ・アフリカ諸国さえをもしのぐ最も不平等な地域であることを示しているからである。この地域圏では、所得下位一〇％層に対する最上位一〇％層による国民所得の占有比率が最も高い（図3―17）。そして、中位所得はアフリカよりもずっと高いとしても、このような極端な社会的分裂はラテンアメリカの持続的な特徴の一つである。貧困は、天然資源に恵まれた相対的に裕福な社会でも存続し、場合によれば、ブラジルのような工業化経済でも同様の難題に悩まされている。

しかしながら、単に世界の同じ地域に属しているとか、あるいは地理的に近いということが、不平

図 3-17　極端な不平等を示すラテンアメリカ諸国とカリブ海諸国
——2009 年前後の所得分配（%と乗数）

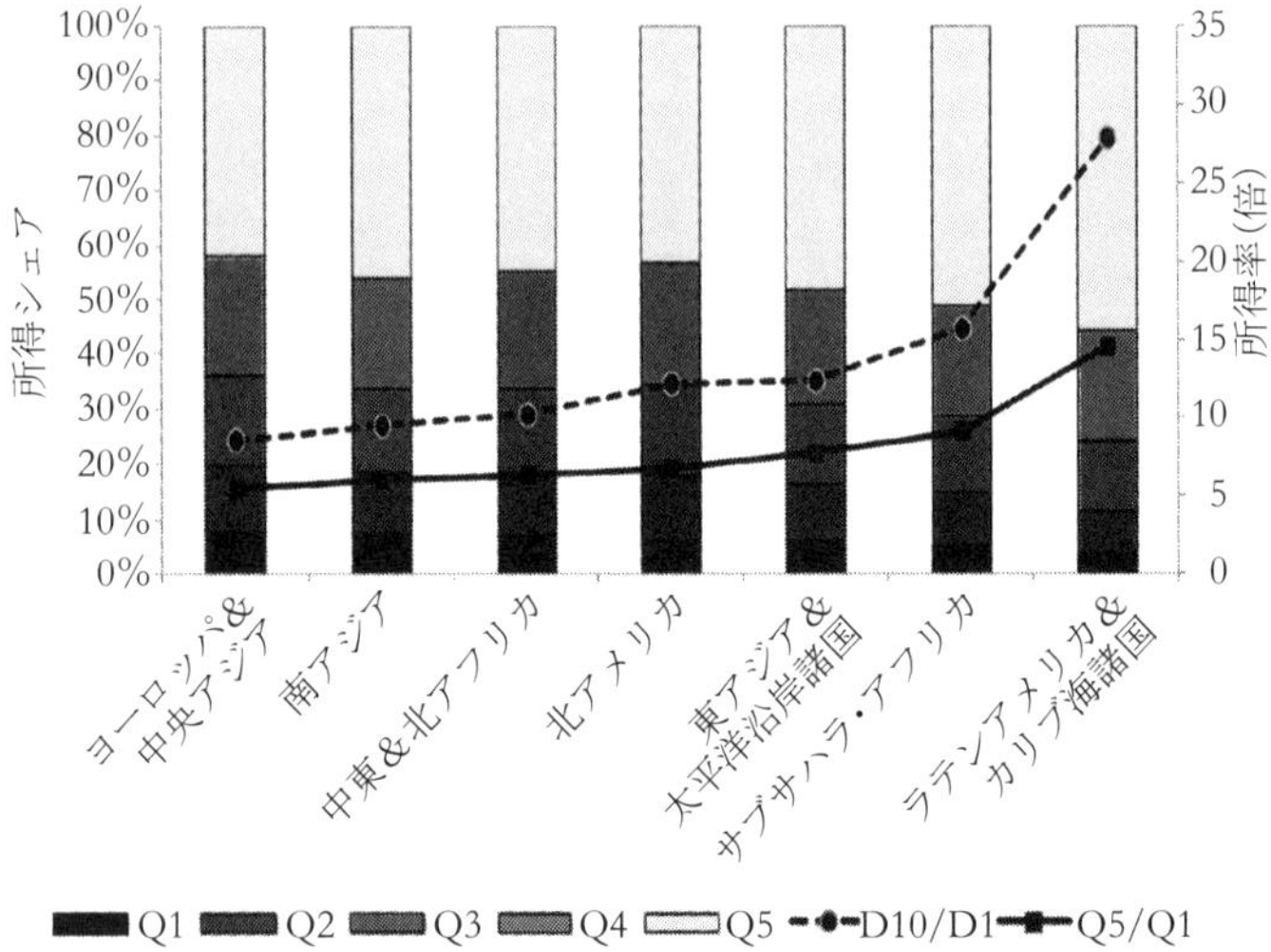

出所：Jiménez and López Azcúnaga（2012：5）．許可のもとで使用

等度の一致を意味するわけではない。例えば、ウルグアイやベネズエラでは両極化の程度はごくわずかであり、ヨーロッパとほぼ同等の不平等指数を示している。対照的に、ブラジル、ボリビア、ホンジュラスでは、不平等度はずっと大きく、極端な不平等地帯に位置づけられている（図3—18）。植民地としての歴史や経済的特化の点で共通した特徴があるにもかかわらず、各国の社会的・政治的媒介の特定の構図が依然として重要であるのだ。こうしたことは、欧州連合内でもまた観察された。

表面上、ラテンアメリカで長く続くこのような社会的分極化は経路依存性仮説を実証しているように見える。そこから、世界経済のほとんどの地域で不平等が拡大している状況で、所得不平等が二〇〇〇年代にますます拡

図 3-18　ラテンアメリカ諸国における十分位による所得分配の強い多様性

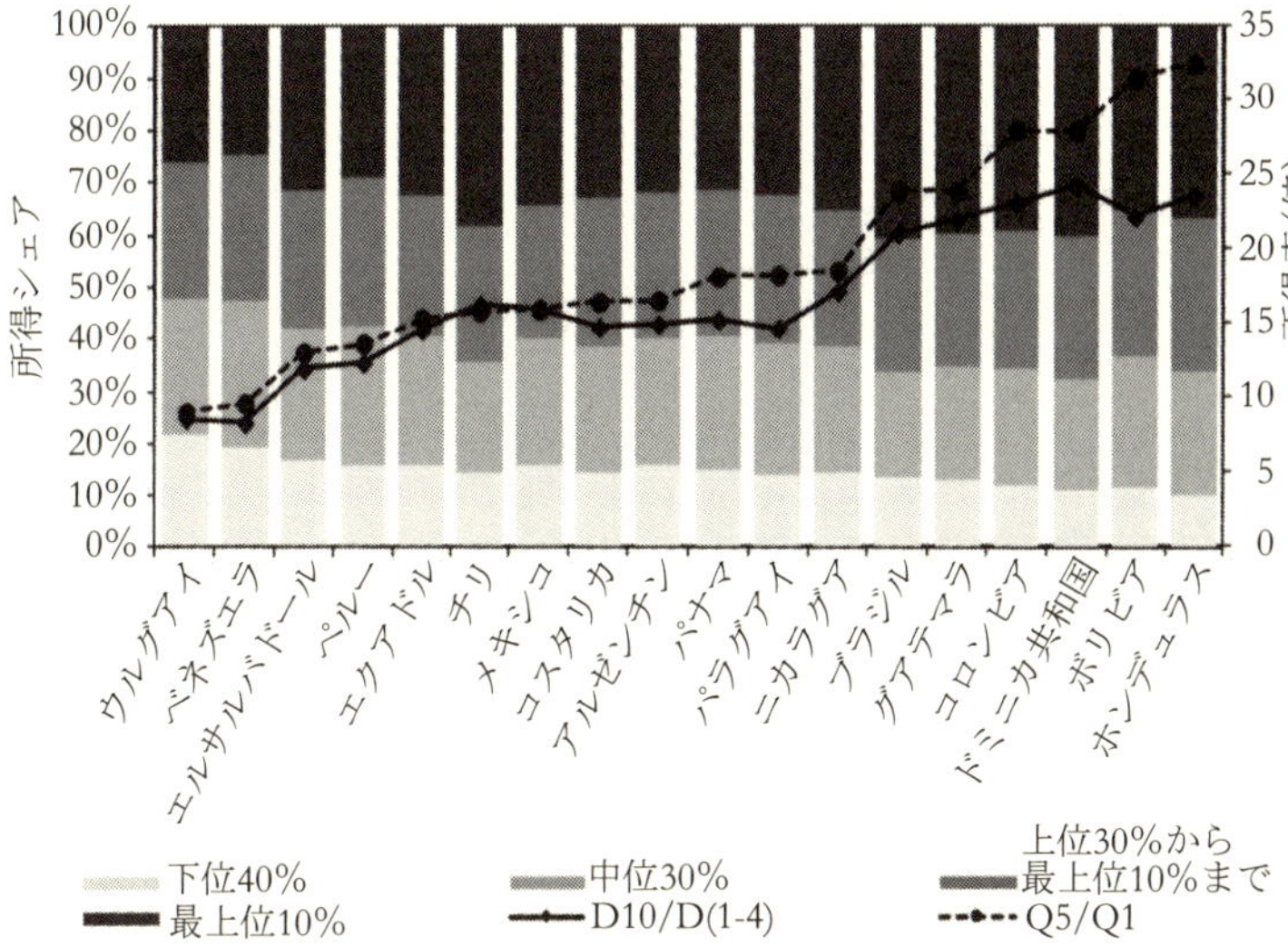

出所：Jiménez and López Azcúnaga（2012：6）．許可のもとで使用

大していくはずだという（論理的だが誤った）診断が下された。

2　驚きの二〇〇〇年代――むしろ不平等は全般的かつ相当程度に縮小している

一九九〇年代の一〇年間、ラテンアメリカはほとんど例外なく、不平等を現に強めてきた。しかし、二〇〇〇年代では、ほとんどのラテンアメリカ経済諸国においてジニ係数の逆転が見られた。ブラジル、アルゼンチン、メキシコはこのような変化の格好の例である。他方のウルグアイは、所得分配の公平性において、毎期変わることなく改善を示している。こうしたことは、国内の社会的・政治的プロセスが相対的に自律していることの一つの新しい証拠である（**図3―19**）。

しかしながら、このような逆転を突き動か

図 3-19　ラテンアメリカ 16 ヵ国におけるジニ係数の推移 1990-2010 年

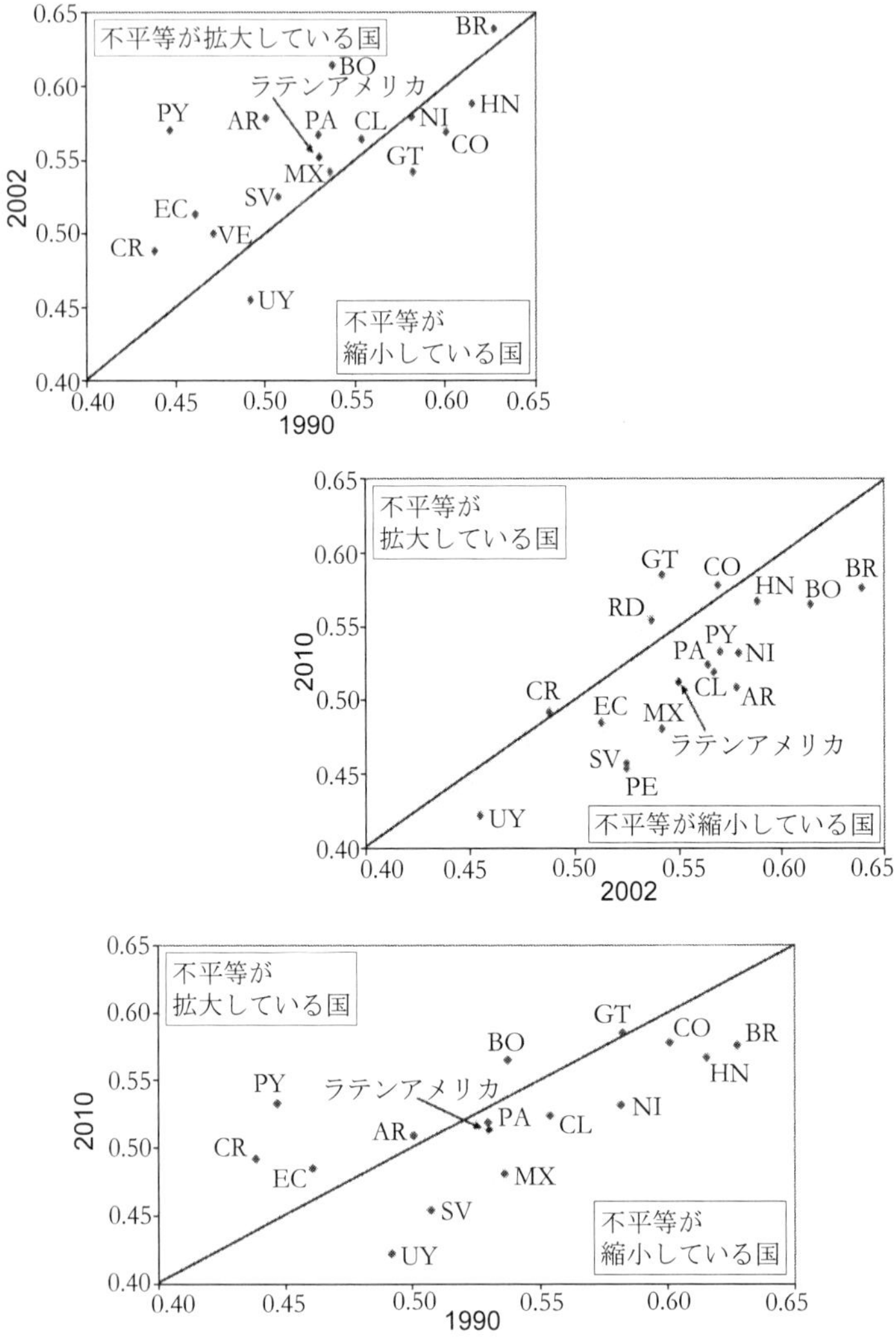

出所：Jiménez and López Azcúnaga（2012：3）．筆者による翻訳。許可のもとで使用

している共通した要因は存在するのであろうか。そして、それらの要因は持続し、その地域の歴史においてある重大な歴史的分岐を生み出すのであろうか。またそれらは、世界経済にひとしく編入されていることと関係しているのか、それとも、――例えば、金融危機にうまく対応したとか、社会的結束を目指す新しい政策を案出したとかというような――もっと国内的な変化に関係しているのであろうか。

3　この改善の要因――経済的・社会的・政治的諸要因の複雑な絡み合い

不平等レジームの概念が示唆するところは、どんな単一の要因もレジームの転換を引き起こすに十分な力を持っておらず、したがって推進力になりそうな候補のリストがふるいにかけられなければならない、ということである。

(1)財政政策は再分配的役割として、いかなる重大な影響も及ぼさない

不平等の専門家の多くは課税や再分配が果たす戦略的役割を指摘する。例えば、多くの自由資本主義諸国で見られるフラットタックス〔定税率〕への動きは（Atkinson, Piketty and Saez 2011; Piketty and Saez 2003, 2007）、アメリカ型不平等レジームの変化に対して責任なしではありえない。一方で、デンマークのような北欧諸国での累進課税がもつ耐性は（Boyer 2006b）、収束の期待に対する各国政府の相対的な自律性を表している。この点で、ラテンアメリカは極めて控えめな再分配政策の一つの顕

図 3-20　ラテンアメリカ諸国と OECD 諸国の主な違い
――ジニ係数に関する財政政策の再分配効果

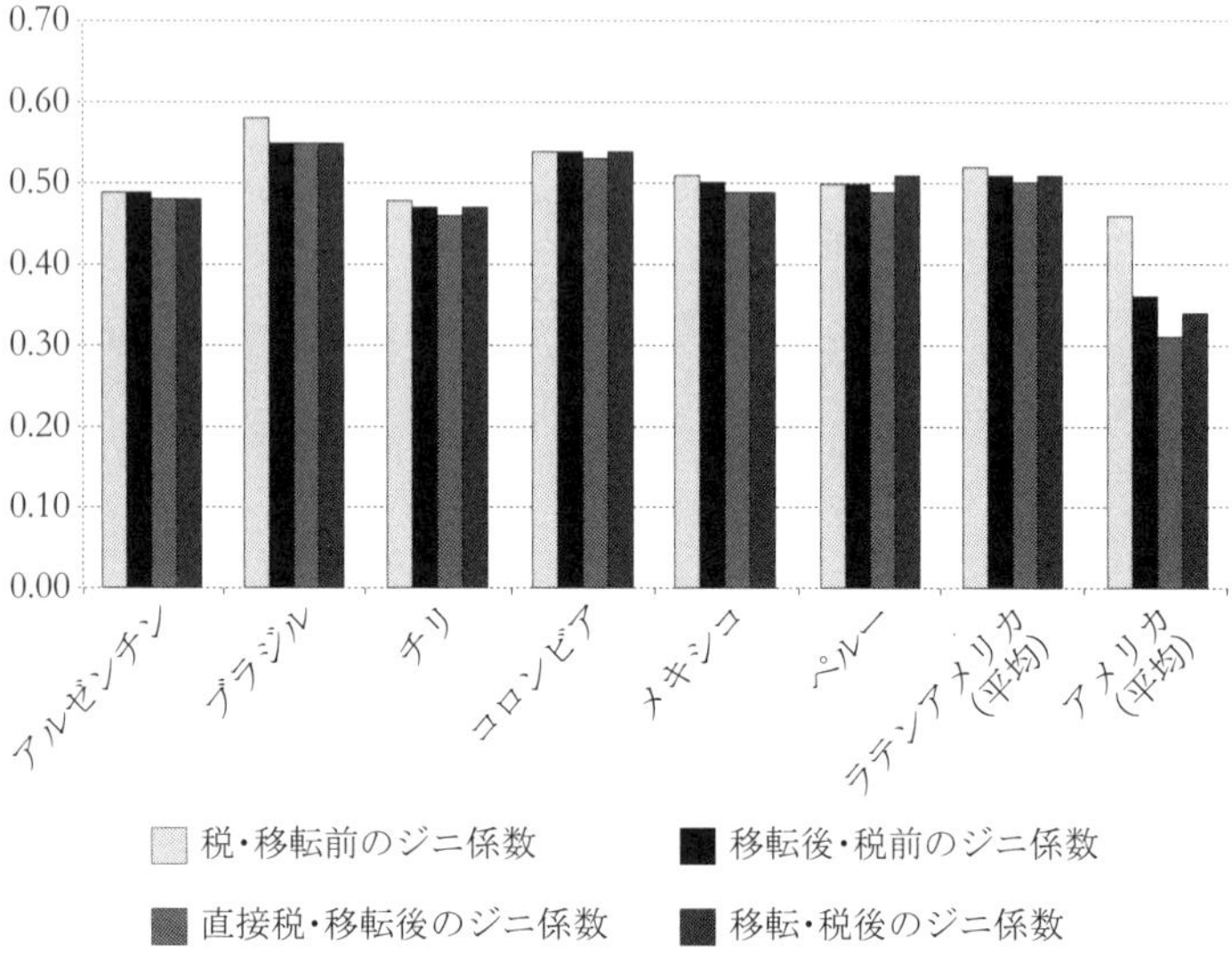

出所：Goñi, Lopez and Serven (2008), 筆者による翻訳．権利にもとづく許可のもとで使用：Creative Commons Attribution license（CC BY 3.0 IGO）

著な例である。その政策の目的は、はっきりと不平等に立ち向かうことよりも、貧困の低減を目指すことにある。唯一の例外はブラジルである。しかし、ブラジルでさえ、欧州連合のそれと比べると再分配効果はずっと低い（**図3―20**）。二〇〇六年のブラジルのジニ係数は、課税と社会移転の前と後では、〇・五六から〇・五四へと低下しているが、欧州連合では〇・四六から〇・三一に低下している。しかしながら、この両極のケースは多くのことを示唆する。いちばんよくある構図（イギリス、アイルランド、スペイン、デンマーク）は、第一次所得分配では極めて大きな不平等を示し、それはむしろラテンアメリカで観察される平均レベルと同程度であるが、再分配によって事後的な不平等はかなりの程度縮小されるということである（Telo 2012: 279)。

これらのデータによれば、ラテンアメリカ諸国にとっての中心的な問題は、貧困層への移転拡大のために十分に高い税を上中流層が払いたがらないという状況と、かなり同質的な生産と労働を政府が克服することである（ECLAC 2012a)。今日まで、ブラジルだけがＯＥＣＤ諸国の平均に匹敵するくらいまでに税負担を大きく引き上げた。

（2）過去の危機から学習し、社会的支出をわずかながら増加させたが、教育への支出はそれほど増えてない

多くの統計学的・計量経済学的研究は次のようなことを示してきた。高いマクロ経済的浮動性と金融危機は幸福を低下させ、そして一般的に貧困層を拡大させ、その結果として下から不平等を深化させるが、他方バブルは、上から不平等を拡大させる。こうしたことはラテンアメリカにあてはまる(Panigo 2008)。メキシコや多くの他のラテンアメリカ経済諸国は、大規模な資本流入とその突然の停止によって引き起こされた現代金融危機を最初に切り抜けた。歴代の政府は同じ過ちを何度も繰り返してはいけないことを痛みをもって学んだ（Boyer et al. 2004)。ラテンアメリカが、一九八〇年代および一九九〇年代の危機の時よりも、二〇〇八年以後の金融混乱の時に、ずっとうまく対応したことは明らかである。いかなるＩＭＦ型の調整も必要とせず、数量化することは難しいとはいえ、この

図3-21　ラテンアメリカおよびカリブ海諸国21ヵ国における1990-2012年から2008-2010年までの部門別の公的支出推移

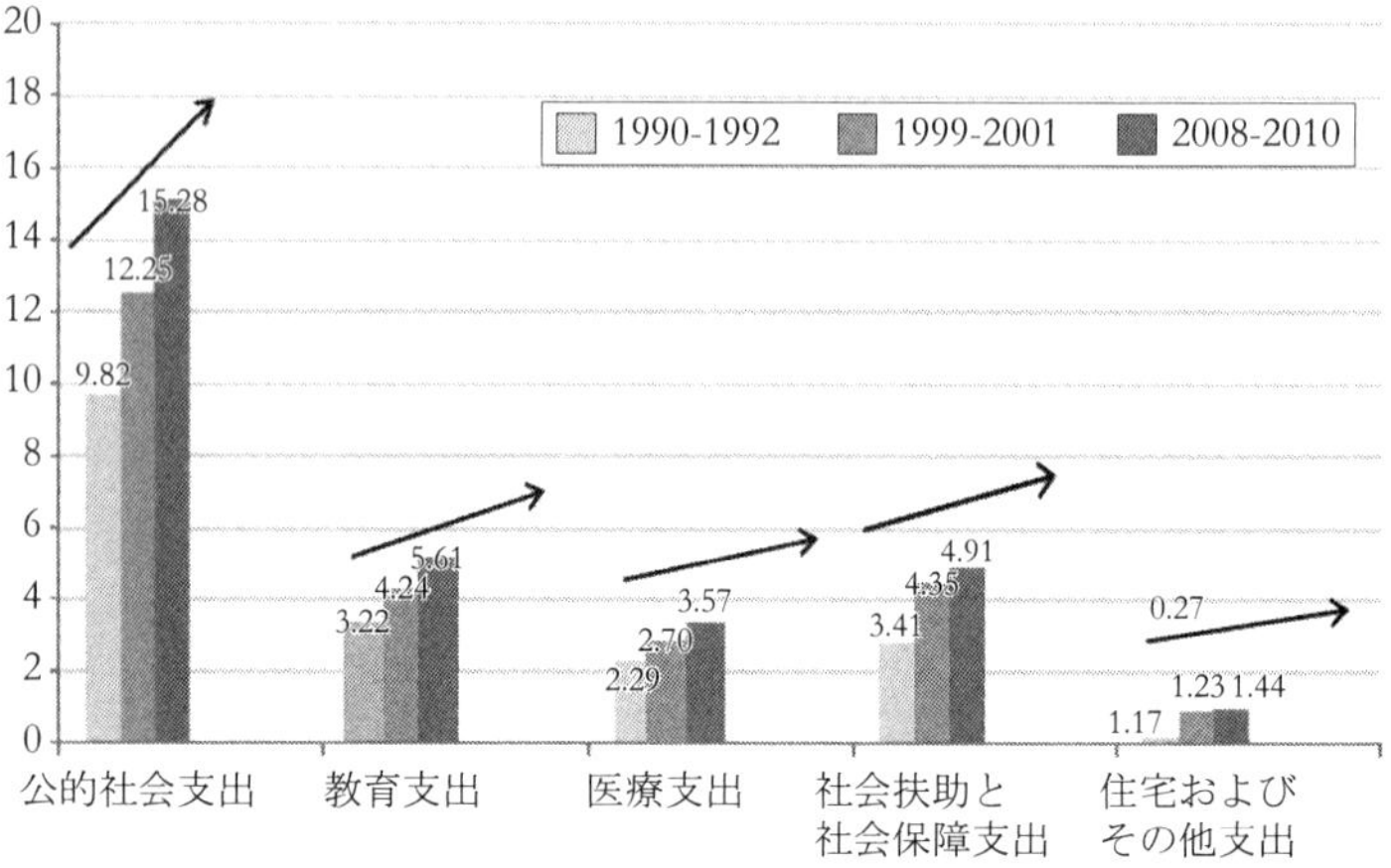

出所：国連ラテンアメリカ・カリブ経済委員会 CEPALSTAT より作成

ようなずっと適切なマクロ経済的運営――控えめな公債、大規模な通貨準備量、適切な予測など――は、世界危機の影響を和らげ、そして結果として積極的な移転政策を維持した。

　これによって、社会的支出をわずかながら増加させるための余地が大きくなった。しかし、公的教育、医療、住宅手当の提供の点では、まだ十分ではなかった。これらの諸要因はすべて、不平等の縮小と長期的成長力にいっそう貢献するはずのものである（図3―21）。実際に、これらの分野における公共サービスと公共財の民営化への動向を考慮すると、ラテンアメリカ型福祉は極めて限定的である。こうしたことはさらなる不平等の縮小への障害として立ちはだかる。例えばブラジルでは、二〇一三年夏に起こったいくつかの民衆運動は、満足に整備されていない都市交通利用の不便さや、貧困者へのその他の公共サービスの不平等に対して抗議するものであった。このことが意味するのは、資金移転があらゆる問題の解決策ではないということである。つまり、資金移転は真の福祉に向けた一歩でしかないのだ（Miranda do Nascimento 2013）。

（3）マクロ経済的コンテキストの変化――適切な国際価格、低い浮動性、高い成長、大きい課税標準

輸出総額は一九九〇年代を通して停滞していたが、二〇〇二年から二〇〇七年にかけてそれらは三倍になった。これは同時に起こったアメリカの信用主導型ブームと中国の競争主導型レジームによって引き起こされた。そして、それらは、商品生産部門における調整能力のラグによって、大きな物価上昇を引き起こした（ECLAC 2012b: 68）。大半のラテンアメリカ諸国の成長レジームは輸出主導型であるために、GDPは増加し、国内消費に火をつけた。そしてそれはまた、例えば二〇〇二年以降、アルゼンチン政府によって決定されたように、商品輸出に対する賦課を始めとして、課税標準を広げた（Boyer and Neffa 2004, 2007）。こうした僥倖は、ある程度まで貧困との闘争へと差し向けられ、その結果、政治的正当性をもたらし、ブラジルで見られるように消費主導型発展への転換を引き起こした（Boschi 2009）。

政治学や経済社会学における多くの研究は、福祉制度の誕生や変容に関わる権力、紛争、組織の問題に伝統的に焦点をあてている。しかしながら、それらはしばしば、どのようにマクロ経済が再分配ベース規模を形成するのかということを研究し忘れている。急速に成長している経済にとって典型的

表 3-6　三つのシナリオ

対象市場	楽観的シナリオ		中立的シナリオ		悲観的シナリオ	
	量	価値	量	価値	量	価値
ラテンアメリカおよびカリブ海諸国	4.4	9.0	3.7	3.5	2.0	0.0
中国	18.3	24.1	16.4	9.9	8.9	–0.9
EU	5.5	12.6	1.1	1.7	0.8	–3.6
アメリカ	6.2	10.4	6.2	5.7	3.4	1.9
全世界	7.5	10.4	6.5	5.0	4.5	0.7

出所：筆者により作成

なプラスサム・ゲームあるいは増加サム・ゲームは、誰も負担を共有したがらない不景気の時よりも（二〇〇九年から二〇一三年のギリシャ不況、あるいは二〇一三年のヨーロッパ不況）、政治的妥協を容易にする（二〇〇〇年代のラテンアメリカ）。

あるシナリオ実験（ECLAC 2012a）によれば、二〇〇〇年代のトレンドがそのまま続いていくことはまったくありそうにない。つまり、アメリカが危機以前の雇用水準に戻ることはなく、欧州連合の失われた一〇年の可能性が予想され、そして中国の成長は明らかに減速し、それらの影響が組み合わさる。結果的に、世界貿易のダイナミズムによって引き起こされる推進力は、明らかに低下が予測され、誤っても悲観的シナリオを採用しておくことが賢明である（表3―6）。

（4）民主主義への回帰の影響と、社会的要求に対する寛大な対応

ますます多くの先行研究が今や、ラテンアメリカにおける

不平等の（控えめな）逆転の理由を探している。各学問分野は、それぞれ好みの解釈をする。いつものように、マクロ経済学者は経済政策の変化や過去の失敗の訂正を特別視している（Hausman et al. 2005; Bresser-Pereira 2009）。他面、地政学的アプローチは、賢明な経済政策のメリットが何であれ、ラテンアメリカは国内アクターのコントロールがまったく及ばない諸力によって動かされていると見る。反貧困政策の専門家たちは、条件付きの資金移転の有効性を指摘し、不平等の転換の原因をこのような社会的イノベーションに求める。

しかし、その他のアナリストは、これらの資金移転が不平等縮小の主な源泉ではないと主張する。例えばブラジルのケースを見てみよう。

最小限国家というドグマに反する発展のなかで、労働市場（雇用と最低賃金）は社会的不平等の縮小のうちほぼ六〇％を占めた。社会保障給付は二七％の貢献をし、そしてボルサ・ファミリア（子どもの就学や予防接種の実施などの条件付きの家族手当）は、他のセーフティネット・プログラムとともに一三％であった。したがって、市場包摂のプロセスは、――拠出性（最低賃金に連動した）および非拠出性の――資金移転の拡充とセットになった雇用増大の結果であった。つまり、平均所得の引き上げと、――基本的サービスの提供に関する政府の失敗を埋め合わせるための――商業化の拡大という現象が引き起こされた。

さらに、人口統計の変化が分析に組み込まれるべきである。というのも、クロスナショナル分析によれば、出生率は所得に対して逆相関しているのであり（Schultz 2005）、出生率の低下は、ラテンアメリカで観察される貧困の縮小において何らかの役割を担ってきたかもしれないからである。福祉制度は経済、家族、市民社会、国家を織り交ぜる複雑な組織／制度であるがゆえに（Théret 1997）、政治的媒介の性質が重要となるはずである。実際に、いっそう民主主義的な憲法や体制に向けた一連の移行によって、政府は——以前は支配的エリートたちの関心から除外されていた——人口の大部分の要求に対して、もっと責任をとるようになった（Gomez-Sabaini et al. 2011）。

4　新しいラテンアメリカ型不平等レジームの決定因に関する総観的な描写の試み

おそらく、これらの説明はそれぞれ、他のものとかなりの程度で両立可能であり、あるいは補完的でさえある。それらは排他的でないし、矛盾しているものでもない。論理的に言って、それに関連した変化があまりない時は、不平等の方向転換は妨げられてきた。反対に、それら変化が結合して機能するときは、過去の決定論はもっと包摂的な成長に向けて変化しうるであろう（図3—22）。

例えば、国際的展望が良好であっても、粗末で近視眼的なマクロ経済政策によってそれは無駄にされるかもしれない。結果として、それは豊かさや社会的結束に極めて有害な金融危機を助長するかもしれない。

二つ目の例として、多くの社会運動は今以上の社会保障を要求するかもしれないが、少数の私的利益を守ろうとする独裁主義的政府は、これらの要求を却下する可能性がある。逆に、民主主義的制度は、通常、所得や富のより平等主義的な配分を追求することを可能にする。

図3-22　ラテンアメリカにおける不平等縮小に貢献する諸要因へのシステミック・アプローチ

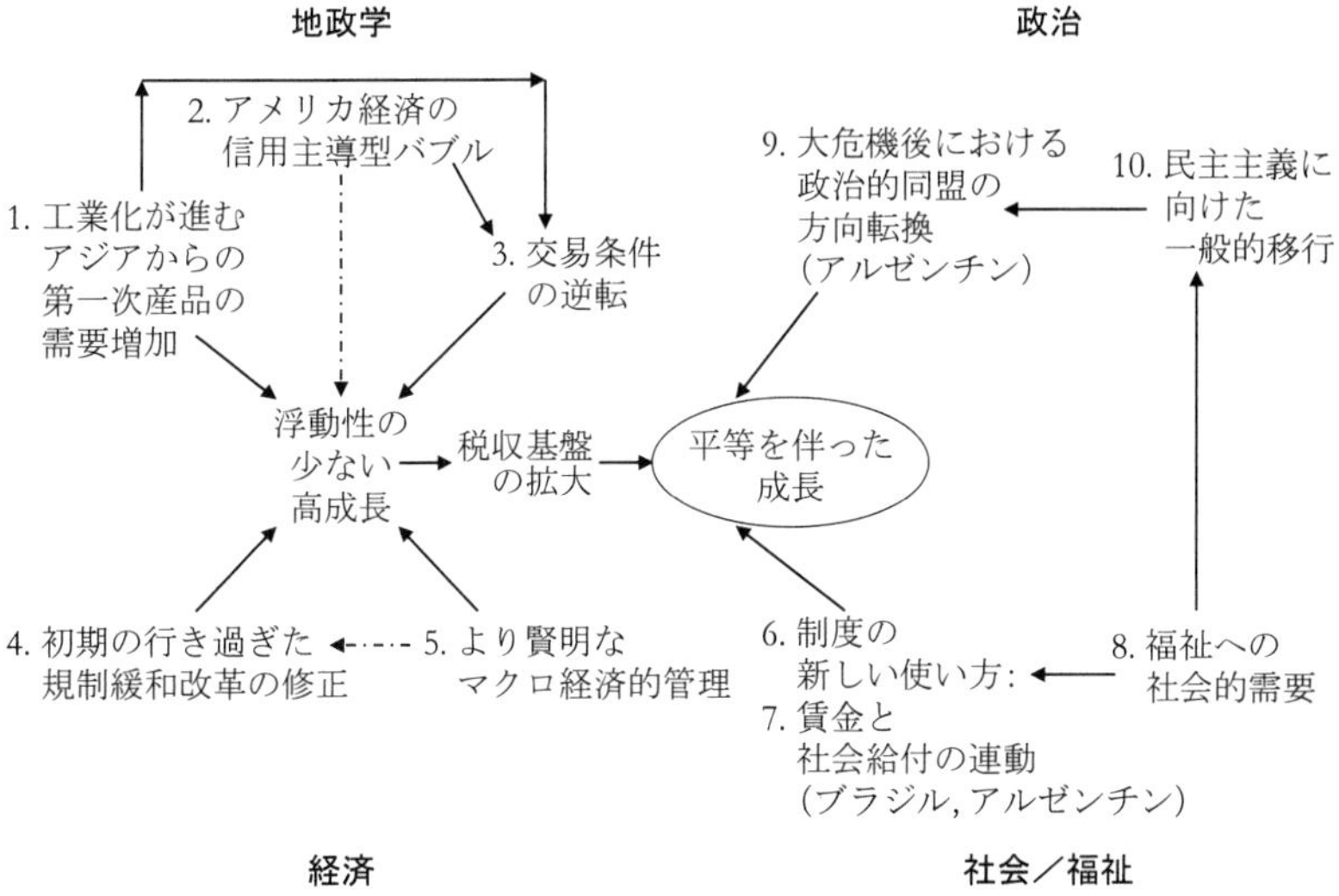

出所：とりわけ Jiménez and Azcúnaga (2012) ; Miotti, Quenan and Zane (2012) に基づいて筆者により作成

それが示しているのは、経路依存性とは、所与の発展様式と不平等レジームの恒久的な再生産と同等だ、ということである。

さてここで、ラテンアメリカ社会を、**図3―2**の中国、**図3―8**のアメリカ、**図3―16**の欧州連合といった、世界の他地域の不平等レジームと比較してみよう。以下のような際立った諸特徴が現れる。

（1）最初に、主として第一次産品の輸出を通して世界経済に編入すること、とは、フォーディズムの支配下の第二次世界大戦後、交易条件が低下していた時期には、有害であった。しかし、工業化された中国やアジアが、それらの国々の急速で安定したテイクオフに必要な大量の天然資源を輸入するようになった時期には、それは切り札になったのである。

（2）第二に、民主主義的制度はヨーロッパや北米ではしっかりと根付いているが、多くのラテンアメリカ社会ではそれはつい最近のことであった。そして、このような政治的移行は事実上、社会保障の要求を表現する権利を与え、ようやく真剣に受け入れられ、部分的に充足されてきた。

（3）第三に、急速な自由化や国際資本移動への開放によって大いに引き起こされた一連の経済危機は、市場メカニズムに任せておくだけで十分に発展していくことができるという信念に固執することの逆効果を修正しながら、現実主義的な政策と改革の出現を促すことになった。

（4）最後に重要なことは、輸出主導型発展の限界が、専門家や政府によって明確に認識されるようになったことである。このような文脈において、福祉制度や、——成長および生産性と賃金を連動させる——労働政策の確立が、より内向的な戦略に向けた核心的駆動力として現れた（Saboia 2010）。こうしたことは、ブラジルのような大規模経済にとっては絶好の機会である。他方、他の国々にとっては、福祉と生産の両システムの調和を適切なレベルで組織するために、地域経済統合のプロジェクトに参加することが一つの刺激になるはずである。

これらの変容の含意を考慮すると、その制度的構図がいっそう整合的な新しい成長レジームへと変化したかどうかを判断することは難しい。あるいは、最近の良好なマクロ経済パフォーマンスと不平等縮小が、主に、世界的な僥倖――これは逆転しうる――の結果であるかどうかということを評価することも難しい。二〇一三年のブラジル経済の減速や、二〇一〇年はじめからアルゼンチンで見られる経済的・政治的緊張は、その判断がまだ早いということを示唆している。

ともかく、これらの四つの変化は、「はじめに」で指摘したラテンアメリカのパラドクスの解明に光をあてている。つまり、きわめて不平等な大陸が「平等を伴った成長」戦略を切り開いているのであり、なぜならば、それは正真正銘、その大陸に特徴的な経済的、社会的、政治的な歴史のうえにたっているからである。それは、アメリカの実験の模倣でもないし、ヨーロッパの実験の模倣でもない。もちろん、他のいくつかの要因は、これら三つの地域にわたって類似しているかもしれない。例えば、ラテンアメリカでもまた、金融の進化によって、伸び悩みがちの家計所得を補って、国内消費を維持するための信用の役割が力を得てきた。同様に、貧困者は富裕者よりも高い金利を払い、これは金融の超過利潤の源泉となり、所得と富の不平等を拡大させる元凶となる。結果として、国内に端を発するのかあるいは海外に端を発するのかはともかく、再び金融の不安定性がラテンアメリカを襲うかもしれない。かくして、一つの重要な問題が提起される。つまり、この成長モデルは社会的結束に対して、どのように自律的であり、また耐性があるのだろうか、と。

第6節　世界的・普遍的アプローチから対照的な社会経済的不平等レジームの補完性へ

さて、そろそろまとめと概観的な展望をしてみよう。国内的土俵と国際システムは、経済的不平等の生成と変化のなかでどのように相互に関連するのであろうか。まず最近の統計的結果を概観し、そして基本的なクズネッツ曲線仮説を再検討し、最後に、さまざまな不平等レジームとそれらの共進化を組み合わせた分析に基づいたわれわれ自身の枠組みを提示しよう。

1　世界レベルで不平等を測る――複数の概念の必要性

世界的《グローバル》な観点からみると、成長理論は、不平等な発展が各国民国家レベルの一人当たり所得にどのような影響を及ぼすかを把握するよう、示唆している。各国民国家では、公共当局によって収集されたデータのおかげで、長期的な統計資料が入手可能であり、これら公文書はその後、経済史家によって再検討されている。そして、世紀をまたいだデータが示すことは、この第一の概念によれば、不平等は産業革命および資本主義革命の展開に沿って拡大していくということである。唯一の例外が第二次世界大戦後であり、この時期には、さまざまな形態の開発国家が、一八二〇年以来観察されたそれまでの傾向と相反する動きを示した（図3―23）。

しかしながら、このような計測は、一方のルクセンブルグおよびスイスと、他方の中国およびインドとの間に見られるあまりに違う人口規模を考慮していない。したがって、各国の一人当たりの国民所得を人口規模によって重みづけしたものが、国民国家間の不平等に関する第二の概念に相当する。全体的な状況はそれほど変わらず、一八五〇年から一九四〇年までは不平等は長期的に拡大し、そして制度、組織そしてブレトンウッズ体制を通して安定していた黄金時代の期間においては、国民国家間の不平等は安定していた（図3―24）。

これら二つの指標では、それぞれの国民国家内部の不平等は考慮されていない。というのも、ある国民国家のそれぞれの市民には、同一の平均所得が仮想的に割り当てられているからだ。一九八〇年代以降、ますます多くの国で個人所得に関する統計資料が入手できるようになるにつれて、世界的な不平等に関する第三の概念が尺度に加えられ、比較可能となった。つまり、各個人にはその現実の所得に関して、同じ重みが割り当てられ、それは共通の購買力平価指数（PPP index）に変換される。グローバル不平等度が国民国家間の不平等度よりもずっと大きいということは、何の驚きでもない。しかし、一九九〇年以後、グローバル不平等度は緩やかな減少を示しているように見える。統計の出典が違うので、この二つ目のデータ・セットは、図3―24と図3―25では見ることができない興味深い方法論的問題を示している。つまり、インド、中国、その他の人口大国で起こっているテイクオフは、重みづけされた国民国家間の不平等を縮小させたが、重みづけされていない不平等度は急速に上昇している（図3―25）。

図 3-23　第 1 の概念——国民国家間の不平等　1820-2000 年

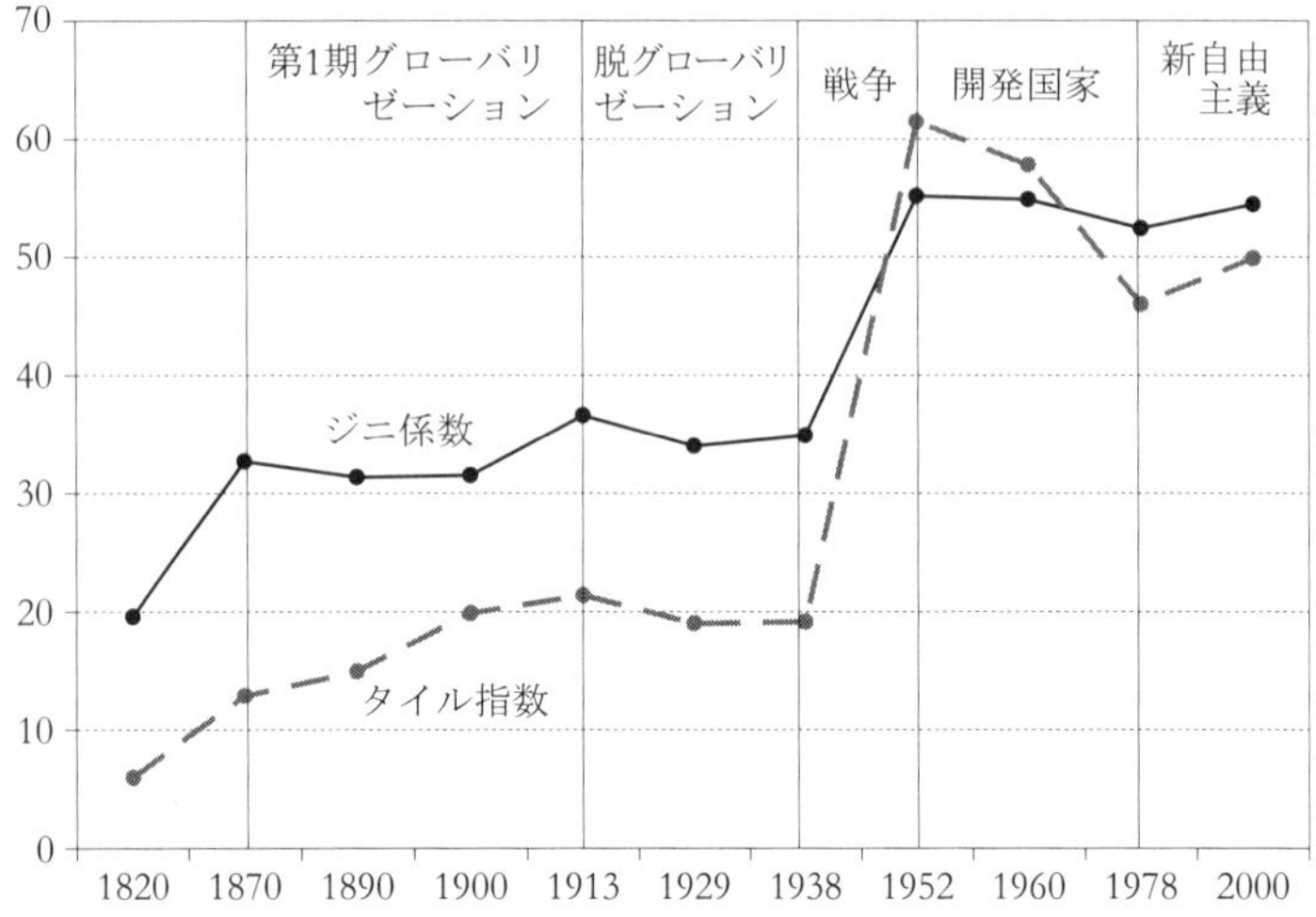

出所：Milanovic（2007：29）.　Cambridge University Press の許可のもとで使用

図 3-24　第 2 の概念
——人口によって重みづけされた国民国家間の不平等　1820-2000 年

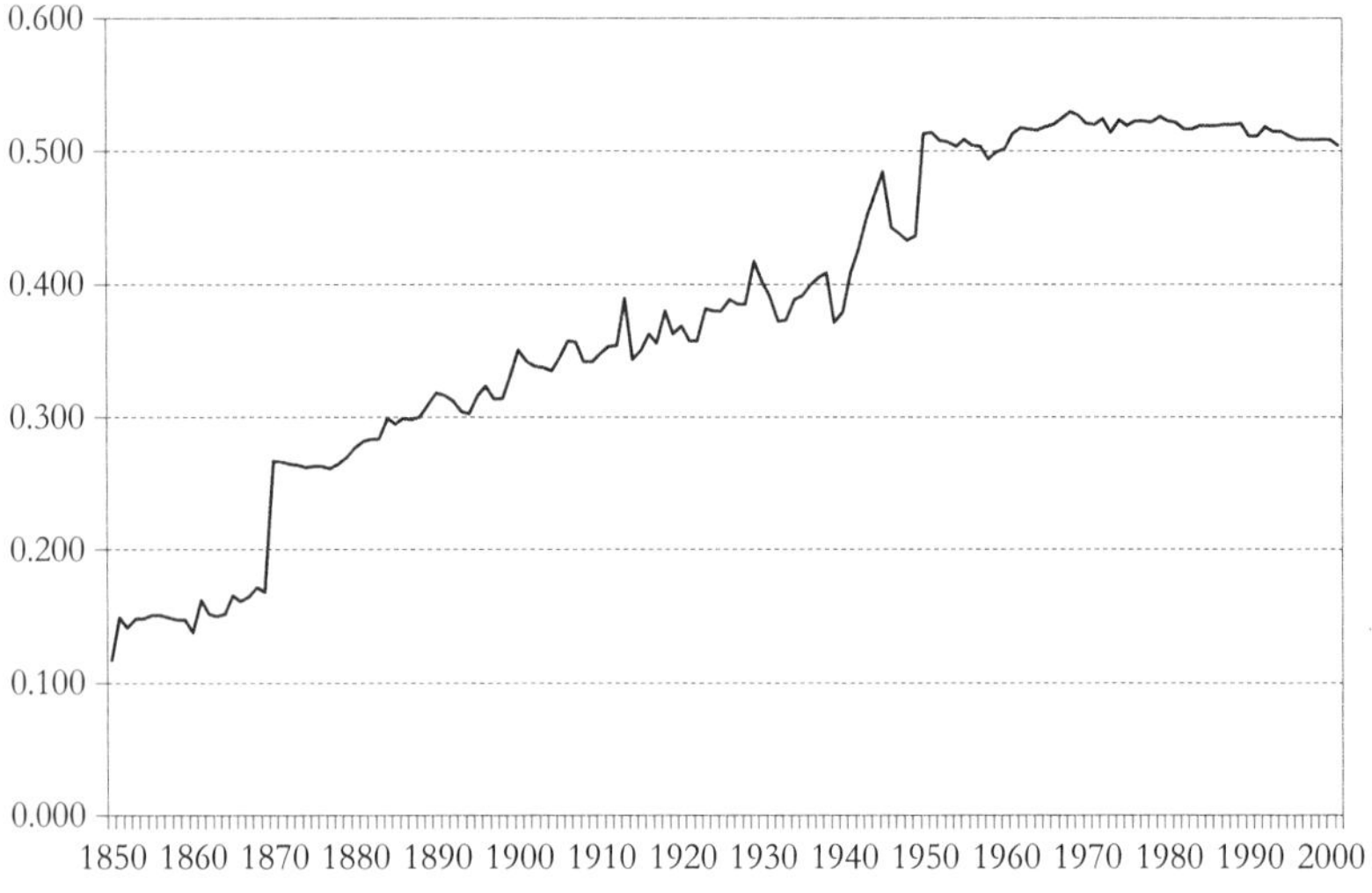

出所：Milanovic（2007：30）.　Cambridge University Press の許可のもとで使用

図 3-25　第 3 の概念――世界市民間におけるグローバル不平等と他の二つの概念との比較　1950-2000 年

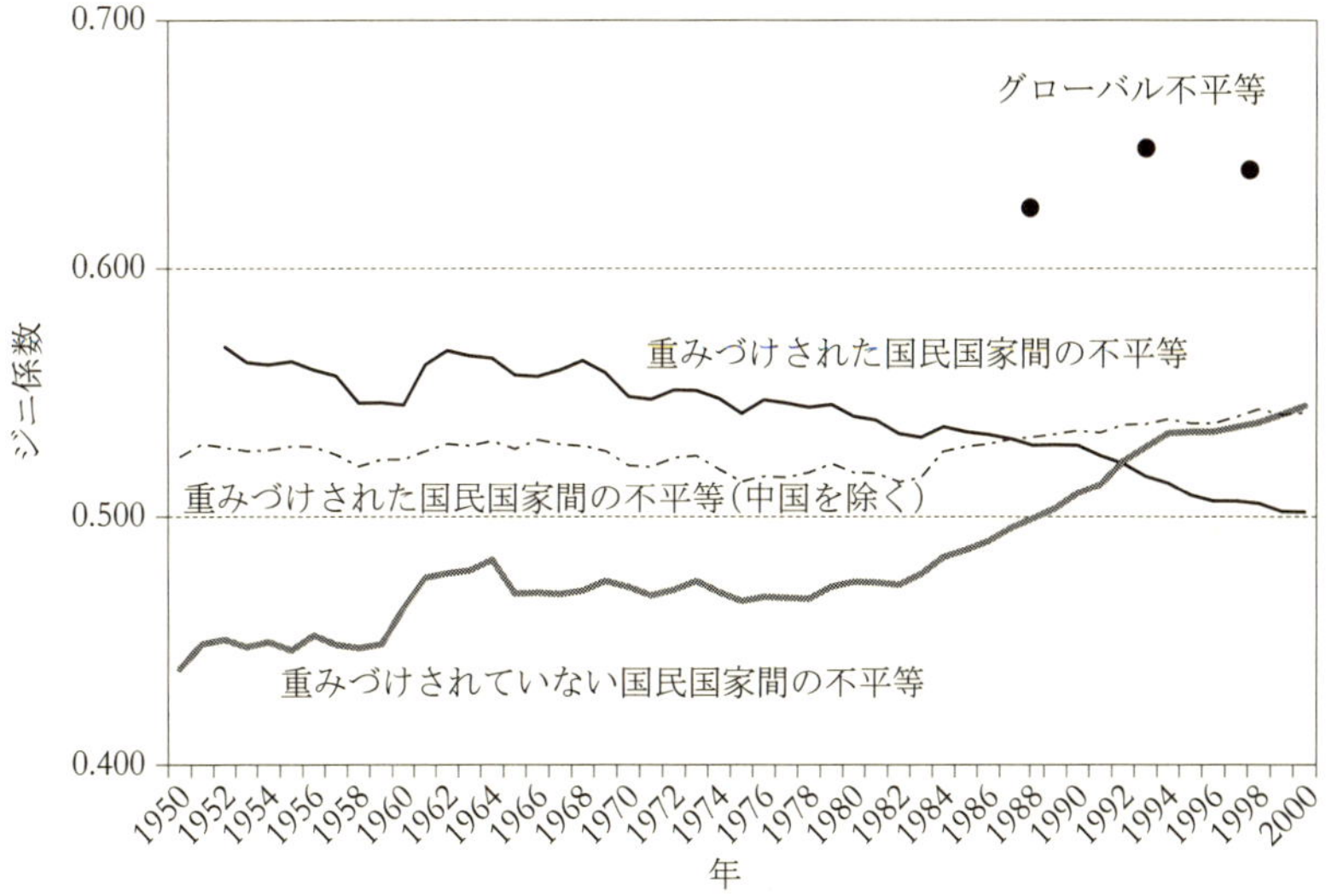

出所：Milanovic（2007：32）．Cambridge University Press の許可のもとで使用

2　二〇〇〇年代
――不平等の歴史的逆転か――

アフリカも含めて、最近ますます多くの国に広がってきた家計調査がアップデートされてきたことによって、まだ不完全だが以前よりは正確なグローバル不平等の評価が可能となり、それは新しい調査結果とともに、グローバリゼーションと不平等の複雑な関係に関する活発な議論を提供する。基本的に、不平等に関する三つの概念は同じ結論に至っている。つまり、二〇〇〇年代以降の国民国家間の不平等の縮小は、豊かな国の成長が緩やかになり、経済的ダイナミズムは巨大（中国とインド）あるいは大規模（インドネシア、ブラジル、トルコ）な人口をもった新興経済諸国の側に移ったという

図 3-26　国民国家間の不平等を測る二つの指標対グローバル不平等の測定——ジニ係数 1952-2011 年

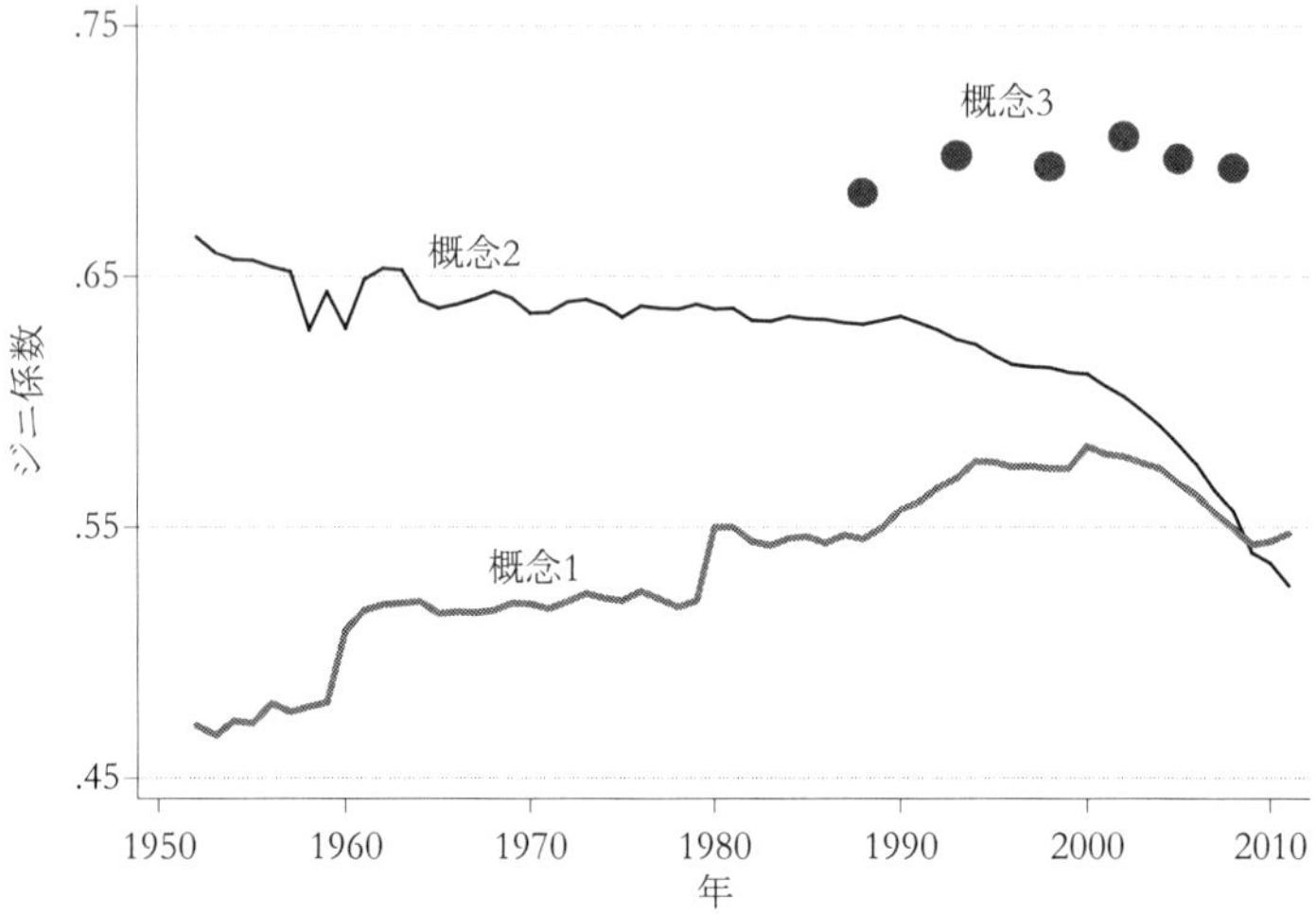

出所：Milanovic（2012：6），図 2．許可のもとで使用
図 3-26 ～ 3-28 は世界銀行の許可のもとで使用。世界銀行の HP，http://www.worldbank.org/terms 上の使用条件に基づき資料の使用が許可されている

ことである。かくして，重みづけされた国民国家間の不平等はさらに急速に縮小している。これら諸国の一人当たり平均所得の上昇傾向は，これらほとんどの国に広まっている国内不平等の拡大に打ち勝っている。発展の推進役としてグローバリゼーションを支持する人たちは，ここに長く待ちわびた彼らの希望の証を見つけている（図3—26）。

こうしたことは，このグローバル不平等の変化をいくつかの象徴的な国民的軌道と比較するように促す。ブラジルとスウェーデンとの間の程度の違いは著しい。アメリカは中間的なジニ係数を示しており，ブラジルとの相違と比較すると，少なくとも上昇してはいるが控えめである。もちろん、規模が重要である。つまり、最も平等な国は小規模であり（スウェーデン、デンマーク、ウルグアイ、スイス……）、他方、大陸経済諸国は見たところかなり異質である。要するに、連帯は互恵を前提とし、それらはつながりが濃い社会において促進され易い。そこから、難しい理論問題が生ずる。すなわち、どのレベル（世界、国民、地方、共同体）で、あるいはどの舞台（企業、経済、政治、基本的公共財へのアクセス）で、社会的正義の考え方は構築されるのであろうか。結果として、それぞれの研究者によって、その目的にしたがって多様な指標が作成される。集団的アクターが政府に対する彼ら自身の要求を後押しするためにそれらの指標を利用するときにのみ、それらは社会的な妥当性を獲得する。この点において、グローバル不平等という概念は、これまであまり多くの支持者を惹き付けてこなかった。この概念に魅力を感じているのは、いくつかの場当たり的な国際組織や、「世界市民」であることを自覚しているわずかな個人だけである。彼らは、大規模で、おそらく長く続く〔所得〕移転に賛成することで、世界規模で自らの連帯を表明しようとしているのだ（**図3―27**）。

そこから、次のような提案が出てくる。つまり、利用可能な統計データはグローバル不平等を、国籍に関連した部分と、一国内での個人の地位に結びついた部分に分割することは可能であろうか、と。ブランコ・ミラノビッチは、前者を「場所」、後者を「階級」と呼び（Milanovic 2012）、一八七〇年と二〇〇〇年の間のタイル指数を分析した。データの質が許す限りにおいて、不平等は一九世紀では主に階級に関連しているが、今日の差別的要因は個人がどこに住んでいるかにある。概して、場所が

図3-27　国民国家間における不平等の国民的相違。しかし世界における個人間不平等よりはずっと小さい——ジニ係数 1968-2005年

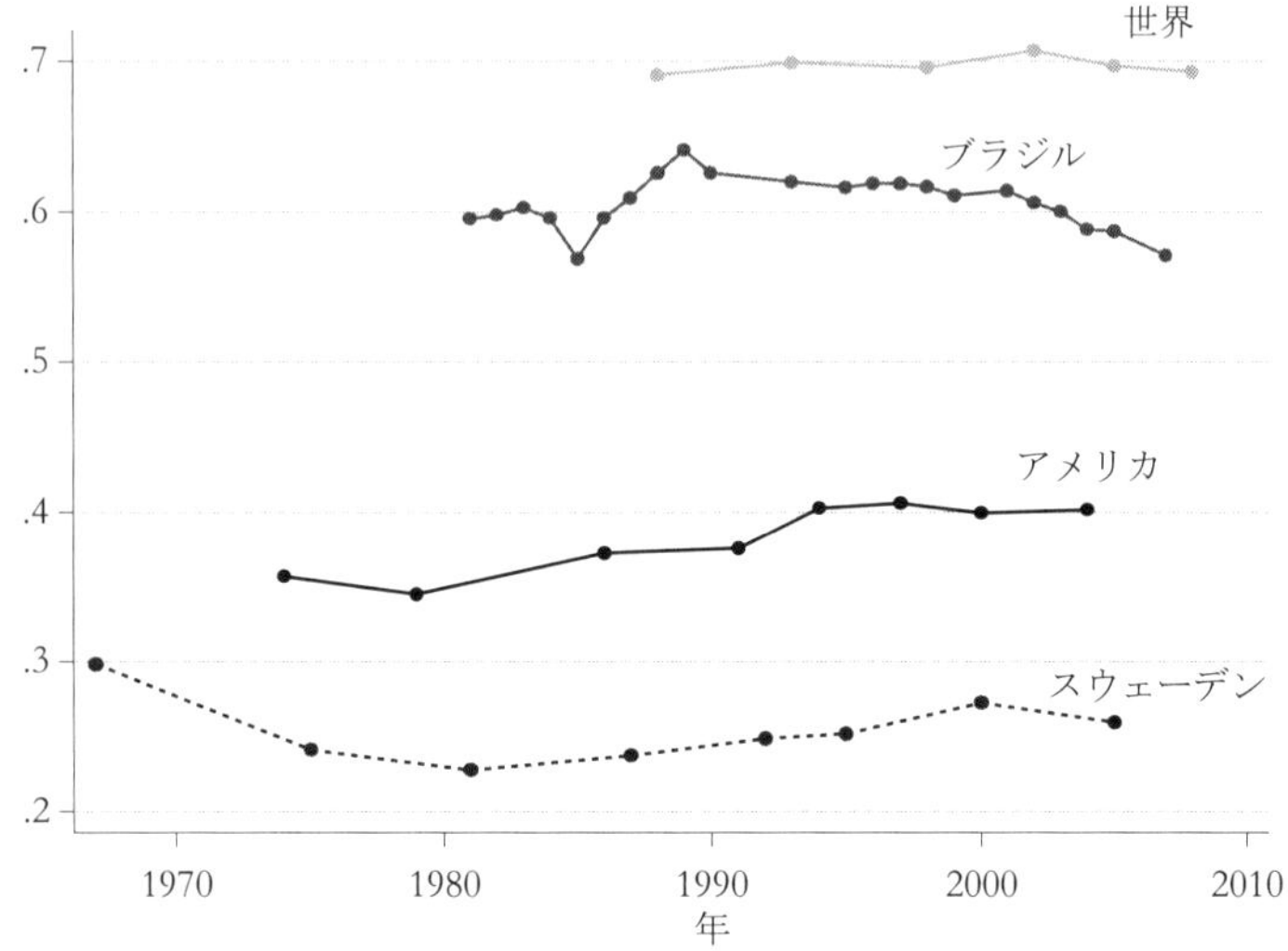

出所：Milanovic（2012：9），図3．許可のもとで使用

各社会における職業よりもずっと重要なのである。このような結果が暗に意味するのは、国民経済は連帯が表現される場であり続け、そしてそれは技術変化から生み出される利得の普及を促進するための一世紀にわたる制度構築過程の結果だということである（**図3—28**）。

もちろん、いくつかの他の地域組織が誕生しており、それらは国民国家の機能のいくつかあるいはすべてを奪いとろうとする（NAFTA、ASEAN、MERCOSUR、EU）。しかし、そのプロセスは地域レベルでの不平等レジームを誕生させるほど十分に成熟しているというにはほど遠く、世界レベルではなおさらである。成長レジームと不平等レジームは、依然として国民的な社会的骨組みに埋め込まれたまま

図 3-28　グローバル不平等の要因の歴史的変化——国内の社会的階層化よりも国籍の影響が大きい（タイル指数），1870 年と 2000 年

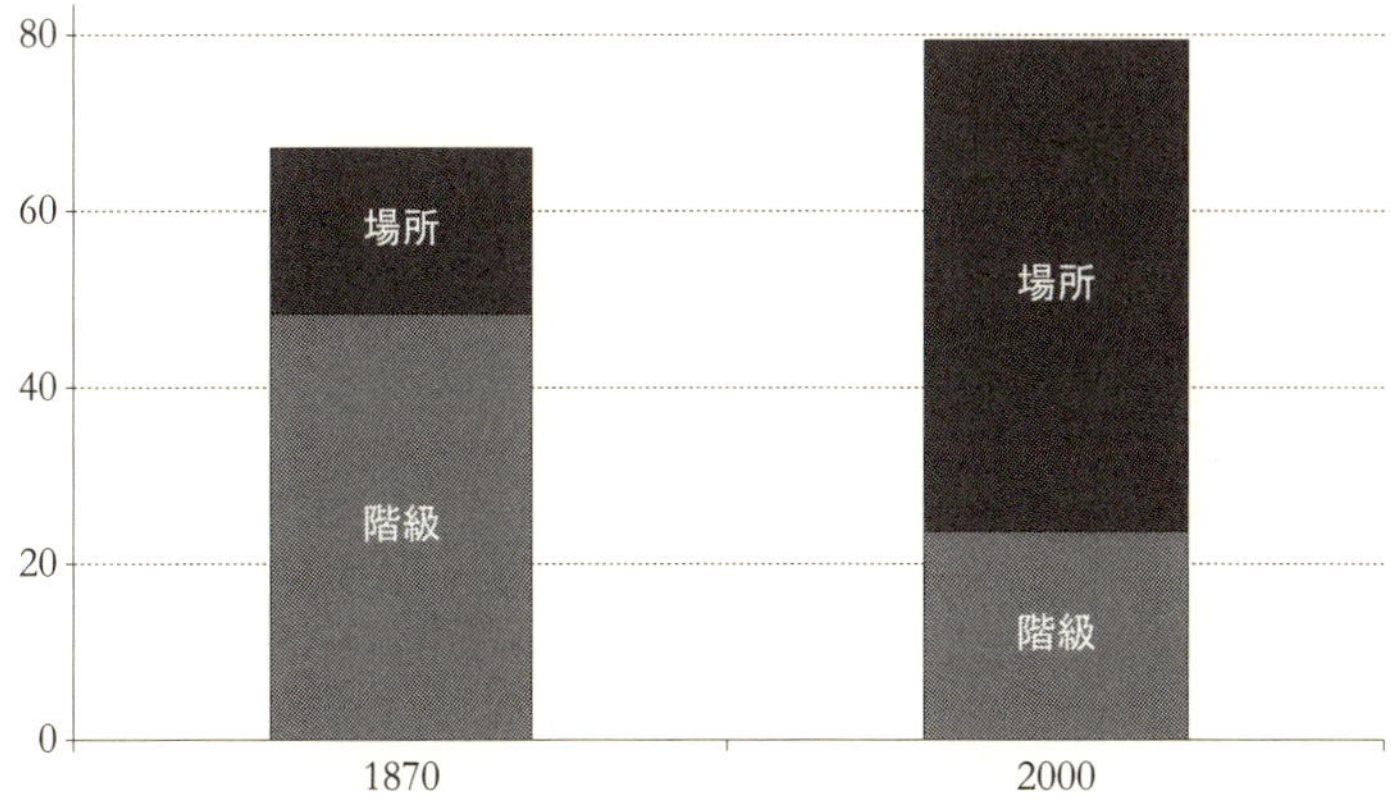

出所：Milanovic（2012：18），図 6．許可のもとで使用

である。

3　クズネッツ曲線の再考
——一般法則は国民的レベルでの成長と不平等を支配するのか——

先述したように（第2—1項）、クズネッツ仮説の主張は、近代化はまず始めにそれが成熟するにつれて不平等を拡大させ、それから内生的な力がより平等な方向へと転換させるというものである。今日、各国各時代に関する多くのサンプルを通して、そのことを検証することができる（Galbraith 2012）。簡単なグラフ分析から、そのような単純な共進化がどれほどあいまい《ファジー》であるかがわかる（図3—29）。ある者は、それぞれの産業革命が新しい逆U字曲線を始動させ、そしてまたいくつかの経済諸国はそ

の前の産業革命の成熟局面を進み続ける一方で、他の諸国は新しいクズネッツ曲線を登っている、と主張するかもしれない。しかしながら、世界的な状況は極めて複雑になっている。そして、成長を支える要因が複雑に絡み合っていることを考えると、成長と不平等の間の単純な関係を引き出すことは、いくらか人を誤らせる。つまり、それはせいぜい、完全モデルを単純化した形態であり、したがってすべてのレジームにとってそれが不変である必要があると考える理由は何もない。

「クズネッツ流の局面継起」という考えは、せいぜい各国のケーススタディの結果を分類するための教育装置なのである。そして、それはまた、同時代において中国がクズネッツ曲線の上昇局面を進んでいるかもしれないのに対して、ブラジルは不平等縮小の時代に入り、そしてアメリカは不平等の新しい原因を生み出すパラダイムの転換を始めている、ということを説明するための装置でもある（**図3―30**）。別の研究の道は多変量回帰分析であり、それは国民的経験の多様性をもっと上手く捉えるために、多数のその他の変数を同時的に検討している。例えば、あるトレンドが変数に加えられるとき、不平等は一人当たり所得と結びつけられることによって、もっと分かり易く説明される。しかし、それはその他の除外変数にとっておそらく価値尺度の数字である（Galbraith 2007: 170）。

4　元祖クズネッツ曲線モデルから拡大型モデルへ――現代の新しさ

クズネッツ曲線への一つの代替案は、歴史的時間を真剣に考慮することである。すなわち、社会的関係、組織、制度、技術の変化にかかる歴史的時間を考慮することである。レギュラシオン・アプロー

図 3-29　相互依存的世界，国民的不平等レジームと発展様式の補完性

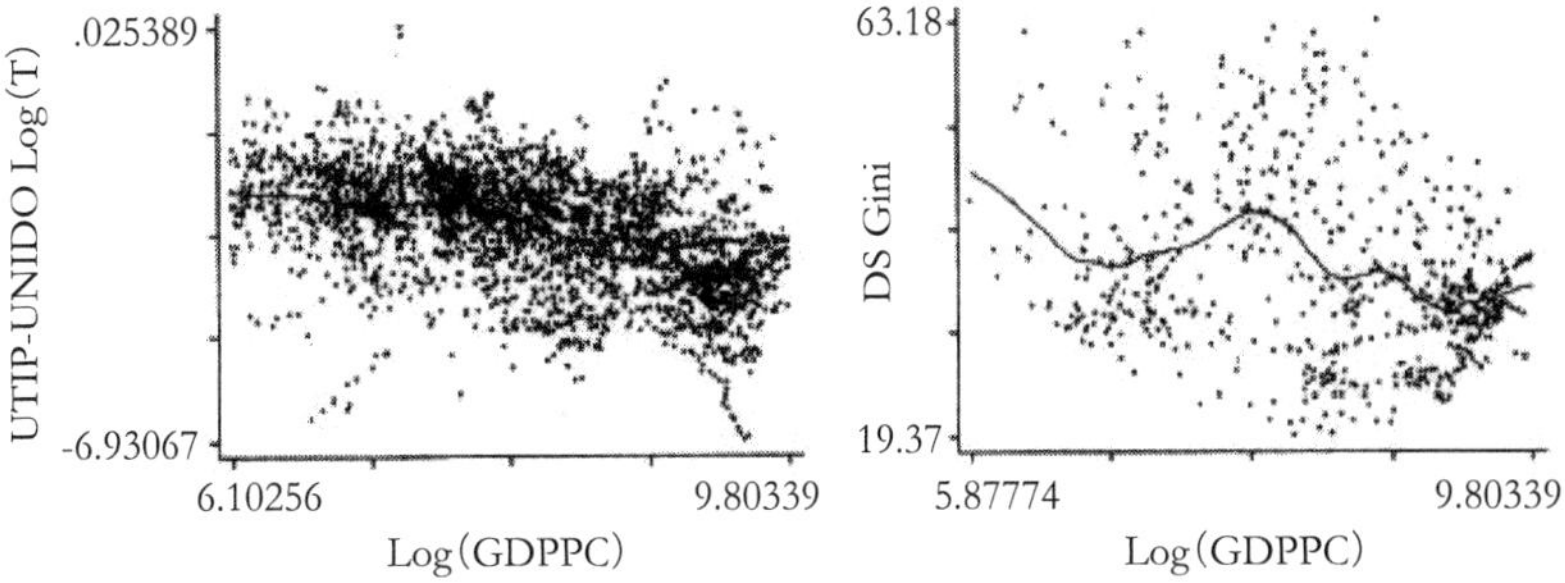

出所：Galbraith（2012：65），図 3-8.
Oxford University Press（USA）の許可のもとで使用

図 3-30　定型化された改良型クズネッツ曲線——若干の国を例示

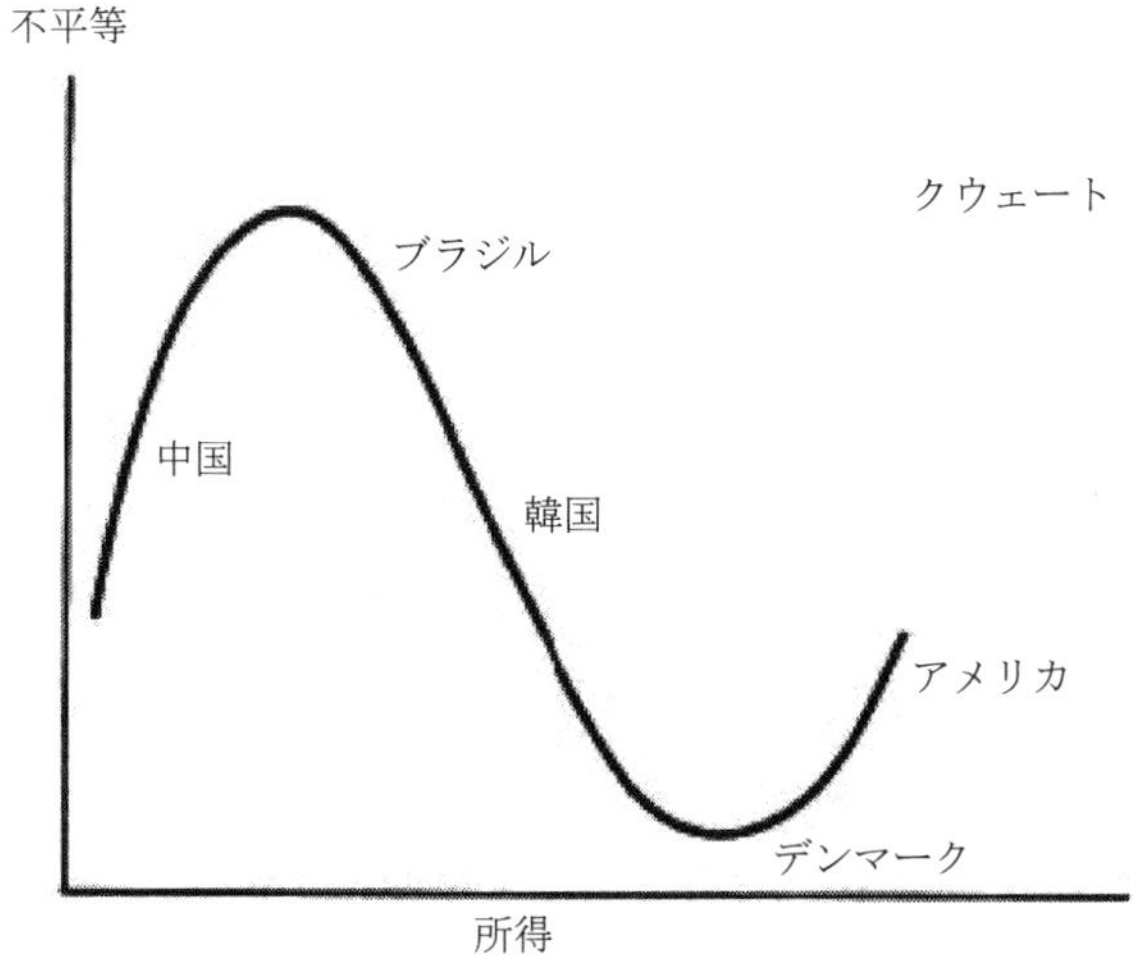

出所：Galbraith（2012：65），図 3-8.
Oxford University Press（USA）の許可のもとで使用

チにおいては、社会的・政治的歴史はそれぞれの国民的発展様式を形づくり、そして同時代にあって、いくつかの構図が特殊な生産・イノベーションパラダイムを伴って現れた（Boyer and Saillard 2002）。したがって、クズネッツ曲線の曖昧さは驚くべきことではなく、それは対照的な発展様式と密接に結びついた不平等レジームの多様性の投影なのである。

5 相互依存的かつ多極な不平等の世界――代替的パラダイムか

現在の枠組みはある重大な問題に直面している。もし発展様式と不平等レジームに一つ限りのパターンがないのだとすると、それらの持続性をどのように説明することができるのか。それらは世界的規模においてむしろ一貫した――あるいは少なくとも両立可能な――システムを作り上げつつあるということを、われわれは段階的に示してきた（図3―31）。

（1）アメリカの金融主導型成長における上位所得の爆発的増加は、中国における急速な生産近代化によって引き起こされた不平等の拡大と釣り合っている。もっとも、これのみが世界経済における共進化というわけではない。

（2）ユーロ危機も、そして拡大された福祉制度や社会的連帯の防衛に対する脅威もまた、多くの産業における中国の急速なキャッチアップと、貿易、資本、金融の自由化とグローバリゼーションを促進するアメリカの勝利によって引き起こされた、世界的な金融危機の頻発との結合的圧力

図 3-31　相互依存的世界
——国民的不平等レジームと発展様式の補完性

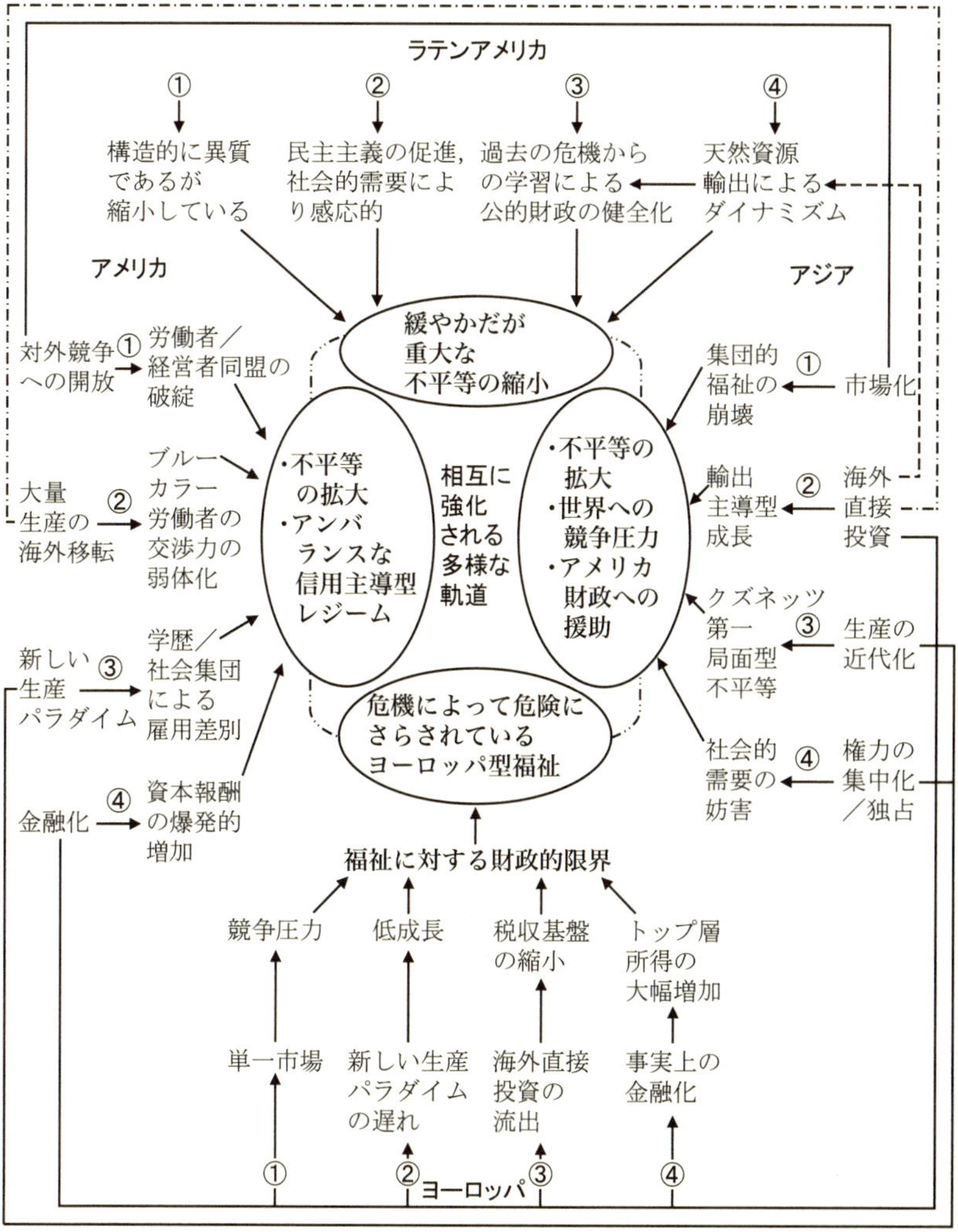

出所：筆者により作成

の結果なのである。

(3) ラテンアメリカのパラドクス——出発点としての極端な社会的分極化から、経済的不平等の非典型的な縮小へ——もまた、中国とアメリカの特化と補完的なラテンアメリカの特化によって、また過去の金融危機から学習する能力によって、さらには社会保障への要求に対して最終的に肯定的な回答を与えるような民主主義への移行によって、説明される。

それぞれの国内経済の不平等の拡大によって生み出されるマクロ経済的アンバランスは、アメリカと中国とで対称をなしている。結果として、国際貿易と国際金融において埋め合わせあう動きのみが、閉ざされた国境のなかでは維持され得ないだろう社会経済体制の存続を可能にする。つまり、アメリカでは、平均実質所得が伸び悩んでいても、アメリカの生活様式を維持するための豊富な信用がある一方で、中国では労働分配率の圧縮により、劇的な工業的過剰生産能力が観察される。また、アメリカの低い家計貯蓄率に対して、中国の貯蓄率は高く、これがアメリカの金融システムへと部分的に注入される。

かくして、生産、資本、金融の国際化によって、補完的な発展様式に埋め込まれている対照的な不平等レジームが両立可能となり、そして存続可能となる。そこから、不平等に関する正反対の変化という謎にみちた観察結果が説明される。つまり、グローバリゼーションは多様な成長レジーム——信用主導型、輸出主導型、イノベーション主導型——にその存在理由を与えるがゆえに、国民国家間の不平等は縮小する。しかし、これら成長レジームのそれぞれは、同一の国民国家内における個人間の不平等を拡大させる。すなわち、第6―2項で明らかにした二つの重要な定型化された事実である。

6　三つのパラドクスの解釈――学問、経済、政治、地政学は、どのように相互作用するのか

このような分析枠組みはまた、「はじめに」で言及した謎にみちた観察結果に一つの解釈を与える（表3―7）。この説明は、認知的アプローチ（純粋な経済的理論化は、経済活動と所得分配の間の繋がりをどのように分析するのであろうか）、非対称的な経済的権力が不平等に及ぼす結果に関する実証研究、国家介入を形成する諸力の考察、そして最後に、世界経済を統治する階層的関係の認識を組み合わせている。

(1)第一のパラドクス――極めて不平等な資本主義は良質な資本主義を駆逐しているのか

不平等の拡大は、経済パフォーマンスと幸福にとって損失であり、有害であるという証拠が様々な社会科学によって等しく提示されているにもかかわらず、なぜほとんどの経済諸国で不平等が拡大しているのか。その主な理由は、支配的な経済的利害関係者が、純粋に抽象的な市場経済という不適切な理論化を用いてきたからである。彼らがそうする目的は、まったく不完全競争に典型的なレントを自分たちのものにし、複雑で危険だが収益性の高い新しい金融商品を考案し、そして最後に――社会の残りの人たちを犠牲にして――国家を自分たちの最後の保証人として取り込むために、自分たちの

表 3-7　三つのパラドクス――四つの絡み合ったプロセスの結果

	学究的世界 ネオワルラシアン経済学	**経済** 不完全市場に起因する非対称的な力	**政治** 支配的な経済利害関係者による国家の支配	**地政学** 世界システムの変化
パラドクス 1 不平等のコストは大きいにもかかわらず，不平等は拡大している	科学的結果に対するイデオロギーの勝利	公益事業の民営化，レントの横領，金融商品の不安定性	少数派（輸出業者，不労所得者，金融業者）が社会経済レジームに影響を与える	科学的結果よりも大きいイデオロギーの影響
パラドクス 2 EU 危機：福祉国家の危機	普遍的福祉国家を経済的に正当化することができない	社会的ヨーロッパの構築に対する市場競争の優位性	国民主権に対する金融の優位性，政治的協議以上のロビー活動	EU はそのモデルを概念化し普及させることができない二番手のプレーヤー
パラドクス 3 ラテンアメリカ：グローバル不平等の時代における不平等の縮小	過去の危機や失敗からの学習，新しい開発主義の出現	企業家精神を超えるレントシーキングや独占は不平等の縮小を抑制する	民主主義化の肯定的な役割，しかし国家へのアクセスはまだきわめて不平等	ワシントンコンセンサスに対する漸進的だが相対的な自律性

出所：筆者により作成

力を隠すことにある。金融主導型のアメリカ資本主義はこのような構図を象徴する。国際関係におけるアメリカ資本主義の階層的位置づけを考えると、その現実の調整様式がどんなに異なっていようとも、このような見方が――しばしば国際機関を通して――他の大陸や地域にも広められてきた。

(2)第二のパラドクス――欧州連合の深刻な危機は、福祉資本主義の優位性さらには存続可能性に対する反証なのか

抑制された不平等が社会的結束や経済パフォーマンスにとって良いものだとすれば、福祉資本主義のお膝元である欧州連合の低成長やユーロ危機は、どのように説明されうるのか。「グローバリゼーション」の時代において、福祉資本主義は時代遅れになったのか。基本的に、ほとんどの政府は次のような問題に目もくれなかった。なぜ福祉は社会資本の形成つまり競争力にとって有効なものでありうるのか。なぜ欧州統合は、不均等に発展した経済諸国間の連帯をほとんど伴わずに、もっぱら競争の促進の上に築かれてきたのか。そして、なぜ自由化された金融の危機の欧州への伝染は、過度な財政赤字の結果だとして誤って解釈されてしまったのか。かくして明らかに、国民的福祉制度は困難に直面し、そして不安定化された。しかし、欧州のガバナンスの脆弱さゆえに、必要とされる福祉国家を大陸レベルで促進し、実現することができなかった。それにもかかわらず、北部ヨーロッパ――ドイツ、オーストリア、北欧諸国――は、拡大された福祉国家が今なお不平等を抑制し、経済的な耐性と成功に貢献していることを示し続けている。

(3)第三のパラドクス――なぜ最も不平等な大陸たるラテンアメリカが、いま不平等の縮小に基づいた新しい発展戦略を切り開いているのか

長い間、不平等が広く行き渡っていた地域であるラテンアメリカが、二〇〇〇年代以降、なぜ控えめであるが重要な所得不平等の転換を経験してきたのだろうか。現実問題として、犠牲の大きい金融・経済危機の長い歴史は、最終的にワシントンコンセンサスを廃棄するというメリットがあった。そしてそれは、より好ましいマクロ経済的管理や改革――それは控えめだが効果的なセーフティネットを構築するであろう――に向けて、いっそう現実的な学習プロセスを始動させた。政治はこのプロセスには不可欠である。というのも、権威主義的体制からもっと民主主義的な体制への移行によって、わずかばかりの社会保障を要求する社会運動に対して、それ以上の答えがもたらされてきたからである。真のラテンアメリカ的発展の理論が、新しい国際的文脈によって刺激されて登場するかもしれない。その新しい国際的文脈にあっては、天然資源やエコロジーが成熟経済および新興経済の双方にとって、将来的成長において大きな制約になるだろう。二〇一〇年代が「社会的結束を伴った成長」パラダイムの誕生における転換点を意味するのかどうかを判断するには、あまりに時期尚早である。というのも、多くのことが世界の残りの部分の変化次第だからである。例えば、南と南の補完性(例えばブラジルと中国の間)は将来の国際体制を形成するであろうか。あるいは、またもう一つの南北ヒエラルキー(アジアに対するアメリカの軸)が現れるのであろうか。ラテンアメリカにおける不平等の長期

的縮小に関するあらゆる予測において、地政学は忘れられるべきではない。

第7節　結　論――不平等レジームの進化における分水嶺

以上に見た、世界中の社会経済的不平等レジームに関する全体的景観から、いくつかの暫定的な結論と今後の研究に対する道筋が与えられる。

1　パラダイムとイデオロギーが重要である

ベヴァリッジ的およびケインズ的な知的コンセンサスが崩壊したが、そのことは大部分の政策立案者が不平等の拡大を正当化し、そしていくつかの国ではこれを受容する点で、一定の役割を果たした。新しい古典派のケインズ以前的なマクロ経済学理論の復活とともに、社会的正義の追求はまたもや、経済的効率にとって本質的に有害だとみなされた。そして、このような見方の刷新はアメリカとイギリスから始まり、残りの世界へと広範囲に普及した。もちろん、いく人かの社会経済学者は、適切に設計された福祉が平等と動態的効率を同時に高めることができるという、示唆に富んだ代替的な理論化を展開した。しかし、この代替的パラダイムの普及は北部ヨーロッパ――とりわけオランダと社会民主主義の北欧経済諸国――に限られていた。全面的に自由化された金融市場の崩壊後、新興経済諸国の労働者や家族による保障への社会的要求は、このような代替パラダイムに新しい機会を与える。

つまり、中国で観察されるように、社会保障制度は、急速な社会的・技術的転換によって引き起こされた混乱に対する、必然的な補完物でありうるのだろう。同様の再検討が多くのラテンアメリカ諸国で起こっている。

2　複雑で多様な不平等の決定因

不平等を規定する普遍的な法則が存在すると言いうるだろうか。ここ三〇年間を見ると、クズネッツ曲線アプローチは妥当性を失ったのではなく、再評価されなければならない。一方で、中国のきわめて急速かつ強力な生産の近代化は——たとえ長期的な成長が貧困を劇的に減らしたとしても——、部門間、地域間、個人間の不平等の急激な拡大へと結びついていた。同様に、先進経済諸国におけるフォーディズム的大量生産の侵食、新興経済諸国への生産の海外移転、抜本的に新しい生産パラダイム——情報通信技術に始まり、科学に基づいたバイオテクノロジーや新しい「金融産業」さえも——への移行は、成長と不平等が再び共時的に進むクズネッツ曲線の新しい上昇局面を生み出した。金融の支配はアメリカで不平等の拡大を再びもたらし、それは一九二九年の大恐慌以前に観察されたものに匹敵している。かくして、金融脆弱性と不平等拡大は密接に関連しているのだ。他方で、ラテンアメリカははるかに控えめな生産の近代化を経験した。しかし金融化は、レント依存型経済に典型的な不平等とはまた別の形態の不平等をもたらした。近年における不平等の縮小は、不変的かつ普遍的なメカニズムの「自然の」結果ではなく、いくつかの要因が複雑に絡み合った結果である。つまり、世界レベルでの原材料需要の新しいダイナミズム、以前の経済危機からの学習、そしていっそう民主主義的な体制への移行と結びついた社会的要求に対する望ましい対応が、ラテンアメリカにおける包摂的成長の追求を可能にしたのである。

3 フォーディズム体制と社会民主主義的体制はラテンアメリカの包摂的成長の先鞭をつけた

過去の歴史的記録によれば、平等を伴った成長は――平等と成長という両目的は矛盾しあっているので――不可能だという新古典派経済学者の主張が誤りであることがわかる。レギュラシオン理論に起源をもつ研究は、次のようなことを示した。第二次世界大戦後のフォーディズム的大量生産―大量消費体制による印象的な経済的・社会的パフォーマンスは、賃金決定の制度化、報酬ヒエラルキーの縮小と安定化、極めて多様な社会的リスク（医療、失業、訓練、再訓練……）や教育への広範なアクセスをカバーする普遍的な福祉国家の実施によって実現された。こうしたことはアメリカやほとんどのヨーロッパ諸国で観察され、少し遅れて日本と韓国で異なった形で観察された。これらの体制は生産性上昇の鈍化、所得分配をめぐる対立の頻発、生産の国際化、そして最後に金融支配の影響の下で、大危機に陥った。しかしながら、スウェーデン、デンマーク、フィンランド、ノルウェーといったいくつかの社会民主主義的社会は同様の世界金融危機に直面したが、基本的な政治的妥協が弾力的であったので、不平等の爆発を抑制する改革が可能となった。一見すると、こうしたことは現代のラテンアメリカの戦略にとって良い知らせである。というのも、もし安定した社会政治的同盟によって、国内の制度的構造や生産体制を社会的要求の変化や国際的文脈に繰り返し再順応させるのであれば、包摂的成長は可能だからである。

4　不平等のグローバリゼーションは、共進化する対照的な不平等レジームほどではない

「グローバリゼーション」という流行語は危険で、誤解を招きやすい概念である。というのも、この用語は同一の経済的、社会的、政治的プロセスが諸大陸や各種社会を横切って、同じように機能することを示唆しているからである。ここ二〇年間の不平等の急拡大は極めて一般的であったために、こうした構造的変化に関する一般的かつ普遍的な説明が求められているからなのであろう。反対に、すべての先行研究は国民的軌道の多様性を指摘している。アメリカ対中国、南部ヨーロッパ対北部ヨーロッパ、ラテンアメリカ対アジア、等々といった具合にである。国内の社会経済的妥協が重要であることは明らかである。したがって、現代社会は、次のような恒久的闘争における様々な段階や構図を模索しているのであろう。その闘争とは、一方で、資本主義的蓄積によって推進される不平等化への内在的傾向と、他方で、これに対抗し――足かせをはずされた資本主義的競争に典型的な根本的な不確実性に対応して――共同体・連帯・保証の原則を守るための社会運動の力、という両者の闘争である。現代社会はポランニーのいう二重運動の、また別の時代に位置している。このような分析は不平等のグローバリゼーションという概念に代えて、対照的だが相互依存的な不平等レジームという概念を据えるよう提案する。アメリカにおける金融主導型の不平等は中国で起こっている「悪魔のひき臼」

型の不平等と結びついている。そして、これら二つの国民的軌道は欧州連合諸国の福祉国家を不安定にしている。ラテンアメリカにおけるより平等な成長の安定化は、これら三つの重要な要因の相互作用に依存している。つまり、忍びよるユーロ圏危機は完全な崩壊へと転換するのであろうか。あるいは、アメリカの政治的矛盾は新しい金融的メルトダウンや世界危機を引き起こすのであろうか。そして、中国で大きな社会的・政治的危機が引き起こされる可能性があり、それがラテンアメリカに衝撃的な結果をもたらすことについては言うまでもない。単なるグローバリゼーションでなく、多面的で、根深く、そして矛盾しあった相互作用ともつれ合いによってこそ、世界の不平等の変化がもっとうまく説明される。このような分析枠組みはまた、次の二つの重要な定型化された事実を説明する。個人間の世界的不平等は競争主導型成長戦略によるキャッチアップ（例えば中国）によって縮小されたが、不平等レジームの特殊性を考えると、それぞれの国民国家内での個人間の不平等は拡大しているという事実である。

5　不平等――経済的権力が政治的プロセスを形成するとき

このように個人の不平等が特殊な国民的社会経済体制に埋め込まれているということは、ジニ係数やタイル指数で不平等を表すほとんどの統計的分析がもつ方法論的個人主義を乗り越えるように促す。そうではなく、なぜ全体論的個人主義を採用しないのか。そこでは、一連の基本的な社会的諸関係が、個人的戦略に影響を与える機会および制約を形成し、結果として所得と富の分配を形成する。こうしたことはまさに活発な学際的研究プログラムの目的である。社会科学のなかの多様な分科を専攻している多くの研究者――統計学者、歴史学者、疫学者、社会学者、政治学者、社会経済学者、政治経済学者――は、今や経済的、社会的、政治的な不平等の原因、変化、結果を分析している。彼らの努力は、現在の不平等の起源に関する共通した理解へと収束していくようである。一方で、主導的立場にいるアクターたちによって、市場の大いなる不完全性が利用され、こうして寡占的および独占的な経済的権力が行使され、また国民所得と富のますます多くの部分が彼らのものになる。かくして、不平等の拡大は、経済的領域の権力配分における重大な非対称性の直接的結果だとみなすのが最も適当であろう。他方で、同等の権力を持っている経済的および金融的アクターは、彼らが政治的権力にアクセスすることによって、彼らの活動を自分たちに都合良く実行できる規制を設計するようコントロールする力を、あるいは逆にあらゆる公的監視を廃止する力を獲得してきた。しかし、こうしたことは経済的および金融的安定性あるいは社会的結束にとって否定的な結果をもたらす。このような枠組みは、ウォール街とロンドン・シティの力によって支配され続けているアメリカおよびイギリスの社会にぴったりと当てはまる。しかしながら、このような台頭しつつある理論的アプローチは、もっぱらアメリカとイギリスのケースに基づいている。アメリカで作用している細かいプロセスは、ドイツや日本といった他の多くの社会における不平等の変化を形成している主な要因を捉えてはいない。経済と政治、つまり経済学と政治学の間の相互作用に関する研究はまた、ラテンアメリカにとっても興味深い。しかし、たとえ国民国家に対する金融業者の支配が他のところでどんなに重要であったとしても、それに限定されない多様なプロセスを発見するために、特殊な分析が必要とされる。ラテンアメリカの様々な社会で、権力はどのように配分されているのであろうか。これはラテンアメリカ大陸の発展を妨げてきた重大な不平等の特殊性を理解する上で決定的な問題であり、そしてもし包摂的成長戦略が失敗した場合、改めて大きな不平等が現れるかもしれないのである。

6 包摂的成長――未完成のアジェンダ

そもそも、不平等の恒久的な縮小によって、どのように新しい成長パターンが始動し、ラテンアメリカにとって長期的で活力ある将来が定義されうるのであろうか。そのような問いに答えるには、ほとんど何百年にもわたるトレンドの逆転を引き起こした多様なプロセスやメカニズムを完全に理解することが必要である。ラテンアメリカ研究のサーベイからわかったことは、その構成要素は多様だということだ。マクロ経済学者は工業化したアジア諸国からの需要がプラスの結果をもたらしたことを強調する。というのも、輸出主導型モデルが、国内主導型モデルによって完全に取って代わられたわけではないからであり、それはブラジルの場合でもそうであった。ブラジルでは、国内市場の規模と工業化の程度が内向的発展の成功にとって最も好ましい土台をなしたのであった。他のマクロ経済学者は、政府が数々の失敗の繰り返しから最終的に学習し、国内的要因による大危機が起こる蓋然性を減らすような賢明な政策を採用したと主張する。福祉の専門家は反貧困戦略の相対的な成功を指摘するが、国内市場の刺激と政府の政治的正当化の双方から見て、十分に発達した福祉制度が存在しないことを嘆く。最後に、政治学者は、民主主義的体制への移行が先述したほとんどの構造的転換にとっての前提条件なのだと言う。レギュラシオン的アプローチにあっては、この新しい社会経済体制の存続可能性は生産・イノベーションシステムのダイナミズム、賃労働関係の制度化、そして福祉の構築——これは全員に最低限の保障を与えると同時に競争力を拡大できる——という、この三つの間の補完性に依存しているとされる。かくして、そのような補完性が実際に出現しているかどうかを診断するためには、特殊な研究が必要である。この点において、現代福祉国家の出現プロセスを比較分析することは、ラテンアメリカの学者や政策立案者にとって啓発的なことかもしれない。

7　ラテンアメリカの特異性を忘れてはいけない

不平等拡大の帰結への懸念から、活気に満ちた国際的な学問コミュニティが生まれ、共通の概念、手法、統計指標、解釈が発展してきた。このような一連の分析ツールはラテンアメリカにとって最も顕著な問題を十分に考慮しているのであろうか。フォーマル・セクターおよびインフォーマル・セクターの内部での対立をどのように扱うべきであろうか。工業化よりも早く広がっていく都市化は、貧困緩和や不平等縮小のための手段に対して、どのような結果をもたらすのであろうか。天然資源輸出業者と産業家の間のコンフリクトは、経済政策——例えば為替レート体制や財政制度の選択——や、福祉制度構築の困難のうえにどのような長期的結果をもたらしたのであろうか。社会的・経済的不平等は民主主義的プロセスの不完全性によってどのように悪化させられているのか。ラテンアメリカに関する見込みのある研究のなかには、不平等の様々な原因に関する広範な分析に対して階級ベースの出発点を提示するものもある。もし「階級が重要である」ということに納得するのであれば、その時、成長と公正の関連性の考察は、ラテンアメリカにおける社会諸階級の複雑さを取り込むべきである。その複雑さは、典型的な資本／労働のコンフリクトとか、産業資本家と金融業者の対立とか、あるいは諸個人間の才能や能力の配分とかいったような現在の不平等のものさしでは測ることはできないのである。ラテンアメリカ研究者にとって緊急の課題の一つは、自分たちの分野の特殊性をもっと正確に捉えるような固有の概念、指標、パラダイムを造り出すために、ＥＣＬＡＣ〔国連ラテンアメリカ・カリブ海経済委員会〕の創設者たちと一緒になって、研究を一新することであろう。こうしたことは、ひるがえって、とりわけヨーロッパと北米の構図のうちに定着している概念に捕われない、より一般的な理論に向けた一歩となるであろう。

第4章　デンマーク型フレキシキュリティからの教訓

——ヨーロッパ型福祉国家の動揺と模索——

第1節　はじめに

国民的社会保護システム（SNPS: systèmes nationaux de protection sociale）改革という新しい時代が始まったことは、今や広く認識されている。この改革はさまざまな体制《レジーム》が直面する内部問題——財政問題を含む——の結果である場合もあれば、あるいは、寛大かつ普遍的な社会保障制度を成熟させた調整様式や成長レジームの転換が間接的に及ぼした影響である場合もあろう。しばしば暗黙的に、そして時にはまったくあからさまに、政治的責任者は標準モデルを求め、彼らの改革努力をそれに傾倒することもあろう。そして社会保障の改革は極めて困難であるだけに、それだけいっそう望ましい参照モデルがますます追い求められることになろう。ざっと見ても、各種リスクの財政的補償を基盤とした伝統的福祉 welfare から、最大限のリスク——とくに失業に関わるリスク——を回避するためにアクターたち自身の戦略を動員しようとする一連のインセンティブを基盤としたワークフェア workfare への移行が必要である、という結論が多くのアナリストたちによって指摘されている。

本章は社会保障の問題に対して、ある特定の分析視角を提示する。すなわち、レギュラシオン理論の概念や手法が適用できるような分析視角である。長期的分析や最近の比較分析から引き出すことができる重要な教訓は何か、それを簡潔に要約するのは興味深いことだろう。このアプローチの特徴の一つは、どんな制度的構図も完璧にはなりえないし、超長期的に成功をおさめることもないだろうということを強調する点にある。というのも、制度的イノベーションが成功するとたいていは、次のような個人的・集団的行動が引き起こされるようになるからである。すなわち、アクターたちがその成功を自明のものとし、永遠に続くものと考えるようになるまさにその時に、システムの持続性を最終的に再検討に付すような、そういった行動が引き起こされるのである。二つ目の特徴は国民的軌道の多様性を主張することであり、これは各国の制度的構図を国際競争の嵐にさらされている企業の組織選択と同一視するがごときメタファーとはほど遠い。

次に、デンマークのフレキシキュリティモデルを分析するのに、この同じ方法論をあてはめてみたい。つまり、拡充された社会保障と経済の好パフォーマンスの調和のとれた補完性という見解を引き延ばしてみることはできないだろうか。デンマーク社会に特有な諸要因——これらは数多くある——と、失業補償・解雇に関する労働の権利・公的雇用政策の間に存在するより一般的な補完性と、この二つを区別することは重要である。これらの結果に光をあてることで、労働の権利だけでなく社会保障の改革に関して、フランスにとってのいくつかの結論を明確にすることができるだろう。われわれの分析は、このような問題を一般的に扱うというよりはむしろ、社会保障における失業や雇用と直接的に関連する部分に焦点をあてる。したがって本章では家族、医療、さらには教育に関する問題は除外されている。

第2節　歴史的比較的観点からみた国民的社会保護システム

この問題はレギュラシオン理論が初めから扱ってきた問題ではないが、かなり早い時期から研究者たちは経済・社会政策の形成に関心を寄せてきた。それゆえ彼らは、現代社会における社会保障の特徴づけが提起する理論的難題に例外なく直面した。この問題に関する二〇年近くの研究を通して、七つの大きな教訓が引き出された。

1　三つの秩序の論理の交差点

社会保護は制度派研究者のなかでさえ単純な概念ではない。国際比較研究によってかなり多様な定義が出され、エスピン＝アンデルセン（Esping-Andersen 1990）の分類が多くのアナリストにとって共通の参照基準になりつつあったとはいえ、最終的にはきわめて多様な類型論が導き出された。構造主義的アプローチの利点は、全般的な解釈の糸口を提供することにあると同時に、国民的社会保護システム（SNPS）の持続的多様性を説明する独自な分類を提供することにある。実際に、ブルーノ・テレに従うと、社会保護は経済活動のためだけでなく政治的権力のために、人口の再生産条件を保証するものとして定義されうる。つまり、「勤労者の社会保護が経済的なるものと不可分であることは、社会保護を経済的なるものとの結合手段として扱うよう、政治的なるものに強いる。その経済的なる

図 4-1　社会保護の基本的構造

E：経済的秩序
P：政治的秩序
D：家族的秩序
S：社会保護の構造形態

出所：Théret（1997：207）.

ものは、家族的秩序——労働市場を通して雇用関係と補完的であると同時に代替的でもある——を保護するような行政的紐帯を再構築することができるようになるだろう」（Théret 1997: 204）。かくして社会保護という構造的形態は、経済的秩序、政治的秩序、家族的秩序という三つの秩序の合流点をなし、これら三秩序の間においては多様な結合関係あるいは／および代替関係が結ばれうるのである。

これら三つの秩序に属する活動や論理の上に築かれた社会保護の混合的な性格を検討してみよう（**図4―1**）。対応する関連性の強さや方向にしたがって、八つのＳＮＰＳの理念型が考えられる。そのなかでも、自由主義的ＳＮＰＳは二つの変種を提示する。家族的秩序が経済的秩序によって支配されているとき、それは個人主義的変種であり（アメリカ）、反対に、賃金リスクの保障において果たす企業の役割を通して家族的再生産の要求が経済的領域に伝わる場合、それは家父長主義的変種である（日本）。もし逆に政治的なるものが社会保障に強く関わり、そしてそれが家族的再生産に強く介入するのであれば——こうしたことが今度は経済的論理に制約を課す——、そのＳＮＰＳは普遍主義的な国家型である（スウェーデン）。しかし普遍主義的・最小限型のＳＮＰＳ（イギリス）あるいはコーポラティズム的・業績主義型のＳＮＰＳ（ドイツ）は、さらに異なった構図を定義する。というのも、それらは前記の二つのSNPSに対して、経済的秩序と家族的秩序の序列が逆になっているからである。それでもやはり、これらの組み合わせのいくつかは非持続的な構図になってしまい、これによって観察可能なSNPSの数が減ってしまう。このようなアプローチが最終的にもっている利点は、前述の数多くの分類がそれぞれの居場所を見つけ、比較可能になるということである。

2　きわめて多様な組織形態や資金調達構造は変則的なものではない

この分析の一つの直接的結果は、それらを一般化しながらも、社会保険か社会扶助か、普遍主義的システムか残余主義的レジームか、ビスマルク的システムかベヴァリッジ的システムか、社会保険料式資金調達か課税式資金調達かといった伝統的対立を乗り越えることである。SNPSのタイプにしたがって異なる多くの様態があるのであって、その多様な存在は現存のシステムを観察することによって確認される。そのためには、対応するサービスがどのように生み出され、資金調達されるのかということを考えることで、SNPSの表象を写し出すことができる。つまり、国家によって組織される強制的徴収なのか、家庭内で組織される連帯なのか、企業による社会的費用の内部化なのか、あるいは市場を通じた社会保険やサービスの供給によるのか。かくして政治的秩序、家族的秩序、そして最後に経済的秩序が介入してくる。経済的秩序はといえば、それは市場（あるいは契約）から——途中、例えばネットワークを介しつつ——企業に至るまで、無数の組織形態に分解することができるのである。

大まかに言って国際比較から分かることは、多くのSNPSにおいてこれら四つの形態〔国家、家族、企業、市場〕は同時に併存しているということである（Boyer 2004a）。とはいっても、それぞれのSNPSは一つの支配的な形態によって特徴づけられていることも確かであるが。例えば、日本は企業、南欧は家族、スカンジナビアの社会民主主義諸国は国家、アメリカは市場競争というように（**図4―2**）。

ついでに言うと、このような多様性や、一般的進化の方向はいつでもどこでも社会保障を「再商品化」していくことではないという事実は、次のようなことを表している。つまり、ヨーロッパにおけるSNPS改革の争点は必ずしも公共・義務から民間・個人選択へという移行にあるのではなく、むしろ社会保障に対するこれら四つの様態のそれぞれの役割や貢献を再編成する点にかかわっている。ここに四つの様態とは、家族中心・家族提供型、市場を通した民間供給型、企業を通した民間供給型、最後の構図として国家組織・国家出資型である。

事実、社会保障は安全保障の原理を追求するのであって、それは多くの場合、市場の論理――これは競争下にある企業の存続を守るために時に劇的な調節を求める――とは対立することがある。反対に、SNPSの再組織化が個人化や市場頼みによって支配されるときには、もっとも弱い立場にある経済アクターが排除され、その結果としてほとんどいつも、国家に対して、取り残された人々の責任を取れという要請が繰り返されることになる。年金に関するイギリスの進路はこの点において明確で

図 4-2　四つの原理の結合の相違に応じた多様な社会保護システム

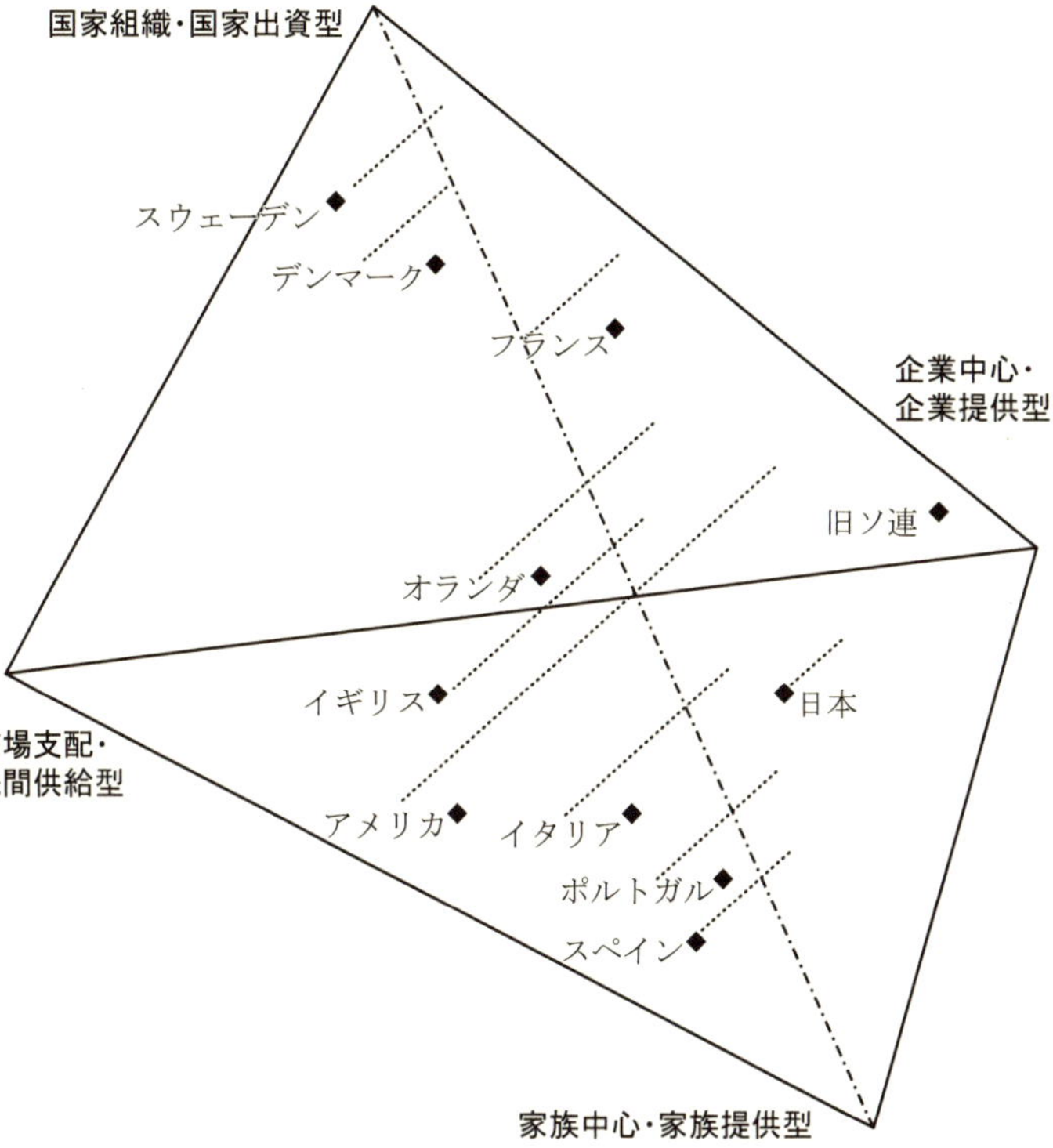

出所：Boyer (2004a) から引用。破線は市場への依存の大きさを表す

あり（Atkinson 2007）、さらに自由主義革命以降のチリでも、これと同じ展開が見られる（Garate 2005）。

3　社会的闘争の帰結は保険市場の不完全性を修正する以上のものである

理論分析から明らかになるのは、社会保障を組織するためにもっぱら市場の論理に依拠することができないような、そんな多くの要因が存在するということである。第一に、尊厳、各人の潜在力実現能力、安全保障はすべての個人が権利として所有しているはずの基本財だということが、道徳哲学や政治哲学のいくつかのアプローチによって示唆されている。それゆえにそれらは、経済理論が扱う商品といった典型財と同一の単位で測れるものではないのである（Rawls 1976; Sen 2000）。次に、厳密な分析的視点からみて今日の経済理論は、価値判断が効率的な経済的均衡の獲得可能性に対して逆に作用していることを認めている（Akerlof 2005）。その結果、賃労働者に約束される安全保障形態のいくつかは、企業パフォーマンスおよび国民経済に貢献しうる（Boyer 2006c）。最後に、SNPSによって提供されるサービスの大部分は、正の外部性によって特徴づけられるのであって、それは自由放任市場が内部化することができないものである。例えば、教育へのアクセスはイノベーションを促進し、医療制度への依存を改善する。そして医療制度は国民の健康状態を改善することによって、労働の供給を、したがって生産を増大させるのに役立つ。また失業に対する闘いによって貧困の罠の出現を避けることができ、つまり需要の外部性が及ぼす負の効果を抑制することができる。加えて、大量失業が不平等や不安定に長期的に影響を及ぼす可能性があることも忘れてはならない。

とはいえ、こうした市場の不完全性が存在するということは、持続可能で正統性のあるSNPSを導くための公的・集団的介入が登場するための十分条件ではないし、ましてや必要条件でもない。* 一方で、国際比較が示すところによれば、正式のSNPSの構築によって国民に最低限の安全保障《セキュリティ》を約束することが望まれるが、多くの国はそうではない（ILO 2004）。というのも貧困な国には財力がないし、またこうした十分に普遍的な保障要求を財政的・物質的手段が与えられた計画に変換できる社会的・政治的組織が欠けているからでもある。

＊公的介入の多くは、利害集団の政治的な同盟や圧力による行動から引き起こされる。それらの目的は、利害集団が活動する市場の失われた効果を回復させること以外の何ものでもない。

他方で、今日、充実した社会保護を享受している国々の歴史が示すことは、その構築にとって重要な局面に関してはっきりとした二種類のエピソードがあるということである。一方で、大規模な持続的失業によって、市場均衡――あるいはむしろ不均衡――への是正的介入の根拠が浮き彫りになってくる。というのも、市場の不均衡は社会的紐帯自体の維持にとって有害だからである。他方で、不安定や不公正の犠牲者たちは、「リスク」――労働災害、職業病、失業、能力の陳腐化、就業停止による貧困化――を集団的に保障する必要性を国家が認識するように、国家に対して圧力をかけるために組織的に団結する。

こういう訳でSNPSは、例えば金融システムの場合よりももっと多様なのである。すなわちSNPSは、一連の制度化された妥協が成層化されていることを表しており（André and Delorme 1983b）、その制度化された妥協そのものは社会的権利の制度化のために繰り返された社会的・政治的闘争の表現なのである。それらの制度化された妥協は民主主義的な勤労者社会におけるおそらく最も「構造形成的」な諸関係にかかわっているという意味で、調整様式の形態だけでなく発展様式の形態にも重要な役割を果たすであろう。このようなレギュラシオン的研究潮流の成果（Boyer and Saillard 2002）は、ヨーロッパにおける社会保護の展望にとって重要でないどころではない。

4　社会保障――賃労働関係および／あるいは国家－市民関係の構成要素

アメリカやフランスを対象にした長期的分析は、社会保障の誕生を賃労働関係の新しい構成要素の発展として捉えるようになった。ここでは、賃労働関係を資本／労働関係を統御する諸条件――労働編成、採用・解雇規則、賃金・所得の形成、生活様式――の集合として定義する。歴史的に明らかなように、フランスにおいて考慮されるべき重要な社会的リスクは、例えば労働災害や失業の際の労働契約に起因するものであった。しかし同時に、イギリスの貧困者に関する法律は国家との特定の関係、おまけに憲法上の関係を組み込んだ。こうしたことは結局、フランスの市民権の場合には政治的領域に直接関わる。

かくして社会保障は、調整様式の分析において一個の完全な制度形態をなすのではなく、それは五つの制度諸形態のうちの二つ——賃労働関係と国家-経済関係——に組み込まれているのである。この点において、第二次世界大戦後のSNPSの構築はフォーディズム的成長レジームの誕生と成功に貢献した。第一に、フォード的賃金妥協——現代的生産方式の受容と生産性上昇の分配——は、それまで家族や共同体のなかの連帯によって保証されていた「リスク」——病気、妊娠、失業、退職、住宅手当——を集団的に保障する点に関して、賃労働者と国家の制度化された妥協によって補完された。第二に、厳密な経済的視点から、社会保障や税制にかかわる移転所得の増大は、ケインズ型の反循環政策と同じ理由で、経済循環の自動安定装置を導きいれることになった。

レギュラシオン的アプローチもまた、SNPSの誕生、成熟、さらにはその財政的危機を研究してきたのであるが、それはまずフランスのケースから始め（André and Delorme 1983b）、次いでOECD諸国の国際比較へと進んでいった（André 2002, 2006）。こうした研究から現代に関する以下の三つの主な結果が明らかになり、また、フォーディズムと拡充された社会保障の良好な相乗効果から一変して慢性的な赤字が現れたその理由が明らかになった。この赤字は、構造的危機のしるしとして解釈され、さらにいくらかの人たちにとっては、社会保障の集団的体制の終焉のしるしとして解釈された。

5　SNPSの持続性の二つの条件——制度化された妥協の安定性と他の制度諸形態との補完性

おそらくこの点においてこそ、われわれの問題意識と市場の不完全性に基づくアプローチとが最も明確に区別される。もしＳＮＰＳの機能がもっぱら市場の不完全性を修正することにあるのならば、なぜＳＮＰＳが成功を経験した後に危機に陥ることがあるのか、それを理解することは難しいであろう。したがって公的意思決定機関、受益者、さらには社会保障受給者の側の非合理性を引き合いに出すことは興味をそそる。しかしそれは、第二次世界大戦後に構築されたＳＮＰＳの誕生・成熟・成功・危機という一連の流れを説明しようとするとき、ほとんど説得力をもたない。

レギュラシオン的解釈はいつも歴史的および地理的に位置づけられている。最適なものではないとしても、ＳＮＰＳは二つの条件下で持続可能である。第一の条件にあっては、市場配分の浮動性と、社会保障や租税制度によって保証される再分配を支配するルールの安定性とが対立している。したがって、純粋市場経済の教義からこのように恒久的な逸脱が起こることが、経済的・社会的集団の大部分によって受け入れられなければならない。現代のシステムのはるかに遠い――いくらか忘れ去られた――起源には、そういったことがある。つまり、一九三〇年代危機によってトラウマを負い、第二次世界大戦によって性格が一変した企業家・賃労働者・公務員は、ある独自の制度化された妥協――拡充された社会保障を含む――を結んだのである。もしその妥協が瓦解するか、あるいは一部のアクターたちによって疑問に付されるならば、過去から受け継いだＳＮＰＳの正当性と受容可能性が改めて問われる。これはＳＮＰＳ危機の内在的原因の一つである。

しかし、多様な社会保障レジームの基本的原理が再検討されなくても、――例えば競争の激化、国際体制の変化、あるいは金融・為替体制の変化の結果として起こる――他の制度諸形態の変化に対して自らを調節できないという理由で、社会保障レジームは危機に陥ることもある。逆にそのようなエピソードは、SNPSの持続性の第二の条件が現行の調整様式や成長レジームとの両立性にあるということを浮かび上がらせる。例えば、きわめて（もしくはある程度）保護主義的な拡充されたSNPSの構築が一九五〇年代に可能だったのは、次のような理由からであった。つまりそれは、寡占競争下におけるフォーディズム的賃労働関係の一般化と、めざましい所得再分配や豊富な公共サービス提供を保証する介入主義的国家の受容によって引き起こされた、生産性上昇と安定的成長のダイナミズムのおかげであった。部分均衡や静態的モデルで理由づけしようとするあまり、現代の多くの分析はSNPSとその他多くの制度諸形態との間に見られるこのような補完性を忘れてしまっている。

6　いくつかのSNPSは社会的連帯と経済的効率を両立させることができる

明らかに、社会保障の費用を測ることのほうが、社会保障が個人や集団の幸福にもたらす貢献――個人的・職業的進路のより大きな保障、より良い健康状態、平均余命の伸び、社会的平和の維持、評価が難しい多くの影響――を測ることよりもずっと簡単である。したがって経済学者のモデル化は、純粋市場経済による配分とくらべたSNPSの歪曲効果を特権的に扱う傾向がある。その結果、かの有名なポール・サミュエルソンの教科書が出て以来、多くの経済学者は、より大きな社会的連帯は経済的効率の犠牲をもってしか実現されえないと考えるようになった。というのも社会的連帯の拡大は、生産路線を、富や価値を生み出さないと考えられている活動へと変更するように導くからである。

このような否定的な判断は、インセンティブ理論によってさらに強化されている。この理論は、失業の原因だけでなく貧困の罠や社会扶助に対する個々人の依存が生じた原因を、失業手当の存在に見いだしてはばからない。

反対に、もし教育・訓練・保障に対する支出や失業給付でさえもが成長の原動力に対して与えうる正の外部性を考慮にいれると、SNPSの費用と利点の総合評価は厳密な経済学的観点からみて有益なものになる可能性がある。第二次世界大戦後の体制では、社会保障の三つの構成要素によって動態的効率が促進された。まず一つ目に、福祉国家や累進課税制度と結びついた所得再分配は不平等を抑制し、より多くの人々がフォーディズムに典型的な生活様式を次第に享受できるようになった。したがってこれは、生産方式と生活様式の進化の同期化を制度化した成長レジームを支える二つの柱のうちの一つである。こうして、その他の多くのOECD諸国と同様にフランスでも、社会的連帯と経済的効率の葛藤は緩和され、最終的に、両者は両立可能であり、さらには補完的でさえあるという考え方が普及するまでになった。次に二つ目として、もしSNPSの拡大された定義のうちに教育や訓練を含めれば、これに相当する支出が不平等を縮小すると同時に、生産性や技術変化の促進にも貢献しうることは明らかである。この点、内生的成長理論が示唆し、この理論によって喚起された計量経済学的研究によって証明されている通りである。三点目として、失業手当さえもが、恒久的に衰退産業を葬り、能力の陳腐化を引き起こす技術変化を受容可能にすることによって、成長を促進しうるのである。積極的訓練政策が製品や新興産業に対応して労働者を再び訓練し直すようにすればするほど、こうしたことが生ずる。

しかし、このような良好な補完性は事前には保証されていない。すべては成長レジームおよびSNPSの本質のそれぞれの特徴に依存する。実際に、例えば、標準製品の大量生産と結びついた規模の収益が無くなっているというのに、社会保障は拡充され、再分配プロセスが制度化されるならば、社会保障と経済パフォーマンスの対立関係が再び現れるだろう。両者の補完性はここ二〇年の年代記が明らかにしているように、いつでもどこでも保証されているわけでは決してない。

7　すべての構図は最終的に危機に突入し、改革を必要とする

実際、時代から時代へと同じ戦略を繰り返していると、経済のキー変数のいくつかに変化が生じ、遂には定常域から別領域への大転換が引き起こされるまでになる。その別領域は累積的な不均衡の展開によって特徴づけられており、この不均衡はアクターや公権力のその場の介入を必要とし、その結果、いくつかのゲームのルール——それは制度であり、ある程度まで組織である——が改革されていく。当面の場合でいえば、SNPSはそれ固有の内的不均衡という理由だけでなく、それが大危機における調整様式の転換と両立不能になったという理由からも、危機に陥る可能性がある（図4―3）。

逆説的にも、福祉国家がその目的を実現するのに成功したこと自体が、福祉国家の崩壊を導いたのである。そもそもその目的は、勤労者社会を開花させることではなかったのか。このプロセスが深まるにつれて、賃労働者階級の闘争の上に、賃労働者内部の等級《クラスマン》をめぐる闘争が跡を継いだと主張する

図 4-3　戦後 SNPS の不安定要因

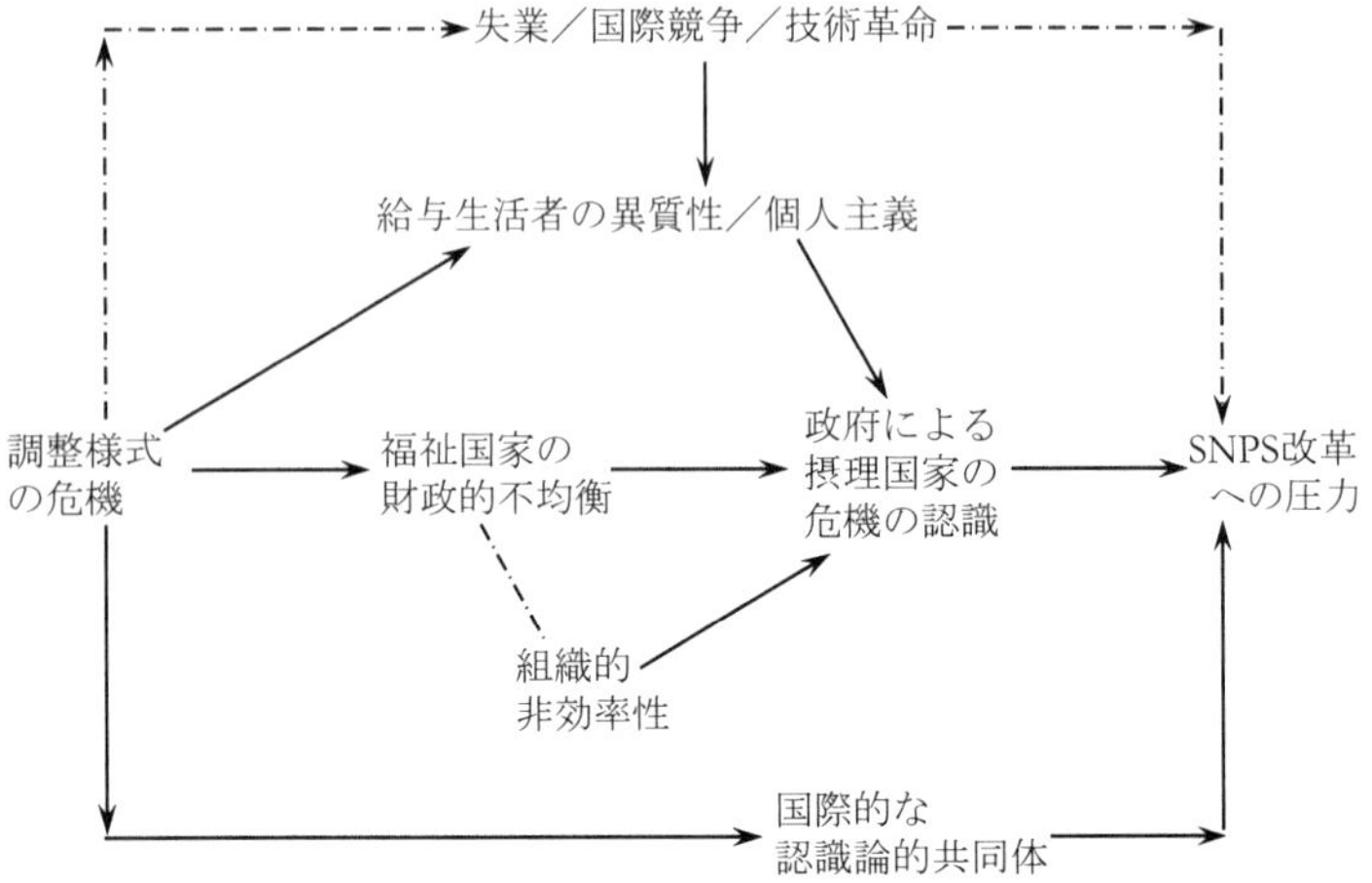

出所：筆者により作成

者もいる（Aglietta and Brender 1984）。というのも分業とともに、個人の専門化がどんどん進んでいったからである。次に、こうして引き起こされた賃労働者間の異質性は、社会保障に対する保障要求の画一性を分裂させた。ますます進むリスクの複雑性や要求の個別化に直面して、管理手続きや管理様式の再編に向けた情報通信技術の利用が遅れれば遅れるほど、SNPSの管理においていくつかの非効率性が現れることも驚きではない（Boyer 2002）。しかし社会支出勘定の赤字をもっぱら不十分な管理のせいとしてのみ解釈することはできない。赤字が一〇年間増え続けていればいるほど尚更である。実際、危機の三つ目の原因は、それぞれの社会保障レジームの内部における引き出し権 droits de tirage による財政負担と、社会保険料や課税による収益との間で起こりうる長期的な乖離にかかわっている。というのも、どんなものもそのような長期的均衡を保証することはできないからである。結果として、いくつかの時期において経済的秩序だけでなく政治的秩序においても恐るべきジレンマに突き当たるかもしれないが、税率と給付額の規模を定期的に再調節しなければならない。

右の三つの結果に加えて、二つ目の重要な再検討事項〔フォーディズムと拡充された社会保障の良好な相乗効果から一変して慢性的な赤字が現れたその理由〕に関しては、その原因は、重大な経済危機がSNPSの管理に及ぼす影響にある。一方で、こうしたエピソードは、賃労働者や個人の不安の感情や現実を広めながら、多くのレジームにおいて反循環的な支出を増大させる。その肯定的な効果はマクロ経済的安定に貢献することである。しかし、もし成長が以前のトレンドを取り戻せないのであれば、赤字は時期を追って継続していく。それは遂には、SNPSの財政問題――それは部門の問題だが「まずい」管理に関連するゆえに構造の問題でもある――を明るみにだすに至る。

失業手当のレジームの推移は、完全雇用に近い成長から大量失業の持続によって特徴づけられる軌道への大転換の結果を見事に表している。というのも、戦間期の劇的な状況に照らし合わせて制定された失業手当は、経済が過剰雇用および準完全雇用に近い状態で推移している限り、付随的な役割しか担わなかった。つまりその財政的持続性は保証されているように見えた。フォーディズム的成長が機能しなくなり、雇用トレンドが就労人口のそれと分岐してくるとき、相当する負担率を上昇させる必要性が生じる。ビスマルク的システムにおいては、賃金コストの高騰により今度は雇用を脅かすという悪循環が起こる可能性がある。以上のようなことから、例えば医療保険のような多くの他のレジームにおいて見られる論理にしたがって、多くの改革案が提示される。このようなプロセスこそが、フランス社会保障財政の重大な転換として特徴づけられる一般社会拠出金〔CSG――あらゆる収入に対して課される税金〕を誕生させた。これはある意味において、ベヴァリッジ的財源とビスマルク的財源のハイブリッド化である。

要約すると、福祉国家の危機を、不変で最適な構図の運悪く一時的な逸脱表現として捉えるのではなく、長期的推移に組み込まれたものとして認識しなければならない。このような導きの糸は、高成長時代から引き継いだSNPSの後継者候補のうち二つの構図〔ワークフェアとフレキシキュリティ〕に関する分析において役立つ。

第3節　デンマークモデルの起源・論理・普遍性

その二つの構図は、模索を重ね、試行錯誤を繰り返すことなしには、最終的に引き出されることはなかった。一九九〇年代にはアングロアメリカ型ワークフェアモデルが幅をきかせていたとすれば、二〇〇〇年代初めからはこのモデルは、幾人かの積極的社会国家論者によって規定を与えられた別の考え方と共存していた（Vielle et al. 2005）。だがしかし、おそらくデンマーク型フレキシキュリティの構図（Barbier 2005; Boyer 2006b）こそが、アナリストの注目を最も惹き付けた。そのアナリストのなかには、以前はフレキシビリティという、多分に守りのアプローチを優先しがちであった国際機関も含まれている（OECD 2004）。

1　背景――ワークフェアの外見的勝利

それぞれの議論に登場する用語を逐一比較することで示されるように、SNPS〔国民的社会保護システム〕改革の枠組みとして役立つ学術的背景は、栄光の三〇年の時代とくらべると劇的に変化した（図4―4と図4―5）。第二次世界大戦直後、失業手当制度は次のような考えのもとに立っていた。つまり、失業は基本的に個人の意思や適応力をはるかに越えたマクロ経済的リスクの結果なのだという考えである。反対に現代の理論家たちは、失業は固有にミクロ経済的な側面のことだと主張する。例えば失業は、不適切ないし非整合的なインセンティブ制度と結びついているのだという。その結果、かつては普遍主義が福祉国家の考え方を引っ張ってきたのであり、それというのも、社会の編成それ自体や経済政策は集団的責任を前提にしていたからである。反対に、一九八〇年代中頃から取り入れられた新しい思考装置は福祉対象をしぼり、個人的責任を主張する傾向にある。例えば、失業や公的扶助への依存が常習化し、社会政策と労働市場の関係をどこで区切ったら釣り合うかが問題となる。第一のケースでは、市場の失敗を是正することが公的介入や社会保障の役割とされていた。第二のケースでは、明示的あるいは暗示的な目的は、非効率的とみなされる社会関係予算を――市場の強力なインセンティブの活性化によって――抑制することである。最後に、高成長時代には失業が一時的なものと考えられていたので、失業への対処は基本的に、失業者が貧困に陥らないようにするための補償

図 4-4　福祉（ウェルフェア）の補完性

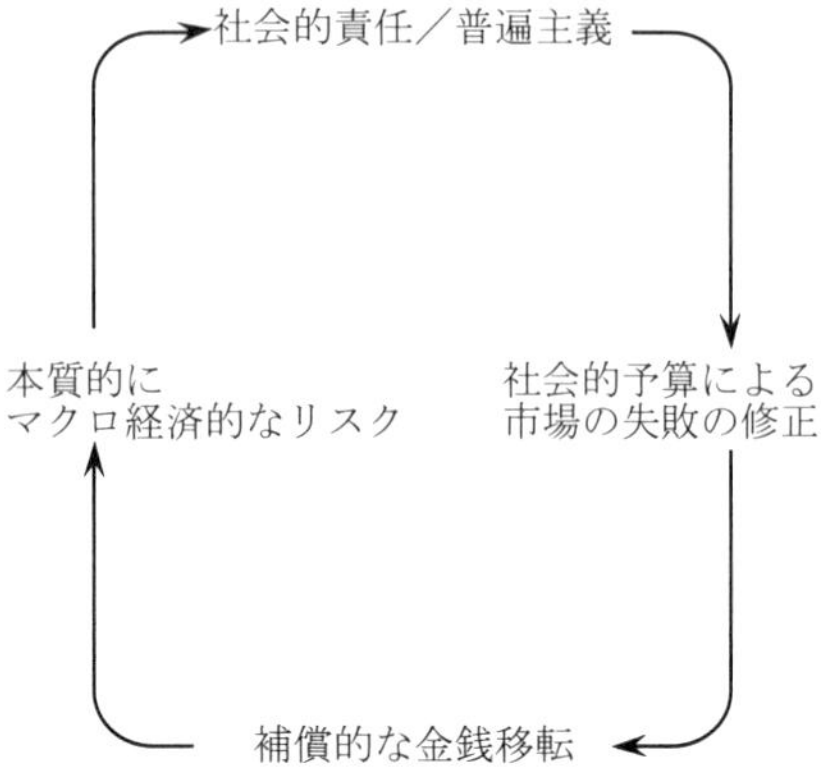

出所：筆者により作成

図 4-5　ワークフェアの補完性

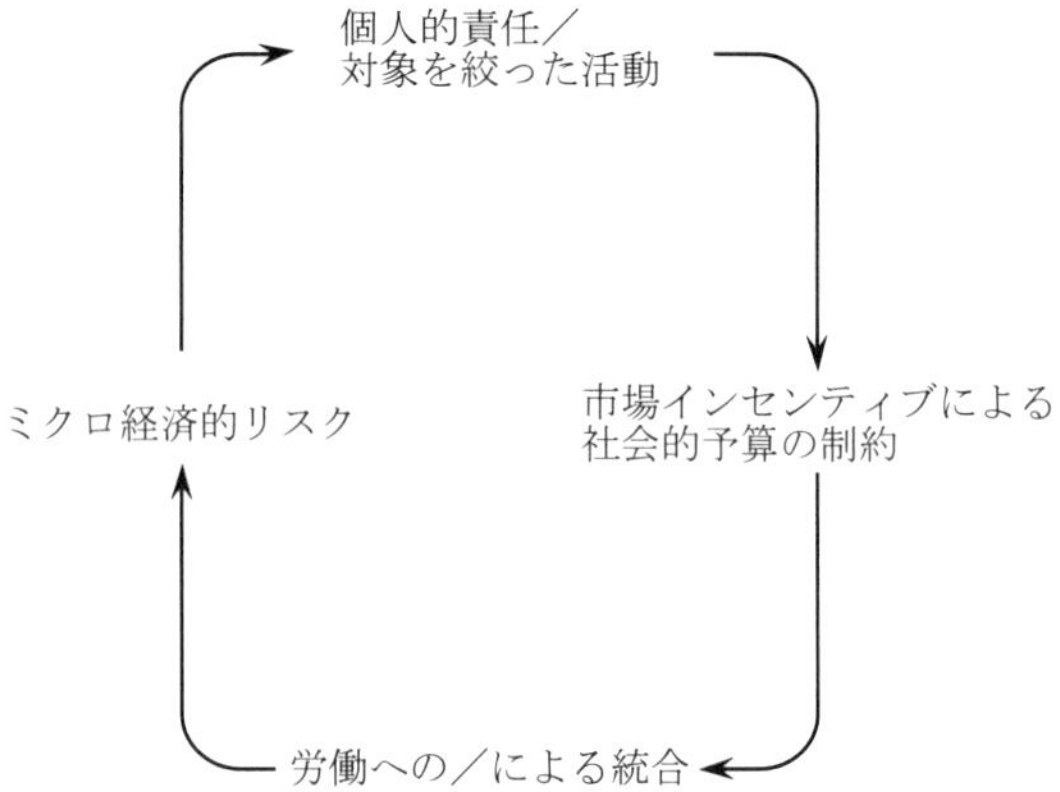

出所：筆者により作成

的な金銭的移転を組織化することを通して実施されていた。反対に、一〇年ほど前からは、寛大な不労手当を削減することが労働による統合を促進するために必要であると考えられている。

結局、ウェルフェア〔福祉〕とワークフェアのそれぞれの構図は、全く異なった組織的・制度的補完性に支えられている（前掲の**図4―4**と**図4―5**）。したがって思想の領域で福祉の危機が起こり、新しい標準原理が、急進的な福祉改革に向けて保守主義路線を選択した国々を越えて拡散していく傾向にある。しかしながら、広範なリスクによる社会的支出の推移を分析してみると、ワークフェアの一般性と力強さは確認することができない。たしかに多くの改革が実際にこのモデルを参考にしているが、国民的伝統、労働関係のスタイル、そして多かれ少なかれ国家の強い介入主義を考慮すると、各種のSNPSが収斂していくことはまずない（André 2002, 2006）。

2　デンマークの反例

一九九〇年代終わりに、ワークフェアのアングロアメリカモデルが参照基準となり、それと比較することで他のSNPSのパフォーマンスが測られた。ところが二〇〇〇年代を特徴づけたのは、重大な変則的事態の出現ということであった。というのも、国際競争に大いに開かれ、その国の税金や社会保険料はGDPの約半分を占め、最も不利な立場におかれた失業者に対して四年以上にわたって九〇%の補償をするといった、そんな国が存在したのである。組合加入率は八〇%に迫り、公的雇用は雇用全体の三分の一近くを占め、ハイテクに特化していない国である。チェックメイトの条件は揃ったようだ。すなわちそこは就業率が世界で最も高い国の一つであり、失業はヨーロッパ平均よりもずっと低く、生活水準はアメリカの水準に近く、OECD諸国平均と同じようなテンポで発展している。その国とはデンマークに他ならず、アナリストや政策決定機関の注意を引きつけたのも、もっともなことだ（Boyer 2006a,b）。

それは特異なことで、デンマーク特有の文化に関連した例外なのか（Algan and Cahuc 2005）、はたまたOECDによる最新のデンマーク研究（OECD 2005）が示すように、グローバル化路線の追求や技術変化の加速によって必ず不安定になるにちがいない一時的成功なのか。ここでの目的は、デンマークの構図に不確実性や競争への適応の論理が埋め込まれていること、したがって――超長期的とはいわないまでも――中期的な持続性を兼ね備えていることを示す点にある。

3　フレキシキュリティ――社会保障・労働の権利・公共政策の補完性

この「モデル」の中心にあるのは、現在の雇用を継続的に保護することを拒否し、対照的に、企業間における労働者の素早い再配置を促進する戦略を採用することである。実際、ヨーロッパ諸国のなかでもデンマークは、最も高い労働者の移動率で際立っている。というのも毎年三〇％近くの雇用人口が職を変えるからである。このような量的フレキシビリティは、全ヨーロッパ諸国中、雇用の法的保護に関して最も拘束力が緩い柔軟な法律に起因する。

このような恒常的な配置換えやそれによる不確実性を、どのように利害関係者に受け入れさせるのか。寛大な失業手当がこのような役割を満たしている。というのもその手当は、失業者の状態が貧困と同じでないということを保証しているからであり、また賃労働者の不確実性の一部——つまり所得の不確実性——を取り除いてくれるからである。これは雇用の規制緩和と社会保障の組織化を結び付ける一つ目の補完性である。しかしそのような寛大さは、いくつかの限界に突き当たる可能性がある。一方でそれは、新しい職を探したり受け入れたりすることを時間的に引き延ばそうとする失業者側の機会主義的行動を引き起こす危険性がある。その結果として失業率はもっと上昇する。他方で失業者は、はじめから賃金に関する要求を高くしかねない。というのも彼らは、過去の賃金に連動した予備的所得を手にしているからである。その結果として、競争力の低下が起こりうる。

求職者の自由度の厳しい管理を機能させることによって、失業期間の「不当」な延長が抑制される。加えて、四年から一年に短縮された当初期間の後、失業者はたとえ以前の仕事に相当する職でなくとも、そして所得減を意味するとしても、その職を受け入れなければならない。失業者は一般的に失業期間中、失った職よりも高い所得が受け取れる新しい職に適応できるように職業訓練を受ける。したがってこのような積極的雇用政策という構成要素は、生産性を上昇させながら、離職・入職の順調な流動化に貢献する。

ここにきて、制度補完性について話すことができるだろう。というのも労働の配置換えという機能は、労働の権利、社会保障、積極的雇用政策という三つの装置——これは企業、賃労働者、国家という三つのアクターの関係を支配する——の結合を通してしか保証されないからである。このような構

図 4-6　デンマークモデルの核心——三つの措置と制度の補完性

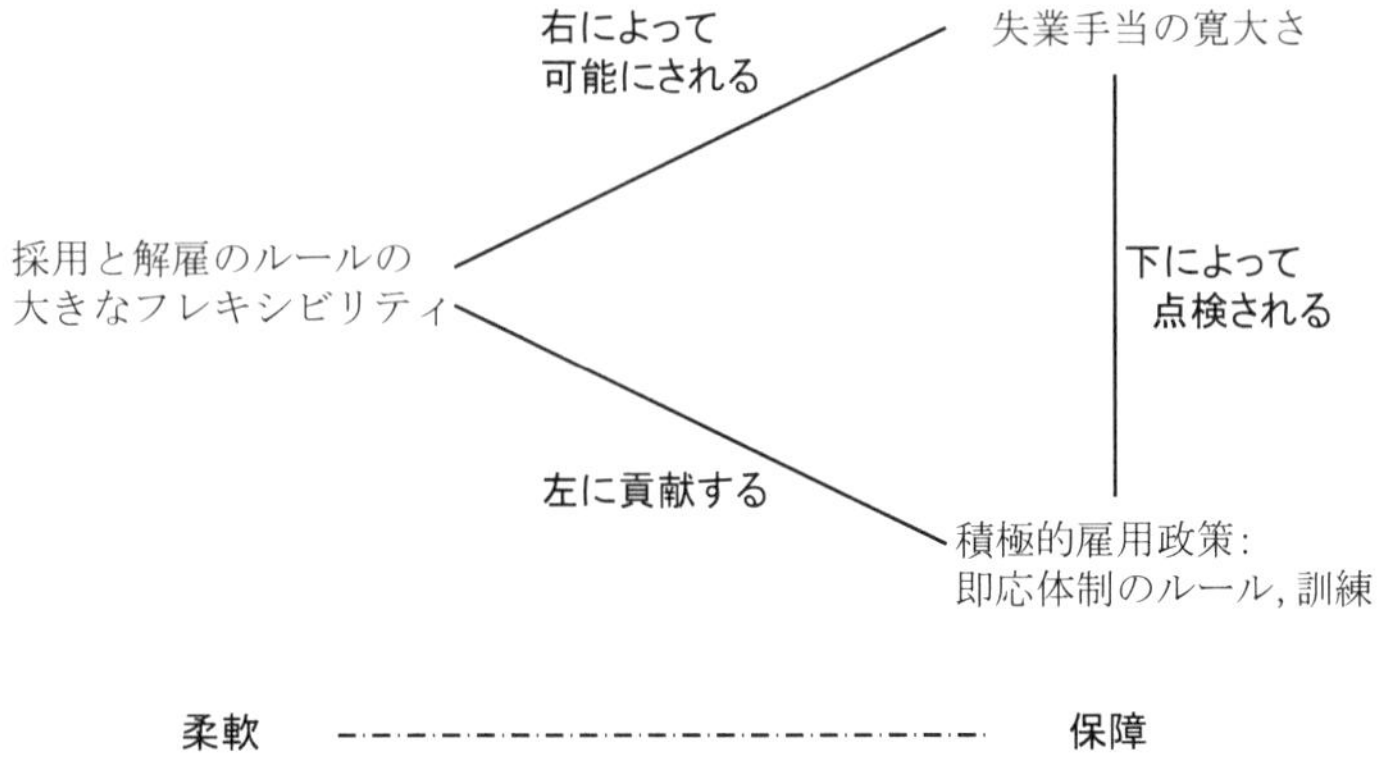

出所：筆者により作成

図の利点はより敏捷な感応性と生産性の上昇にあるが、それらはやがて、これら三アクター間で——それぞれの目的にしたがって——共有されていく。それぞれの目的とは、企業にとっては競争力による存続と収益性であり、労働者にとっては所得保障であり、そして国家にとっては徴税能力である（図4―6）。

4　初発の妥協が時期を追って更新された結果

現行システムの萌芽は一八九九年に締結された協約に見てとることができる。その協約によって経営者と労働組合は、市場経済に固有の不確実性を抑制する保障を求めて、企業経営権と労働者組織権を取引した。こうしたことがデンマーク的伝統の起源にあり、そのおかげで労働市場は、DA〔デンマーク経営者連盟〕とLO〔デンマーク労働総同盟〕の間で結ばれた労働協約——最初の協約は一九三六年に遡る——を通して組織され、管理されている。次いで一九六九年に、雇用に関する最初の緊張への対応として、重要な失業保険改革が実施された。そのほんの一〇年後には、雇用政策の草案が提出された。というのもそれまでに実行された諸改革は、期待されたほどの失業解消をもたらさなかったからである。最後に、二桁台の失業率に対処するために、積極的雇用政策の綿密な改革が実施された。それは一九八〇年代半ばに成果をもたらし、失業率は半分に低下した。

このような構図において、ほぼすべての集団的合意が政府介入なしに締結された。一方でご存知のように、労働市場に枠をはめるために法によって創設された機関はすべて原則的に政労使三者方式によるものであった。これらの交渉を統帥する法的枠組みを定めるのは政治的権力の仕事である。しかし労働に関する法律の発展プロセスは、明示的には委員会や会議の設置によって、もしくは暗示的にはロビー活動によって、社会的パートナーにかかっている。そうしたことが制度的・政治的な母胎となり、そこからフレキシキュリティモデルが誕生した。つまりフレキシキュリティは、前からあった一つの考え方——これはそれぞれの責任分布のなかで形を変える——というよりも、ある変わり目の日付に決断された共同決定の手続きから起こった多分に予期せざる結果であり表現だったのである。

5 維持された連帯——フレキシキュリティは変装したワークフェアではない

これまでの分析を収集して、伝統的福祉から大脱出をし、雇用促進の原理を適用するからといって、自動的にただ一つの介入形態に収斂していくわけではないということを示すことができる。収斂しない理由はいくつもある。というのもその理由は、それぞれの社会形成の歴史、労働関係の構造化に際

図 4-7　ワークフェア――社会保障の一般的削減への調節による社会的予算の管理

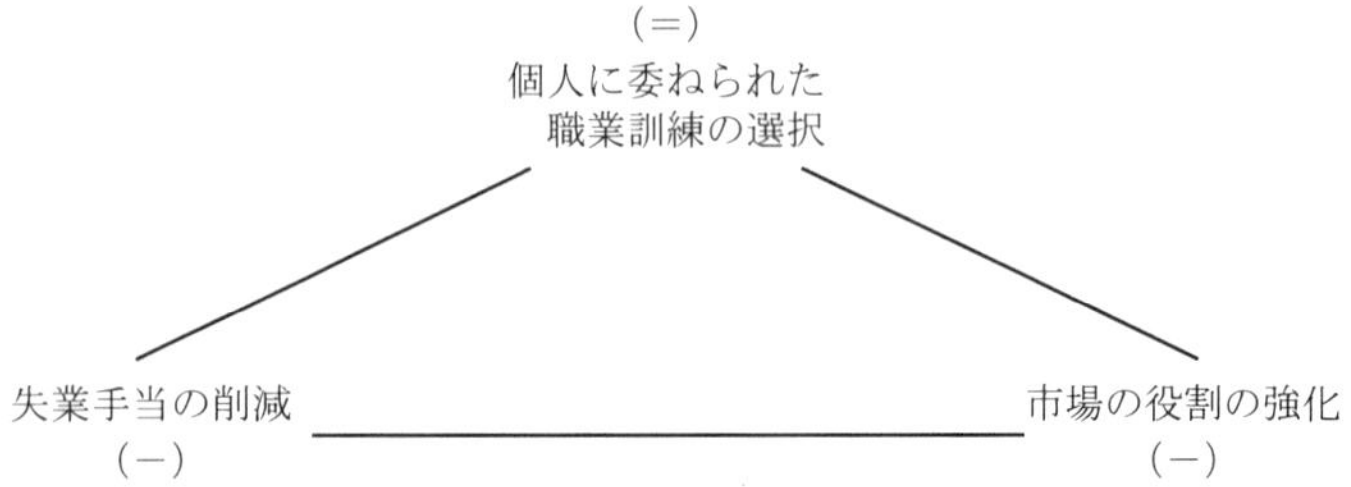

出所：筆者により作成

しての特殊性、あるいは危機やまったく別の転換期に支配的な政治的傾向にかかわっているからである。もう少し分析的にいえば、SNPSの再編について、少なくとも二つの形態を識別するのがよかろう。

・ワークフェアは本質的に、従来の基準の全体的縮小によって社会的予算部分の削減を目指す戦略として、また賃労働者に対してどんなものでも職を受け入れるように圧力を感じさせる一連のインセンティブの創設として、理解されている。根本的にいって、失業手当が少なく期間的に制限されているという文脈においては、諸個人が雇用に対していちばん有利な選択ができるように、政府は市場が果たす役割の強化を当てにする（**図4―7**）。この意味において、もはや個人は労働参加と関係なく保証される所得援助を当てに出来ないとなると、雇用関係の再商品化が重要となる。

・フレキシキュリティは、社会支出部分の劇的な削減を必ずしも引き起こさずに、雇用政策の効率性を改善させていくこと

図 4-8　フレキシキュリティ――社会保障とは異なった再調節による連帯形態の再構成

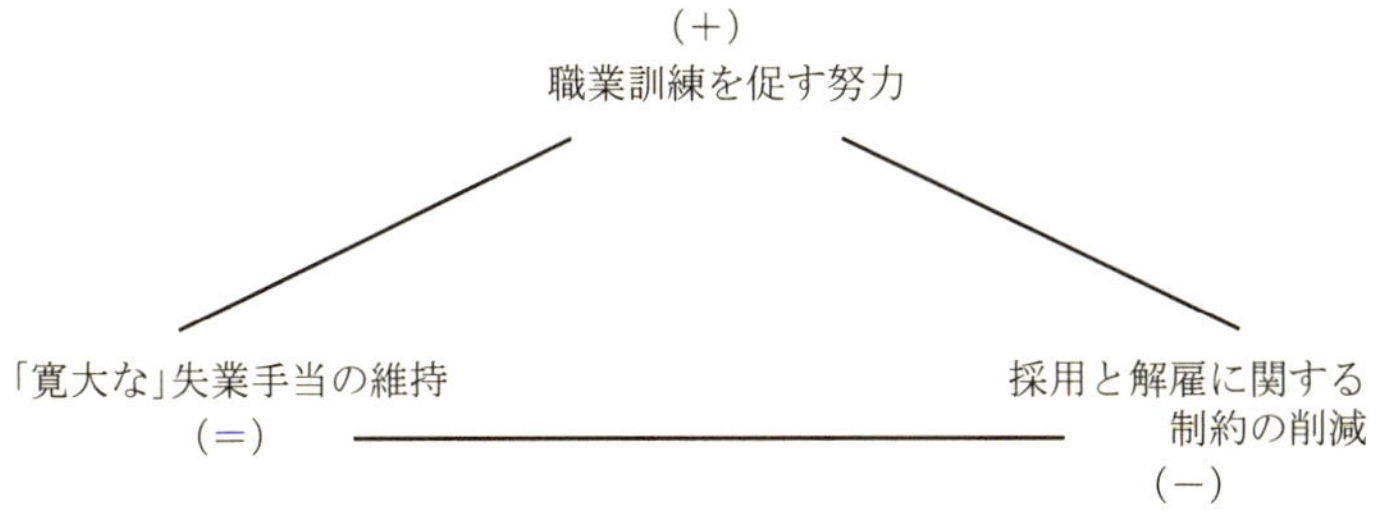

出所：筆者により作成

を目標にしている。例えばそのデンマーク的変種においては、採用や解雇への制約が削減され、さらには完全に廃止されている。この点ではたしかに、それは企業が支配的位置にある労働関係モデルの論理に属している。反対に、失業手当は高水準で維持されている。というのもその目的はまた、不平等の拡大を引き起こす失業者の貧困を避けることにあるからである。同様に、アングロサクソン型ワークフェアでは職業訓練の選択は個人に委ねられていたが、フレキシキュリティは一般に――各種の集合的装置を通して――個人の積極的職業訓練政策を展開する（**図4―8**）。社会的連帯は集合的装置を通して維持されているのであり、たんに市場的装置のみによって維持されているわけではないのである。

したがって、フレキシキュリティの補完性はワークフェアが追求する補完性とは異なる。これによって、一個同一の時代的変化に対して、さらには二つのパラダイムの共存に対して、それへの適応の多様なバリエーションを識別することが可能となる。特に、

SNPSと雇用政策におけるさまざまな構図の共存に対してそうである。この点、アメリカとデンマーク、イギリスとスウェーデンを比較するだけで十分である。たとえこれらすべてのシステムがニューディールや第二次世界大戦後の遺産との決別を特徴づけるとしても、それらは同じものだとはとても言えないことがわかる。

6　無視された一面——成長レジームを枠づけする制度諸形態の補完性

フレキシキュリティは労働市場に枠をはめるミクロ経済的装置に尽きない。というのもフレキシキュリティの成功は、マクロ経済的条件の精密な総体を前提とするからであり、その筆頭に強度の連帯を保証する社会的移転の規模が挙げられるからである（図4—9）。事実、デンマークモデルの中心には、大いなる国際的開放やそこから起こる競争の受容が存在する。こうしたことは、近年のグローバリゼーションがもたらす諸力に開かれた中規模経済国においては、必ずしも見られない。賃労働関係の編成は、雇用の柔軟性と——生産性に関する企業業績の見返りとしての——高賃金との交換というかたちで、このような要請を組み込んでいる。代わりにこのような付加価値から、セーフティネット構築に役立つ税金や社会保険料を天引きすることができる。こうして人びとはみな入離職という不断の動きを受け入れ、競争ゲームに起因する不平等が抑制される。生産システムが標準的テクノロジー部門に属する中小企業で構成されているだけに、こうしたことはいっそう必要である。これらの条件にあっては、教育や継続的訓練への投資の質は、成長の展望を、したがってフレキシキュリティの長

図 4-9　経済制度へのフレキシキュリティの埋め込み
——労働市場と社会保険の制度的補完性，国際競争との両立性，強制的徴収の広がり

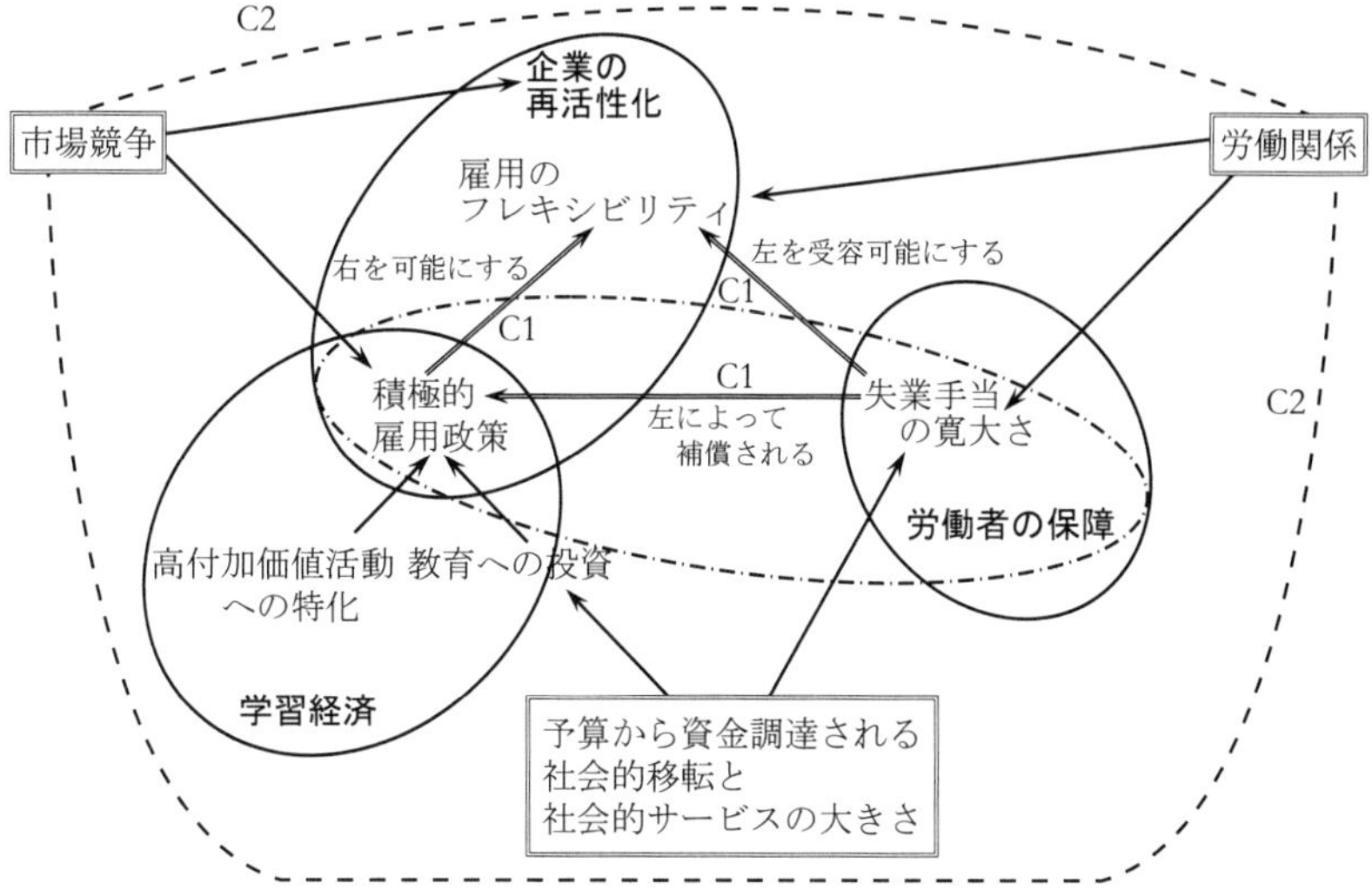

フレキシキュリティの条件としての左上と右上との両立可能性

凡例:　→　因果関係
　　　⇒　C1:労働／社会保障の補完的関係
　　　- - -　C2:労働関係／競争の補完的関係

出所：筆者により作成

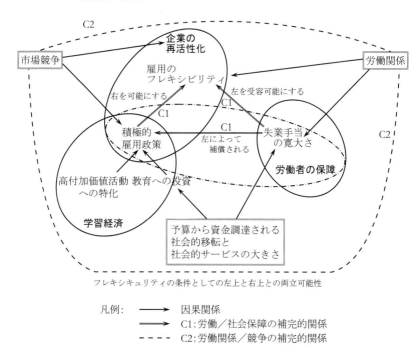

期的持続性を大きく左右する。まことに、学習経済を促進させるデンマークの諸制度すべてが、その成功に決定的に貢献していると主張できるほどである（Lundvall 2002; Lorenz and Valeyre 2004）。

このような調整様式の持続性は、少なくとも今日まで、当初は和解出来ないものとみなされてきた各種要求を両立可能にしたという事実によって、それだけ強固なものになる。それらは、一方で企業、技術、製品の絶え間ない適応と、他方で職業的経路の安心感――およびその現実――の維持という、二つの要求である。このような抽象レベルにおいて、経済的・政治的組織に関する理念型という意味で、モデルについて話すことはたぶん間違ってはいないだろう。しかしながら、それを模倣すべき規範的モデルにすることはできるのであろうか。それは魅力的なことである。というのもそれはいろいろな点で、市場のフレックス・フレキシビリティ flex-flexibilité のモデルよりも満足がいき、さらにまた、大陸ヨーロッパで長い間支配的であった懐かしの雇用保護モデルよりも満足のいくものだからである。

7　デンマークモデルの第二の逆説――リスボン協定の参照基準であるが、緊張下にあるモデル

二〇〇〇年代前半が事の始まりであった。リスボン戦略がもたらす結果について各種の報告が入手できるようになったからである。リスボン戦略は二〇〇〇年に、欧州連合の加盟諸国に提示された。そこでは拡大された社会的連帯を維持・変革しながらも、旧大陸を世界で最も競争力が高く、最も革新的な経済に変革していくことが謳われた。イノベーションの促進、生涯的な学習・訓練政策、全体

的な就業率の上昇、社会保障の改革――そしていくつかの場合ではその拡大――が謳われた。それほどにこれらは、デンマークモデルのいくつかの構成要素を想起させずにはおかない目標を表していた。実際には、中間成果報告は残念なものである。ヨーロッパ全体、とりわけドイツ、フランス、イタリアのような諸国は、知識・学習経済と欧州型社会的連帯のモデルの刷新を両立可能にさせうる諸制度の構築に関して、社会民主主義諸国の後を追うにはほど遠い状態であった（Kok 2004; Pisani and Sapir 2006）。リスボン戦略の実施のために導入された開かれた政策協調手法がもついくつかの可能性によって、好意的な評価が与えられていたにもかかわらず、である（Zeitlin and Trubeck 2003; Zeitlin and Pochet 2005）。したがって、デンマークモデルから着想を得ることはそれほど容易なことではないのである。

しかしこのような困難は二つ目の逆説によって倍加する。すなわち、こうした構図が強い緊張下に改めて置かれている時にあってもなお、多くのヨーロッパの責任者たちはそれを規範的かつ理想的なものに仕立て上げようとしている。ところが一部のデンマーク人たちはといえば、彼らはその緊張ゆえに、最近の変化や今後予想される変化を前にして、フレキシキュリティの耐性に疑問をはさんでいるのである。積極的雇用政策に移民を組み込むことの難しさは、外国人嫌いの反応だけでなく、寛大な国民的連帯を利用させることの正当性という問題も引き起こしている。人口の高齢化に対処するために就業率をもっと引き上げようとすることは、ほとんどもっぱら連帯から収入を得ている人口の一大部分――およそ四分の一――を支援するための義務的負担金の広がりを抑える効果と衝突するおそれがある。したがってマクロ経済学的観点から見ると、デンマーク経済は危うい均衡状態にあるという印象を受ける。また、中等教育だけでなく大学教育の制度的パフォーマンスが投資した額に見合ってないという結果もでている。それは、成長の原動力として諸個人の学習能力を大いに当てにしている社会にとって、好ましくない欠陥である。加えてイノベーション費用の高騰に直面し、さらに金融グローバル化の影響による多国籍規模での企業集中の結果に直面して、デンマークの中小企業ネットワークが持ちこたえうるかについて自問してよかろう。最後に、二〇〇五年一二月に公表された社会保障改革委員会の報告書はとりわけ、失業手当受給の最長期間を短縮しようと提案している。それはフレキシキュリティの支柱の一つを再検討するということになるかもしれない。

外国では賞賛された「モデル」であるが、デンマーク国内では不確かなものなのである。例えば、一九九三年に企画された各種改革に由来する構図は今日、圧力にさらされている。それはグローバリゼーションが理由というよりも、とりわけ移民や、自由主義・保守主義・ポピュリズムが混じりあった連立政権による再検討の誘惑に結びついた社会的緊張に起因しているのである。

第4節　フランスにおける社会保障改革――「モデル」の正しい使い方

いずれにせよ、これまでの分析から、デンマークの場合だけには留まらない二つの教訓が引き出される。第一に、強い社会的連帯と経済的ダイナミズムの相乗効果の可能性は、フォーディズム的成長様式の危機や、これと結びついたビスマルク的あるいはベヴァリッジ的な福祉の危機とともに消滅することはなかった。とりわけ第二に、二〇〇〇年代という文脈において、SNPS〔国民的社会保護システム〕の持続性はそれが方向づけるインセンティブの両立性に由来するだけでなく、成長レジームをつくりなす制度諸形態——賃労働関係、競争の程度と性質、国家-経済関係の名の下での制度化された妥協——との補完性にも由来する。このような解読装置を身につけることによって、フランスの社会保障改革が直面するいくつかの困難を解明することができる。

1 デンマークの制度をそっくりコピーする——不可能な課題

実際、デンマークモデルの誕生をもたらした制度的構図はきわめて特有であって、フランスの軌道とはまったく異なる。デンマークには、さまざまに異なるだけでなく矛盾しあった利害——とりわけ企業と従業員の利害——があり、その間の妥協を模索する古来からの伝統がある。こうしたことはフランス史に見られる社会的爆発や力関係の逆転とは好対照をなしている。権力が政府と社会的パートナーの間で明確に共有されているという事実は、フレキシキュリティの行き届いた——そしてますます分権化される——管理に影響なしとしない。フランスではそのようなことがまったくない。フランスは、選挙投票日やイデオロギー的選好しだいで責任が不断に入れ替わる国である。フランスはまた、分権化への努力——これはしばしば公会計が発表する機会主義的な懸念によって動機づけられている——以上に、集権化への好みによって特徴づけられる国でもある。

経済生活と政治生活においてアクター間の相互作用が強いということは、デンマーク政府が自らの行動に対する信頼を構築するに際して、それが許容される重要な条件である。フランスではデンマークと同程度かまたは少し低いくらいの公民精神や、同じくらい強い共同体的繋がりは見られない(Algan and Cahuc 2005)。というのもデンマークではそれは、移民を除く全人口を結集するからである。さらに、昔からの伝統としての教育制度の特有性や、製造業やサービス業における中小企業のダイナミズムによって特徴づけられる生産システムの特有性は、賃労働者による流動性の受容を説明する二つの基本的な構成要素である。フランスでは、変化が運命づけられている世界において職業的経路を効率的かつ自律的に選択するために必要な能力を全人口が身につけることよりも、学校に与えられた選抜命令のほうが重要である。デンマークに関する最後の特有性として、積極的雇用政策の綿密な管理における実用主義《プラグマティズム》を強調しなければならない。いくらか緩和されはしたものの、フランスでは経済政策の形成は教義至上主義《ドクトリン》によって強く刻印されており、デンマークとは対照的である。

2　模倣よりもハイブリッド化

フ、レ、キ、シ、キ、ュ、リ、テ、ィはフランスにとって何の利点もないと結論づけなければならないのだろうか。「モデル」なるもののばか正直な使い方をやめれば、必ずしもそうとは言えない。モデルという用語はそれ自身に、次のような危険性をはらんでいる。つまり、複雑な制度的構図――制度諸形態、組織、ノルム、慣習、ルールから、要するにアクター間の社会的、政治的、経済的関係が入れ子状に組まれたものから構成されている——を、標準製品でなければ少なくとも社会工学——政府にはそれを行なう力がある——によって簡単に再生産できる特徴をもつ製品と同一視するという危険性である。しかし現代社会においては、政府のそんな力はまったく見られない。現代社会は、分業の深化と組織、契約、社会的・経済的関係のいっそうの洗練化とが同時に進行しているゆえに、なおさら政府にそんな力はない。

したがって、仮に政府がこれら諸特徴の全部を取り入れるつもりだとすれば、ラインモデル、日本モデル、アメリカモデルと続く「モデル」の歴史が示唆するように、何らかの制度的アーキテクチャーをそっくりそのままコピーすることは絶対に無理なのである。というのも、他所で妥当性を示した新しい原理と、当地の軌道の中へのその組み込みとの間で起こるハイブリッド化が通例だからである。反対に、このモデルを成功させたものの機能的等価物を探し、その結果、同程度の好連鎖を生み出させるために、既存の制度や組織形態を変革することもできる。こうした視点において、いくつかの希望を抱くことができる。このような原理に照らし合わせてみると、フランスにおける「構造改革」の困難さが明らかとなる。事実、フランス資本主義は雇用保護に関する地中海モデルと社会保障に関する社会民主主義モデルのハイブリッドである（Amable 2005）。こうしたことはほとんど知られていない。おまけに、政府戦略はつねに、次の二つの間で揺れている。すなわち一方で、市場のフレキシビリティに対して暗黙のうちに賛同し、他方で、理想的なヨーロッパ社会モデルを——多分にレトリックとしてではあるが——援用する。その理想のヨーロッパ社会モデルとは、もはやドイツによって代表されるのでなく、実際にはスカンジナビアの社会民主主義モデルに負うものである。ところが、賃労働者保護の形態を保証する核心部分に関する強固な妥協がないので、たとえ様々な一時的措置がこのような構図の方向転換のスピードにブレーキをかけようとしても、市場のフレキシビリティは強力な牽引車だとみなが信じている。そこから、しばしば不手際で不適切な社会保障改革——年金——や労働の権利の改革——CPE〔初期雇用契約〕——の試みに対する抗議の強さが説明できる。

3　社会民主主義モデルの一変種——ハイブリッド化に関するいくつかの希望

たとえデンマークの諸制度がかなり特殊的であるとしても、それらによって組織される補完性は何らかの一般性を示している。というのもスウェーデンやフィンランドのような他国において、その補完性の本質的部分が観察されるからである。一つ目の全般的特徴は、製品市場での競争が賃労働関係の編成をつくりあげているというものである。というのも競争ということは、企業が需要変動や生産方式転換に対応するための自由度が存在することを意味しているからである。しかし、そう言ったからといって、賃労働関係のすべての構成要素が完全に柔軟でなければならないということを意味しない。というのも、社会民主主義モデルの二つ目の構成要素は、何らかの労働者保護（以前は雇用、今日では所得、今後は能力）の保証であって、それが企業の素早い調節を可能にするのである。それゆえ、フレキシビリティの一形態と保護の一形態との、今ここでの明示的な交換が重要なのである。それはワークフェアとは次の点で異なっている。すなわちワークフェアでは、完全雇用への復帰は不確

図 4-10　社会民主主義経済の制度的補完性

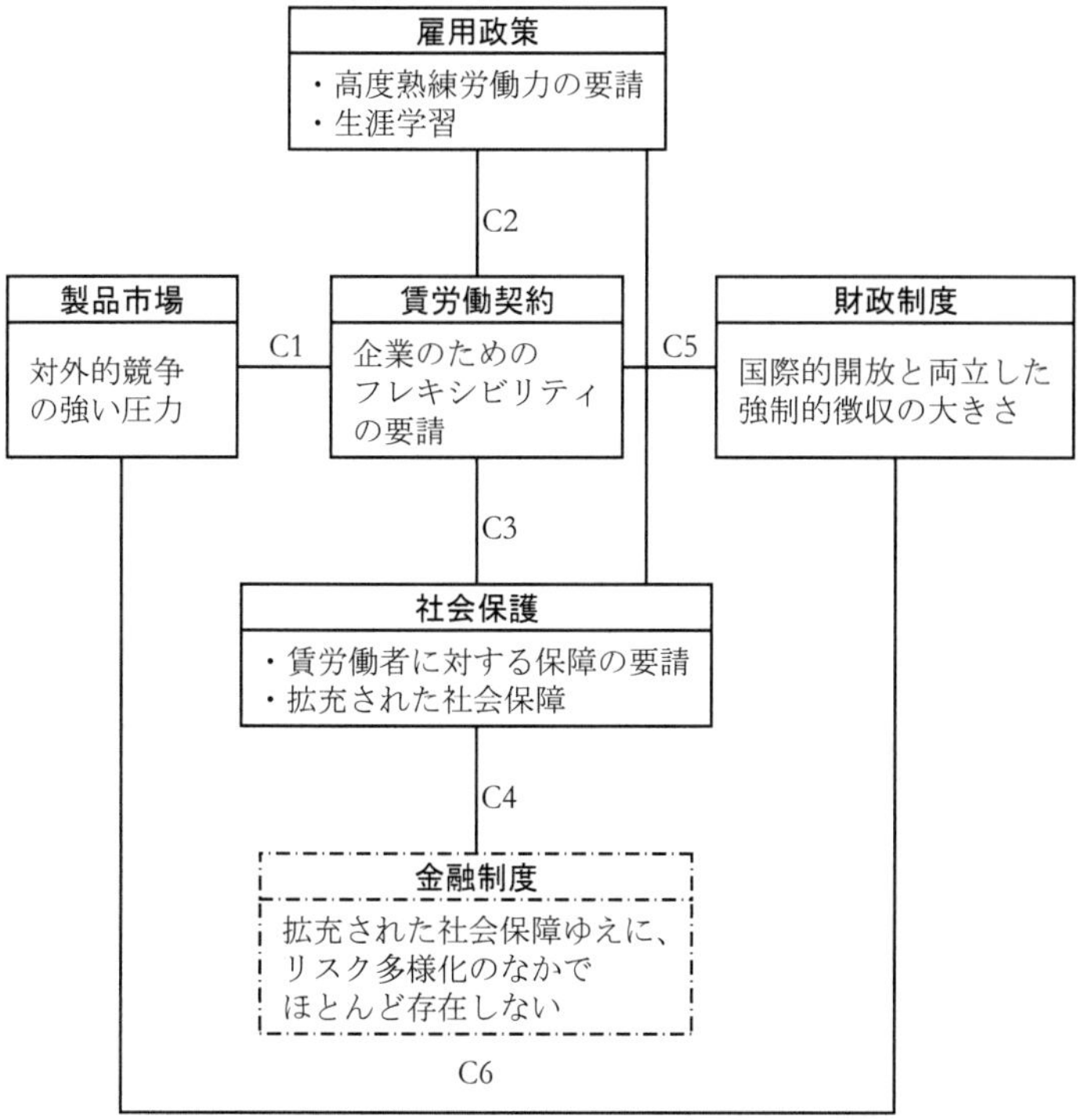

出所：Amable（2005：訳 137, 141）.

定の将来のこととされる。そこでは労働者の譲歩——解雇の受容——が有効だとされ、労働者の利益はあいかわらず将来に先延ばしにされて不確実なまま——当面の場合では別企業および／あるいは別部門での再雇用——にとどまる（図4―10）。

三つ目の特徴は社会民主主義モデルを補完するものである。つまり、将来は生産性が高く、できれば成長力のある活動にかかっているという期待が、企業と従業員によって共有されている。したがって給料の削減など選択肢のうちにはなく、ひとえに能力の継続的な改善こそが、企業の存続ならびに拡充された社会保障の財政的持続性を保証する。こうして社会的連帯によって守られる社会保障は動態的効率を可能にし、また逆に、経済的パフォーマンスが連帯の資金調達を促進する。したがって、ワークフェアが意味する低位均衡——いくつかの部門における低生産性の受容、未熟練労働者に対する低賃金、結果として顕著な不平等——とは反対に、経済は高位均衡——高生産性、高賃金、小さな不平等——で機能している。明らかに、このような好循環は社会民主主義的構図をも超えて、さまざまな制度的様態のもとで組織されうるのである。

4　フレキシキュリティの多様な国民的形態を検出することが可能である

社会保障改革の失敗が必然的ではないと考えるには別の理由がある。というのも国際比較によって、フレキシキュリティの多様な形態が提示されているからである。こうして、アナリストがもっぱらデンマークのケースに一点集中している状態が乗り超えられる。日本において国際競争に直面している部門では、雇用関係の永続性こそが基本的な妥協であり、それによって労働時間、給料、賃労働者の配置転換に関する流動性を調節することができている。保護された部門では無数の契約形態によって、企業――とりわけサービス業――とさまざまな従業員カテゴリー（学生、母親、退職者など）がそれぞれ求めるフレキシビリティの形態が両立可能となっている。アメリカの経済政策は金融的安定と成長が均衡するような妥協を目指している。その結果、完全雇用へと近づけることで、拡充された社会保障がなくても、労働者に対して高い流動性を受け入れさせている。フランスでは伝統的に、雇用の安定と内部労働市場における労働者キャリアという理想こそが基本的妥協を構築しており、それが法律および公的介入によって堅固に制度化されてきた。このような構図はここ二〇年間で限界を示すに至った。そうだからといって、こうしたことは新しい妥協に向けての交渉の可能性を無効にはしない。新しい妥協は、漸進的だが明確な公的介入の改革や、国家と社会的パートナーそれぞれの責任の新しい境界を通して、職業経路の安定を保証することになろう。こうしたことはフランス版フレ、キシ、キュ、リ、ティと言ってもよいかもしれない。しかし残念ながら、もし診断を与えることが経済学の使命であるならば、制度改革の政策はいまなおきわめて困難な制作術なのである。

5　フランスにおける変化と改革　その明暗

フランスにおいて、連帯システムのこうした分岐の可能性を決定する諸要因を明示することは可能だろうか。

一方で、社会科学の各種分野の研究者は、生涯を通じた労働移動や能力向上に関して生じた変化を明確に証明してきた。何人かの法学者は、全キャリアを通して移転可能かつ積算可能な社会権を制度化することによって、職業保障を再定義するよう提案した（Supiot 1999）。経済学者はといえば、彼らは第三の中間形態——移動的労働市場の形態——を導入することで、外的フレキシビリティと内部労働市場の対立を超えるよう提案した（Gazier 2005）。ＣＦＤＴ〔フランス民主労働総連合〕やＣＧＴ〔フランス労働総同盟〕のような労働組合は、彼らの分析や要求のなかに移動形態の変化を組み入れた。というのも、この変化は社会保障や労働権の再構築を必要とすることを労働組合は認識していたからである。最後にさまざまな分野の政治的責任者は、選挙公約の作成において一つの参照基準になりうると示唆することで、デンマーク型フ〻レキシ〻キュリ〻ティの長所に敬意を表した。したがって学識上の方向転換は正しい道を進んでいるようであるが、はたして実現可能なのだろうか。

他方で、実際、連帯の目標や形態に関するこうした改革が成功すると、多くの障害にぶつかる。第一に、労働者の代表が細かく分裂しているせいで、大きな再分配効果を及ぼしうる革新的妥協——その最終的結果を完全に予測することは難しい——の交渉に至るというよりも、既得権を守る競争が促進され、また、中途半端に考案・実施された改革を阻止する競争が促進されてしまう。第二に、法的領域と社会的パートナー間の同意の領域との境界線を周期的に再検討することは、社会的連帯に関する制度化された新しい妥協を追求するうえで必要な信頼の構築にとってはあまり好ましくない。とりわけ第三に、フォーディズムに由来する賃労働関係であれＳＮＰＳであれ、それらを変革するためにこれまでの政府が採用してきた交渉戦略は、根底にあるシステミックな危機を克服せずに、不均衡やコンフリクトをある領域から別の領域へと繰り延べることにはなっても、争点を蒸し返すことであった。要するにほぼ二〇年前から探求されてきた方向性は、スカンジナビア諸国の成功の核心にある外部性の内部化という戦略とは対極に位置するものなのである。したがって、権利、公共政策、社会保障、課税を同期化すること――これがデンマーク「モデル」を特徴づける――とは、はるかかけ離れているのである。

第5節　結　論

しかしながら過去に観察された決定論をそのまま延長するのは間違っている。というのも危機の期間はまさしく、後日、新しい社会的連帯の姿を定義するかもしれない代替的解決策の誕生によって刻印されているからである。あらかじめ言えば、三つの要因が社会民主主義的経験をフランスの特殊性に適応させる戦略に有利に働くであろう。一つ目に、制度的バリエーションが相対的に多様だということは、何らかの順応がありうるという希望を示している。実際、北欧諸国における社会民主主義的経験は、それらの制度的バリエーションに応じて変化したのである。二つ目に、スウェーデンでもフィンランドやデンマークでも大危機を経験したのであり、これはフランスの軌道を想起させずにはおかない。最後に、これらの諸国が経験したコンフリクトの激しさや危機の深刻さこそが、アクターたちに革新を引き起こすよう導いたのである。例えば積極的雇用政策の下で、単純な失業手当の代わりに、職業訓練や労働へのインセンティブが重視された。こう見てくると、今日のフランスにおいて絡み合っている社会的・経済的・政治的問題の大きさは、アクターたちの創案能力を強く刺激するに違いない。

これに反して、既に言及した以外のその他の特徴はこのような見通しを弱める。二元論的議論（国家か市場か？　漸進主義か断絶か？　グローバル化か撤退か？　ヨーロッパ対社会！）に対するフランス人の情熱は、熟考された解決策や賢明な実用主義《プラグマティズム》――これはスカンジナビア諸国の中核にある――をほとんどもたらさなかった。加えて、グローバリゼーション、ヨーロッパ建設、生産パラダイムの転換によってもたらされた変化――制約でもありチャンスでもある――に対する無理解の甚だしさは、大きなハンディキャップである。つまりフランスは、（相対的に）小さな開放経済に成り変わってしまったのだが、すべてのアクターたちがまだこの画期的変化の全容を把握できていないのである。

第5章

日本型不平等レジームの変容と独自性

はじめに

その相互作用によって世界経済の動態が決まってくるようないくつかの発展様式があり、これまでの諸章は、それらにかかわる各種の不平等レジームに焦点をあててきた。日本はそうした四つの不平等レジーム〔アメリカ型、中国型、ヨーロッパ型、ラテンアメリカ型〕には属さないが、しかし日本の不平等レジームを特徴づけることは重要である。一方で、第二次世界大戦によって、日本ではアメリカやヨーロッパで観察されたものに匹敵するような構造変化は見られたのであろうか（第1節）。他方で、アメリカ・フォーディズムの黄金時代が終焉して以降、重要な――そのうえ巨大な――変化とか、国際化の不可避的な加速とかは観察されたのであろうか（第2節）。先行研究によって示された数々の不平等メカニズム（スキル偏向的技術変化の効果、国際競争の帰結、自由化の影響……）のうち、どのメカニズムが日本にいちばんよくあてはまるのであろうか（第3節）。最後に、このような長い歴史的プロセスの結果、前章までに分析されたアメリカ、中国、ヨーロッパ、ラテンアメリカの不平等レジームに対して、日本の不平等レジームはどこに位置づけられるのであろうか。こうした問いは、各種の不平等レジームやそれらを構成するメカニズムの一般的定義を提示するためのまたとない機会である（第4節）。そして最後に、得られた結果をつなぎ合わせて考えたとき、どのような政策によって日本における不平等の拡大は阻止されることになるのであろうか（第5節）。

第1節　日本における二つの不平等時代——戦争による断絶　一九三八〜四五年

今日の日本型不平等レジームは一世紀来のレジームの延長線上にあるのか、それとも反対に、歴史的・政治的な——あるいは戦争に結びついた——出来事による断絶の結果なのか。経済史家たちによって収集されたデータによって、比較的たしかな答えを得ることができる（Moriguchi and Saez 2006）。

1　一九三七年以前——不労所得と資本の支配が結びついたレジーム

一八八六年から一九三七年にわたる期間のジニ係数について、さまざまな推計をもう一度見てみることができる。これらの推計によると、そのうちのいくつかが示しているように、ジニ係数が〇・三五から戦争前夜の〇・六五まで累積的に上昇したことが確認される。農業・農村経済の支配によって特徴づけられる構図から始まって、工業化の局面になると、農村からの移住者がたいていは都市部の製造業へと移動し、それにともなって事実上、生産構造が変形されていく。その結果は所得不平等の拡大に他ならず、これはクズネッツの仮説に合致する。つまりたしかに、近代化の第一局面は不平等を拡大させるのである（図5—1）。

ピケティ（Piketty 2013）の研究によって光をあてられたもう一つの指標は、国民所得全体に占める最富裕層の所得シェアに関するものである。日本はフランスやアメリカと共通した傾向にあり、最

図 5-1　各種評価による日本の不平等の長期的推移（ジニ係数）

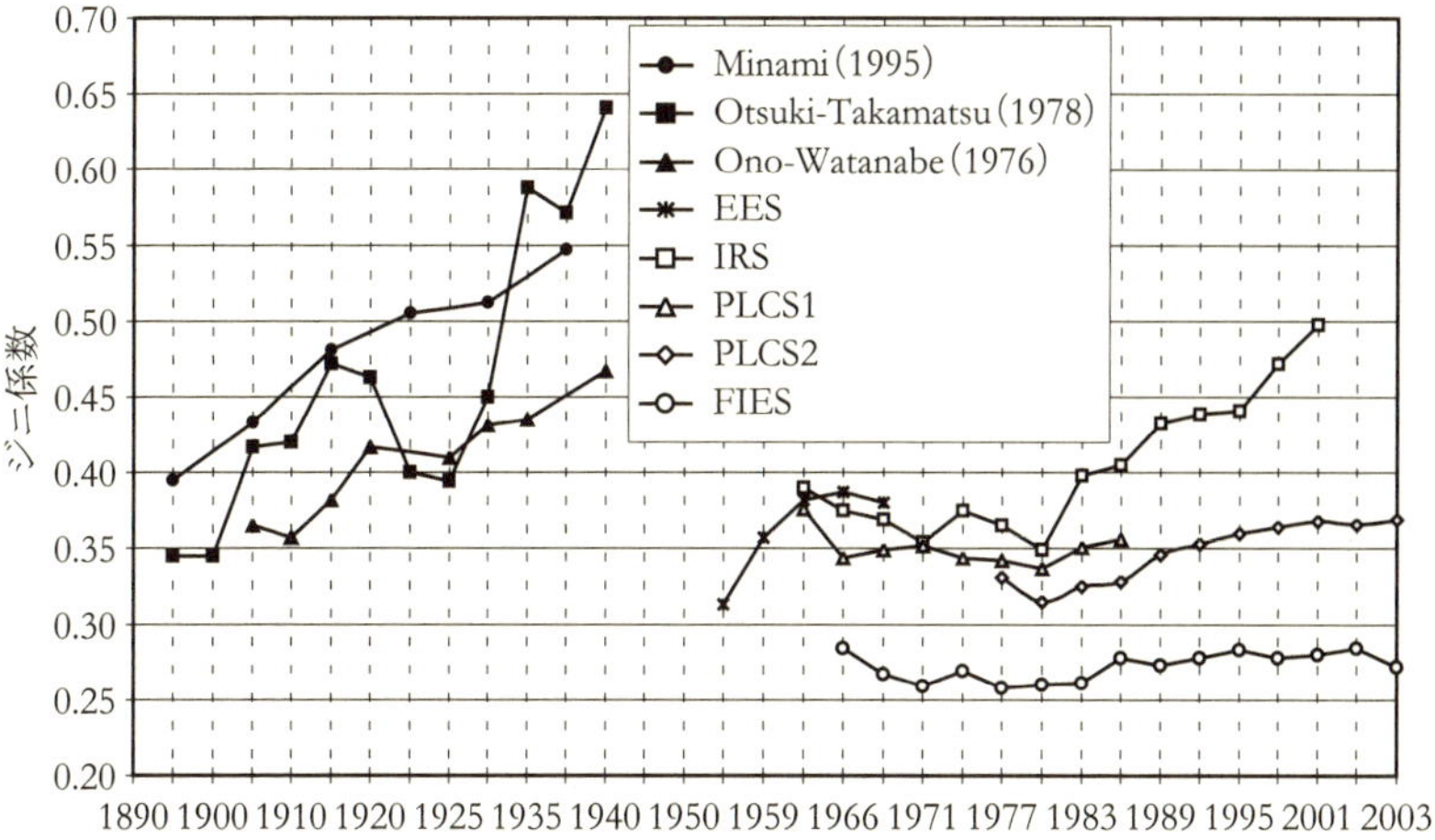

出所：Moriguchi and Saez（2006），図 2
EES: Employment Status Survey（就業構造基本調査）
IRS: Income Redistribution Survey（所得再分配調査）
PLCS: People's Living Conditions Survey（国民生活基礎調査）
FIES: Family Income and Expenditure Survey（家計調査）

図 5-2　最上位 1%層の割合——日本，フランス，アメリカ

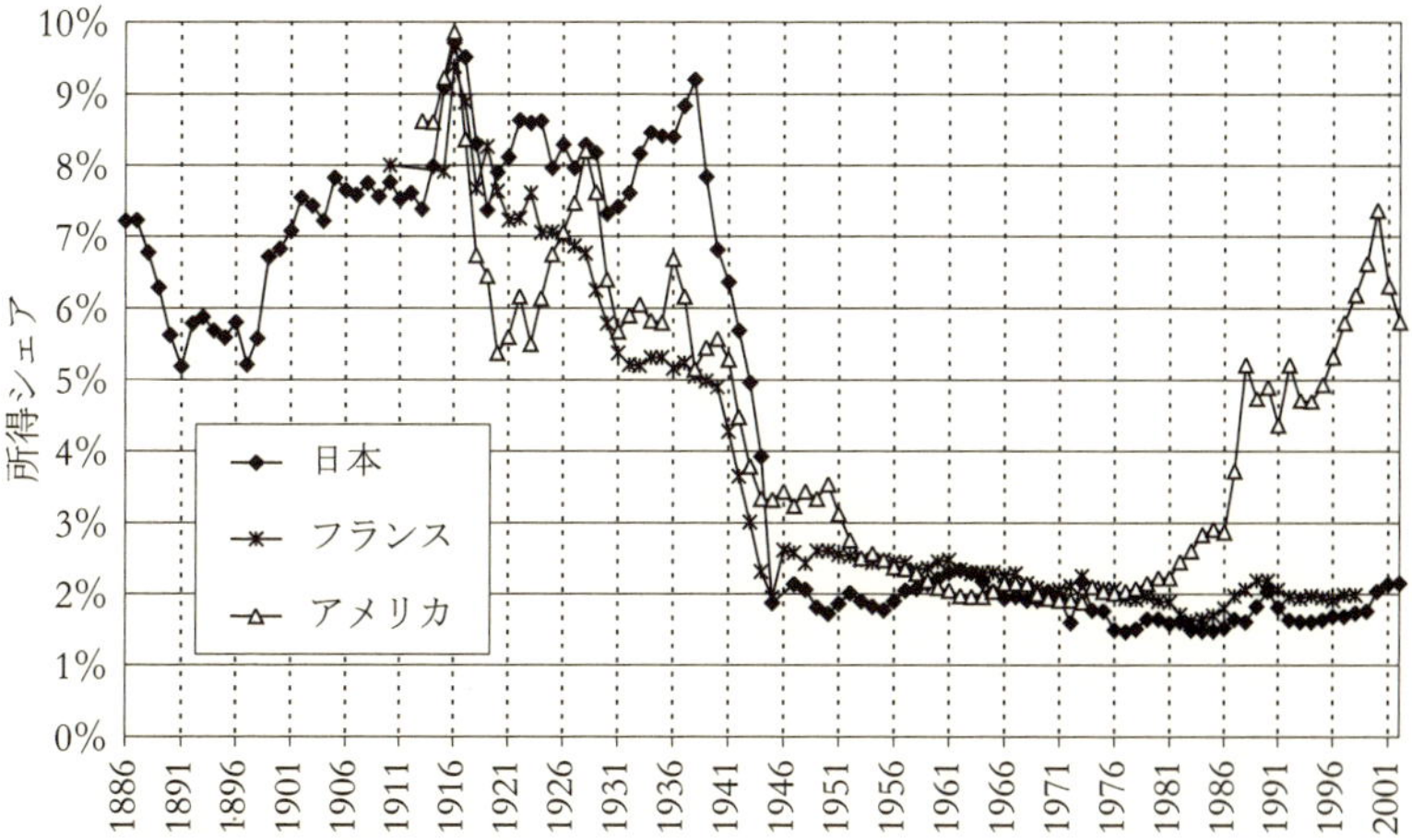

出所：Moriguchi and Saez（2006），図 6

上位一％層が国民所得の八％以上を占めている。したがって日本の不平等は、一九三七年以前にははおはるかに大きかったのである。このような不平等の大きさは、成長のリズムに比べて資本家や不労所得者《ランチエ》の報酬が大きいことと結びついていたのであって、そうしたメカニズムがここに示されている。事実、大地主、株主、企業経営者は彼らの資産蓄積を通して生み出された価値の大部分を自分たちのものにしていたのである（図5―2）。

2　不労所得者の安楽死と勤労者社会の制度化

社会闘争の圧力や、所得や資産の不平等の深化が示す危険性を認識した政治当局の圧力の下で、不平等はゆっくりと縮小していくものと考えられたのかもしれない。しかし実際には事態は急変した。というのもこの急変は、一九三七〜四五年の戦時期の結果と結びついていたからである。第一に、地代《レント》が支配する農業経済から、企業経営者が支配する工業経済へと移行した。第二に、インフレーションによって、インフレに連動しない金融証券の所有者の資産が侵食され、時には無価値となった。最後に、政府は配当を制限するための規制を施行し、それによって最富裕層の所得源のうち配当部分はほぼ完全に消えさった（図5―3）。

これと反対に、最富裕層の所得は労働所得によるものとなった。賃金の不平等が資産の不平等よりも重要になったのである。こうしたことは多くの工業国に特徴的なことであったが、そうした動きはとりわけ日本で際立っていた。企業利潤の占める割合は限定的であった。というのもアメリカによる

図 5-3　最上位 1%層の所得源の構成

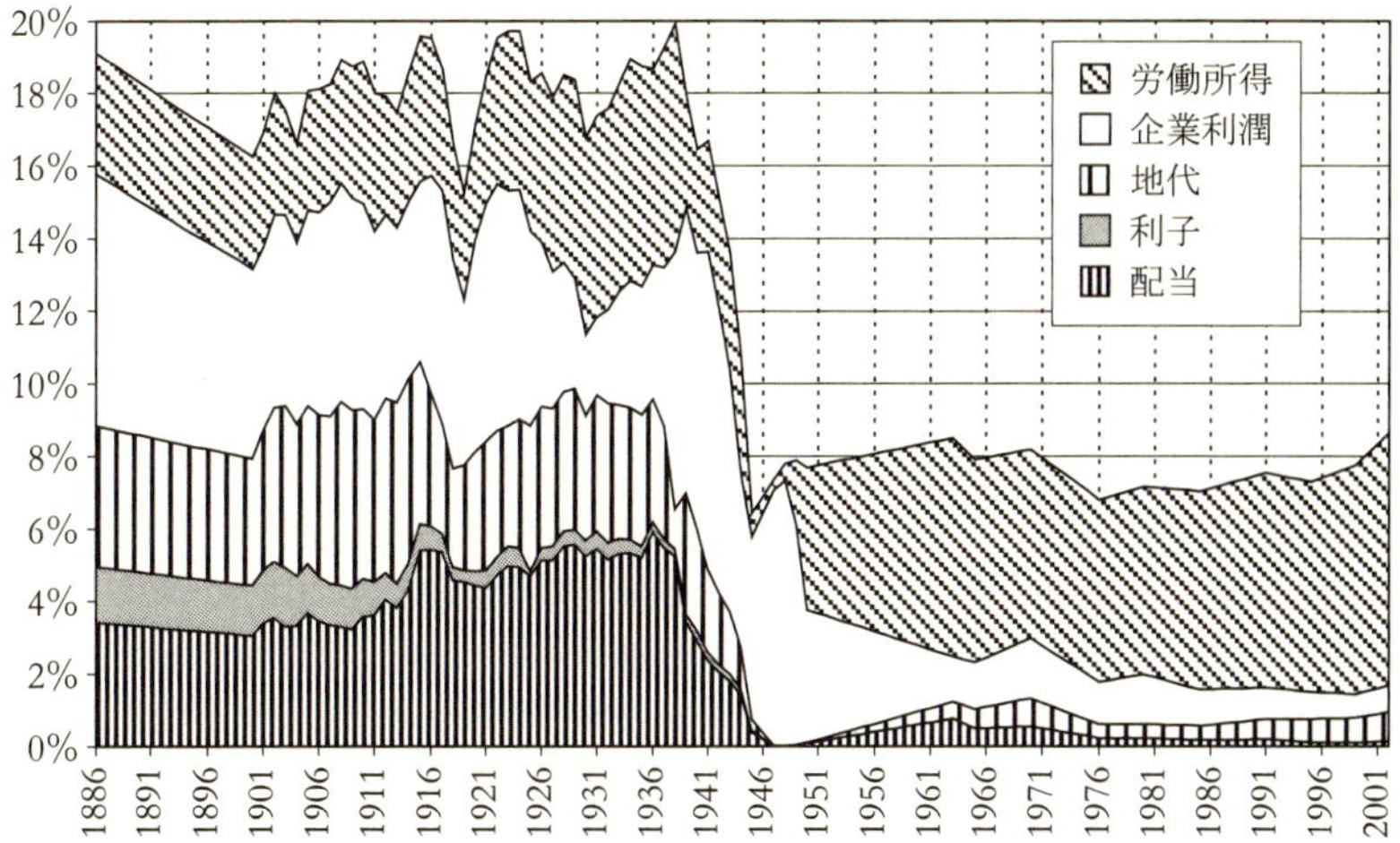

出所：Moriguchi and Saez（2006），図 7

日本占領期に、定額で低く抑えられた資本報酬——当面の場合およそ五%——が制度化されたからである。

3　まず戦争の緊急性、次いで占領期の制度的再構築

この点に関して、成長様式の変化だけでなく、それに対応した不平等の型の変化においても、戦争の重要性に注目しなければならない。非常時と国体護持の名の下に、政府は、以前には想像もできなかった——あるいは長い間阻止されていた——急進的な改革を決断することができた。それらは、大地主の権力を一掃した農地改革〔一九三八年の農地調整法〕、高額所得の抑制、戦費調達のための増税、あるいは政府・国家・大企業間における力関係の均衡回復である。続いて戦後復興期には、政府は新しい成長様式を促進するために、さ

まざまな制度諸形態を同期化しなおすことができた。このような文脈において、教育改革やさらには労働組合の承認がなされ、これらによって勤労者社会の出現が証し立てられた。この勤労者社会では、相互交渉の結果としてのルールや国家との交渉の結果としてのルールが、所得形成に形を与えることになる。

制度派理論の観点からすれば、それまでの規則性を継続できなくさせてしまうような戦争の破壊的役割を強調することが重要なのである。とはいっても、いったん平和が実現すれば、社会経済体制は以前の構図に戻ると思われるかもしれない。それは例えば、第一次および第二次世界大戦の後にヨーロッパ人が予想したことであった。しかし、ヨーロッパでも日本でも、戦後復興期は制度諸形態のほぼ全面的な転換の時期でもあった。経済計画思想やケインズ理論への参照といった影響があり、また各種の近代化プロジェクトの整合性を保ちやすくする国民経済計算という道具の発展があって、その下で類例のない体制が構築された。しかし理論家たちは事後的にしか、その体制がもつ整合性の理由を見つけられないであろう。

4　戦時期と占領期が組み合わさって新しい賃金型不平等レジームが創設された

同時代の人びとはほとんど、とりわけアメリカやヨーロッパにおいて、戦間期のような停滞傾向に戻るだろうと予想した。日本の場合、以前の構図に戻らなかったことはどのように説明できるのだろうか。おそらくすべての制度諸形態に影響を及ぼした転換の大きさによって、占領期に明白となり合理化されていった新体制の誕生が説明される。ここでは、Moriguchi and Saez (2006) の注目すべき時代区分に従って分析を進める(表5—1)。

例えば一九三七年以降、あらゆる改革の目的は富の集中を減らすことであった。まず、大地主の土地が自営農家に再配分され、戦争遂行という名目の下で政府は地価を抑制した。その後、一九四七〜五〇年の改革は、地主に対して彼らの土地を自営農家に売るように強制した。このような動向は、賃借人の保護という形で、一九六〇年代以降にまで引き継がれた。次いでとりわけ、戦費調達のため民間有価証券の金利が抑制され、財閥解体によって資本の集中は劇的に低下した。これと相関的に、企業経営者が手にする賞与の抑制は終戦以降も続き、それは大企業内部のヒエラルキー的不平等を劇的に縮小させるまでになった。一九三八年の法律によって、企業内において従業員の代表者が誕生したこともまた特筆すべきことである。他方、ハイパーインフレーションによって、金利生活者の所得よりも就労所得の方が有利となった。占領期が終了しても、経営に参加する企業別労働組合を通した従業員代表制によって、また経営者の人選が企業内の内部昇進によって行なわれるという事実によって、このような動向は続いていった。かくして驚くべきことに、企業主義的賃労働関係を形づくる各種改革の継続性や補完性が生まれた。

課税や再分配の前の第一次所得の分配が以前よりも不平等ではなくなったという、この事実のうちに目新しさがある。課税政策によってこの動向は強められた。というのもその政策は、所得税率をとても低く設定し直し、世代間の資産移転を容易にしたからである。戦費の高騰は個人および企業への

1946-1952年	1953年 - …
1. 農地改革（1947-1950） 自営農家への強制的売却	1. 自営農家と賃借人の保護
2. 財閥の解体 株の再分配	2. 小額資産に対する税控除
3. 経営者賞与の低下	3. メインバンクと企業統治の安定
	経営者の賃金＝平均賃金の 1.5 倍
資本に占める配当：5%	資本に占める配当：2%
4. 累進課税の制度化	4. 課税の累進制
5. ハイパーインフレーションによる資産の縮小	5. 相続の所有権分割
6. 耐性の強い勤労所得	6. 労働者の経営への参加 賃金格差の縮小 経営者の内部昇進
不労所得者の安楽死	賃金型／企業主義的
約 8%	8%前後で変動
安定	ゆっくりと上昇
復興とインフレーションによる主導	企業主義モデル

表 5-1　賃金型不平等レジームの誕生の二つの段階と戦後レジーム

不平等の要因＼期間	1886-1936 年	1937-1945 年
所有	1. 土地所有の集中	1. 土地の再分配 地価の規制
	2. 株主の集中（高配当）	2. 民間有価証券に対する金利の規制
	3. 大企業経営者の高額報酬	3. 賞与の抑制（1940）
	例 1：経営者の賃金＝平均賃金の 28 倍	
	例 2：利潤の 6%	資本に占める配当：8%（1940）
国家	4. 極めて低く抑えられた所得や財産への課税	4. 所得課税の継続的上昇（個人および企業）
	5. 低い資産相続課税	5. 高額／中規模資産の急減 6. インフレーション，戦争による破壊
賃労働関係	6. 地主や企業の権力支配	7. 労使協議制に関する 1938 年法：労働者に対するより大きな権力の付与
不平等レジーム	資産型	勤労者社会の萌芽
最上位 1% の所得	14-20%	6.4%の最小値に到達
ジニ係数	大きい不平等	急激な減少
成長／発展様式	資本家と不労所得者による支配	戦争遂行による統制

出所：Moriguchi and Saez (2006) の歴史分析に基づいて筆者により作成

課税の継続的な上昇を抑制した。そして税の累進性は第二次世界大戦後の基本的な特徴になった。これに照応する不平等レジームの耐性は、政治的要因と経済的要因の結びつきによって説明される。一方で、農業大地主および工業大所有者からなるヘゲモニー・ブロックは崩壊し、賃労働者と企業経営者の間に別の同盟が構築された。というのも、株主報酬や——工業的成長に貢献する——銀行が厳格に管理されたからである。他方で明確になったのは、賃労働関係が相対的に一様な賃金上昇を要求する労働組合の姿勢によって特徴づけられるようになったということである。そしてこれによって、消費と国内需要に活力が与えられた。このような新しい不平等レジームは、戦後日本の発展の鍵をなす特徴である。ジニ係数のような不平等を測る伝統的指標が、いかに社会経済体制の変化の原動力を明示することができないか、おわかりであろう。つまり個人的特徴が変化をもたらすのではなく、制度設計の大転換が変化をもたらすのである。大企業経営者と同盟を結んだ賃労働者が大地主に取って代わったのも、この制度設計の内部においてなのである。

第2節　賃金型不平等レジームのゆっくりとした漂流

発展様式の歴史的分析が繰り返し示しているのは、成功期——およびそれを支える制度諸形態の成熟期——の後に危機が到来するということである。日本もこのロジックの例外ではない。

図 5-4　日本における不平等拡大の国内的要因と国際的要因

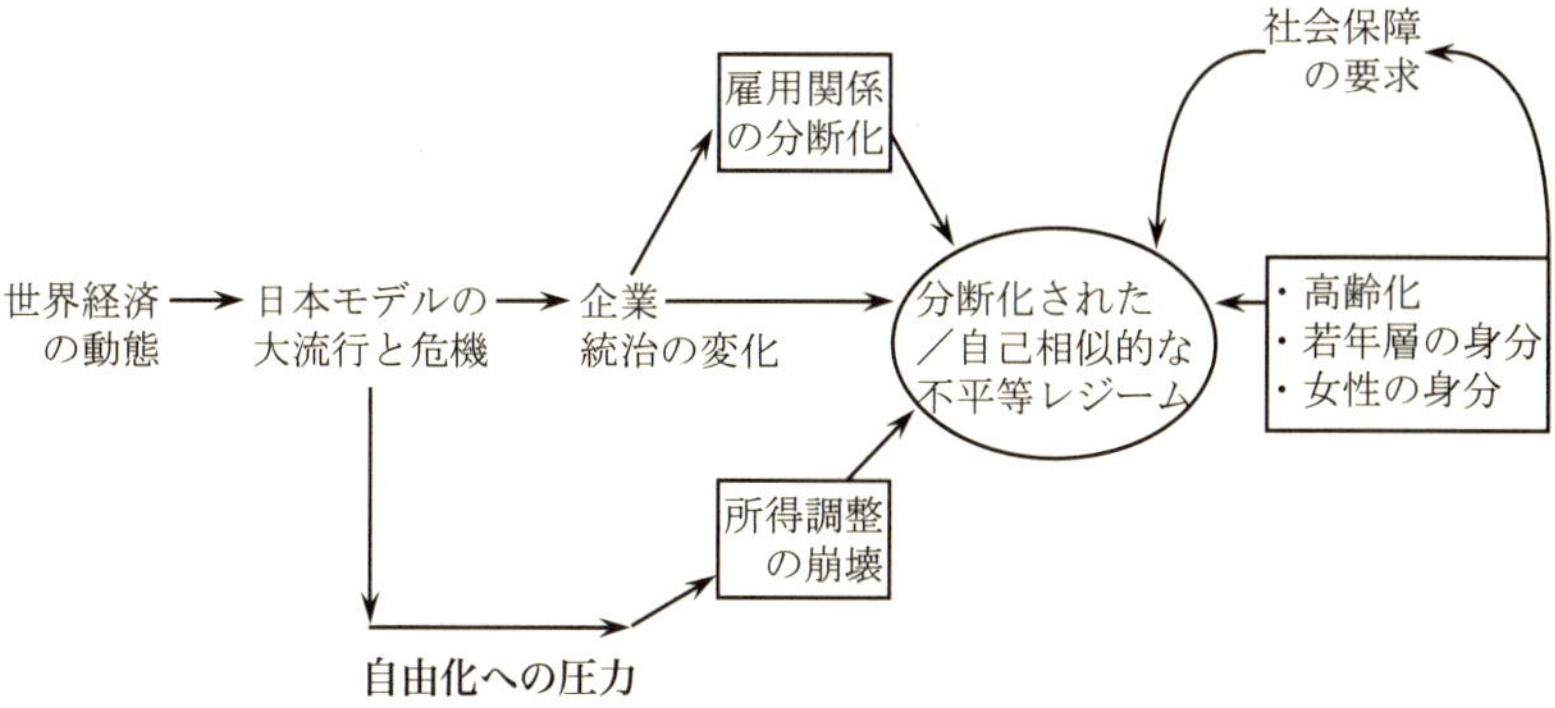

出所：筆者により作成

1　外生的なものと内生的なものを区別する

一方で、国際的開放によって、資本の流入と、株式・不動産の投機局面——これは最後には危機に行きつく——がもたらされた。いわゆる日本モデルのベクトルをなした大企業は、賃労働関係の規則性を不安定にすることになったさまざまな戦略にしたがって、自らの組織様式を調節した。その結果、部門や個々の企業業績ごとに労働契約の細分化がますます進んだ。他方で日本は、人口の高齢化と減少によって特徴づけられる軌道を進む代表国の一つである。これらの二つのプロセスが組み合わさって、先行する局面に含まれていた不平等がいっそう拡大した（**図5—4**）。

こうした図式化は次の三つの考察を呼び起こす。

・第一に、国際的な圧力は、決して直接に不平等に働きかけるわけではなく、国内のアクターが実施する戦略的選択を通して作用していく。日本の大企業は、国際体制への編入と金融の自由化――これは株式・不動産の投機を助長し、為替レートを産業の構造的競争力が保証されるような価値から逸脱させる――の影響に対処しなければならなかった。大企業のガバナンス様式も影響を受けた。というのも、以前は社会的ノルムであった「終身雇用」が合理化され、これと関係して非正規雇用が加速的に増加した。以上のようなことは、戦後の不平等レジームについて再検討すべき一つ目の要因である。

・第二に、生産性を賃金上昇につなげる共同的メカニズムが再検討に付された。というのも、賃金所得の急速かつ均等な上昇を保証する春闘が、賃金抑制の手段に成り代わったからである。続く第三の段階では、各企業に特有の状況に応じて賃金の上昇が決定されるようになった。このような共同性から個別化への移行は、自動的に、賃金生活者層それ自体のなかでの不平等の拡大を意味することになる。

・最後に、多くのアナリストたちは、人々の高齢化が不平等拡大に重要な役割を果たしていると言う。一方で、年金生活者の保障が極めて不平等であればあるほど、それだけ勤労者としてのキャリアの終わりは所得の低下を意味する。というのも、多くの賃金生活者は所得の低下を軽減するために仕事を続けざるをえないからである。他方で、自営業者や女性は、退職年齢に達したときにわずかな所得しか手にしない。女性といってもそれは、子育てのために労働市場から退出することで勤労者としてのキャリアが中断されてしまう女性のことである。だがしかし、純粋に人口統計学的で機械的な解釈は疑ってかかるべきである。というのも、社会や政治における高齢層の立場は、例えば老齢人口向けの社会支出の上昇を通して、歴代政権の政策に影響を与えるだけの力を彼らに与えてきた。したがって、人口の高齢化と不平等の拡大の関係に関する伝統的な議論については、これを相対化して考えなければならない。

2　資本報酬の高騰というよりも賃金の不平等

日本社会が賃金労働を基礎にして成り立っているという事実は今もそのままであり、これはアメリカとは大きく異なる点である。アメリカでは、不平等の拡大は基本的に、金融と結びついた高額報酬の爆発的高騰、キャピタル・ゲイン、企業利潤、そして一部は未熟な技能しかもたない人口部分の購買力がゆっくりと侵食されたことに起因している。反対に日本では、高額所得者の間では金融に結びついたいかなる報酬の高騰も観察されず、むしろ賃金生活者層内部における差異化が見られる（前掲**図5─3**参照）。したがってアングロサクソン諸国に典型的な資産不平等のモデルは、日本にはあてはまらない。ジニ係数はようやく最近、一九八〇年代末の投機バブル絶頂期に観察された水準に再び達した（**図5─5**）。ここでもまた、国際体制がもたらした動向に対する国内空間の相対的自律性が認められるのである。

ジニ係数で測定された不平等の拡大は、賃金生活者層の内部で起こったのである（**図5─6**）。レギュラシオン・アプローチにとって、賃金上昇の同期化手続きである春闘の消失こそが、賃金の不平等を拡大させた決定的な要因である（Uni 2011）。

図 5-5　金融資産の集中――とても控え目なジニ係数の上昇

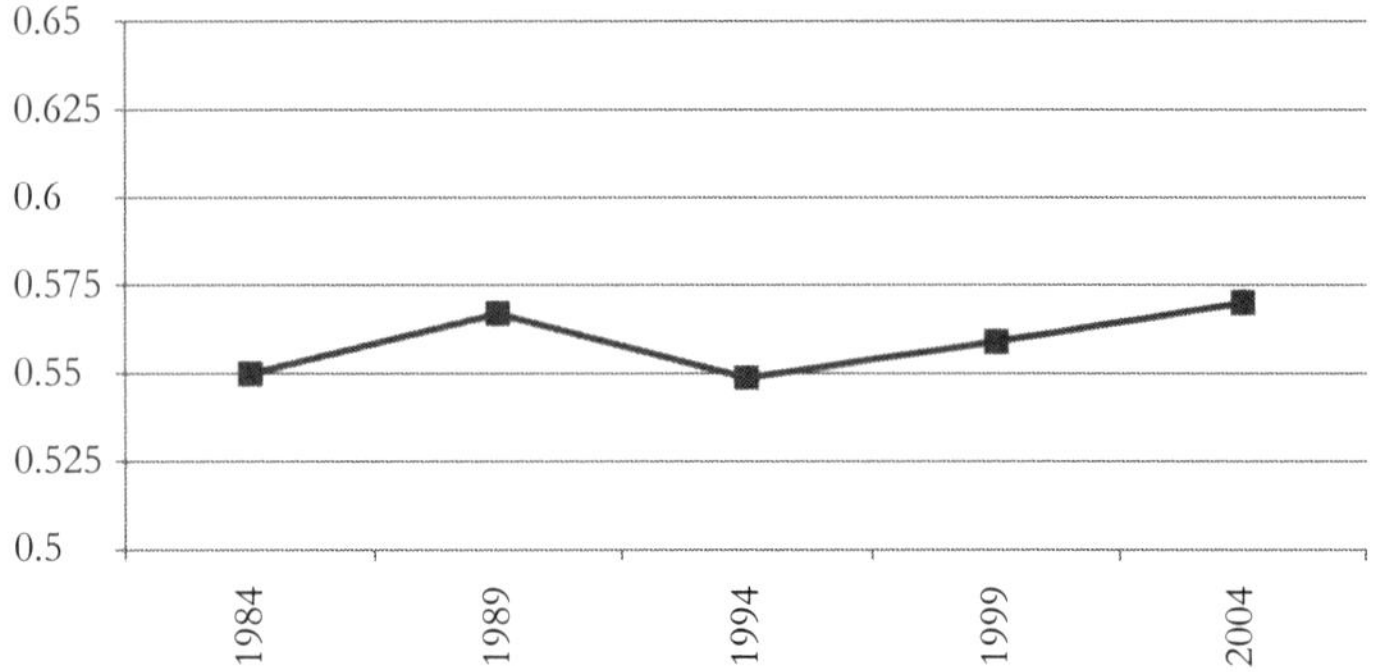

出所：Ohtake, Kohara, Okuyama and Yamada (2013), 図 2.4
注：計算に際して，全家計の資産保有量が家族構成員の数の平方根で割られている

図 5-6　1980 年代以降の所得格差の継続的拡大――指標による違い

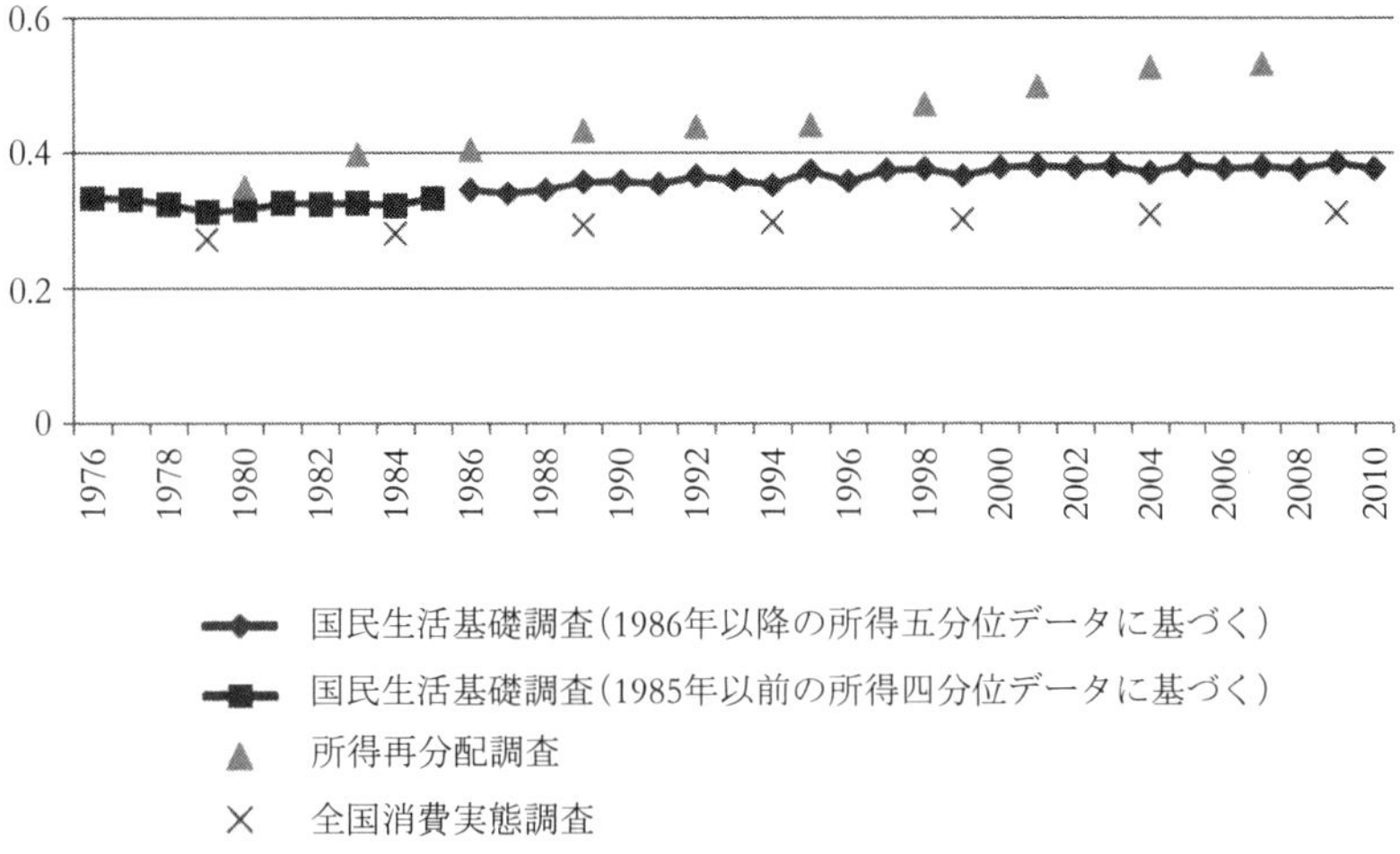

出所：Ohtake, Kohara, Okuyama and Yamada (2013), 図 2.2
・厚生労働省による1985年以前の課税前所得に関する四分位データと，1986年以降の課税前所得の五分位データを使って計算した国民生活基礎調査に基づくジニ係数
・厚生労働省による課税前所得を使って計算した所得再分配調査に基づくジニ係数
・統計局による二人以上の構成員からなる全家族の課税前所得を使って計算した全国消費実態調査に基づくジニ係数
注：図における線は，各々の指標点をつなげただけである

図 5-7　非正規雇用割合の増大による不平等の拡大

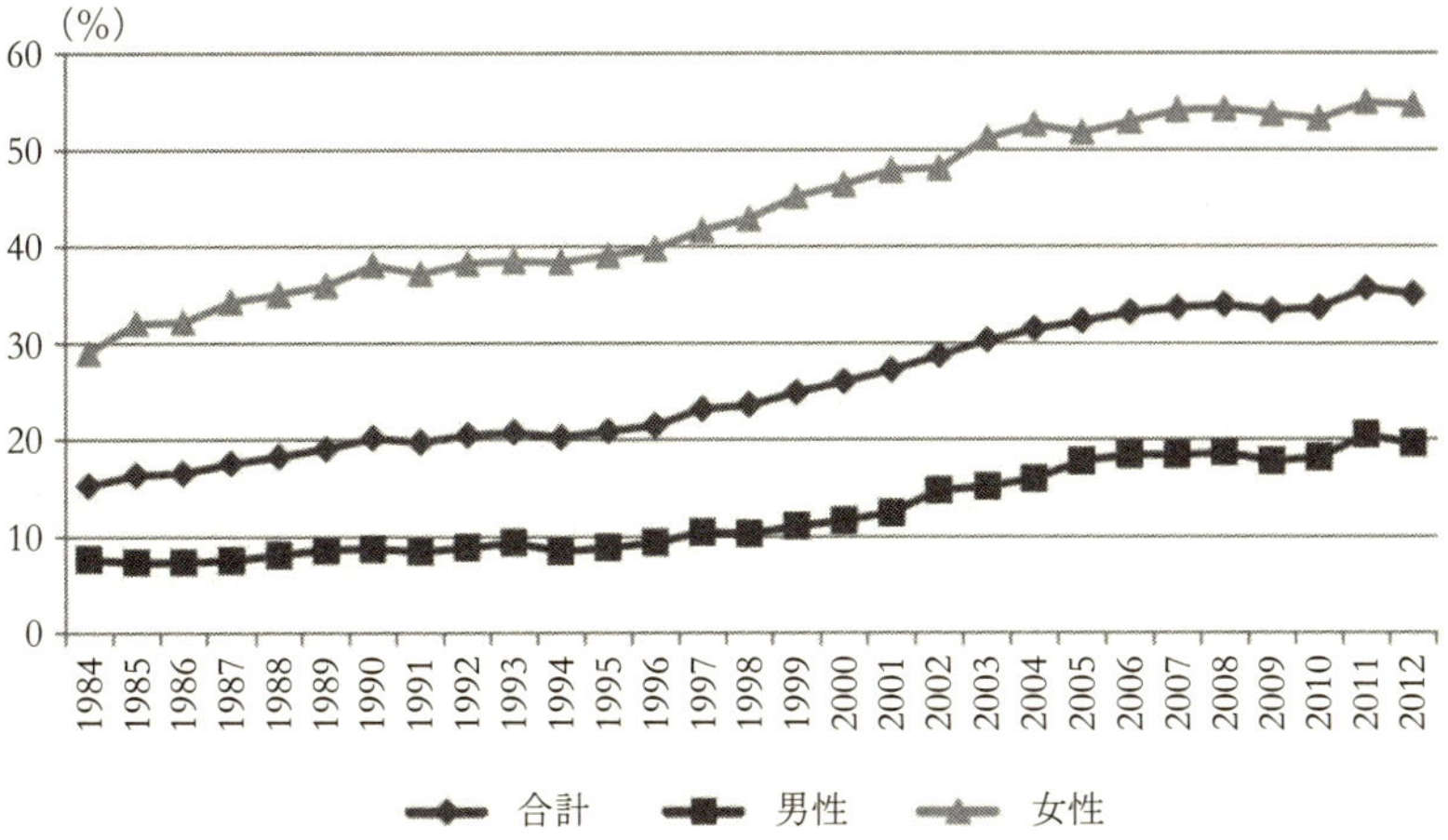

出所：労働力調査特別調査（1984-2001）と労働力調査（2002- 現在）
（両者とも厚生労働省）
注：図は，会社／企業の幹部を除いた従業員における非正規労働者の割合を示している。
非正規労働者とはパートタイム労働者，契約社員，臨時契約労働者を含む

3　非正規雇用の増大によって拡大した賃金生活者内部の不平等

成長が減速し、また、多少ともデフレ局面を伴った準停滞期に突入したことで、企業は終身雇用というそれまでの慣行を合理化し、下請けや非正規雇用の増大に頼ることによって、自らの組織を適応させていかねばならなくなった。この現象は投機バブルの崩壊後すぐに、つまり一九九〇年代から現れた。非正規雇用はとりわけ女性労働者に関わる。二〇一二年には女性労働者の半分以上が非正規契約を結んでいる一方で、男性労働者のうち非正規雇用職はわずか二〇％である（**図5—7**）。

このようないわゆる不安定雇用の増大は、一九八〇年代および一九九〇年代にわたっ

図 5-8　非正規雇用の賃金格差
――まず報酬格差の拡大，そして 2000 年代の安定

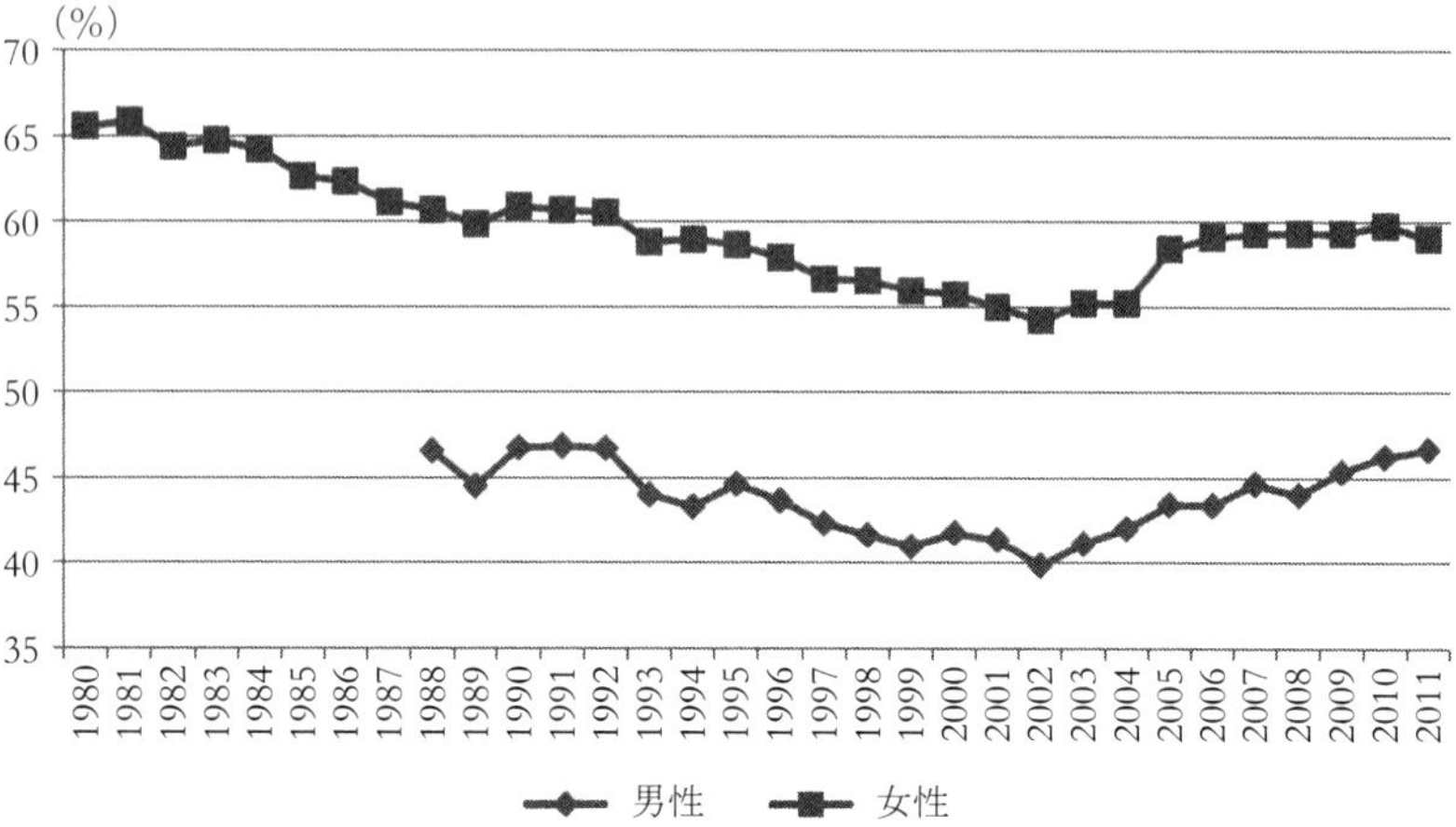

出所：賃金構造基本統計調査（厚生労働省）
注：時間給の割合はフルタイム労働者と比したパートタイム労働者の報酬（ボーナス）を含む

て相対賃金の低下を伴った。このような不平等はまたまた特に女性に関して見られたのであり、こうして女性の前には、正規雇用へのアクセスの難しさ、勤労者としてのキャリアを全うすることの難しさ、そして報酬に関する差別が、山積みとなってのしかかっている（**図5―8**）。

たとえ非正規雇用の増大が明らかに不平等拡大の要因として認識されているとしても、このような推移がジェンダーの不平等と結びついていることは、それほど強調されていない。幸運にも例外があり、いくつかの国際比較分析によって、このような日本に典型的な特殊性が明らかにされている（Estevez-Abe 2013）。

図 5-9　各年齢層における消費支出に対するジニ係数

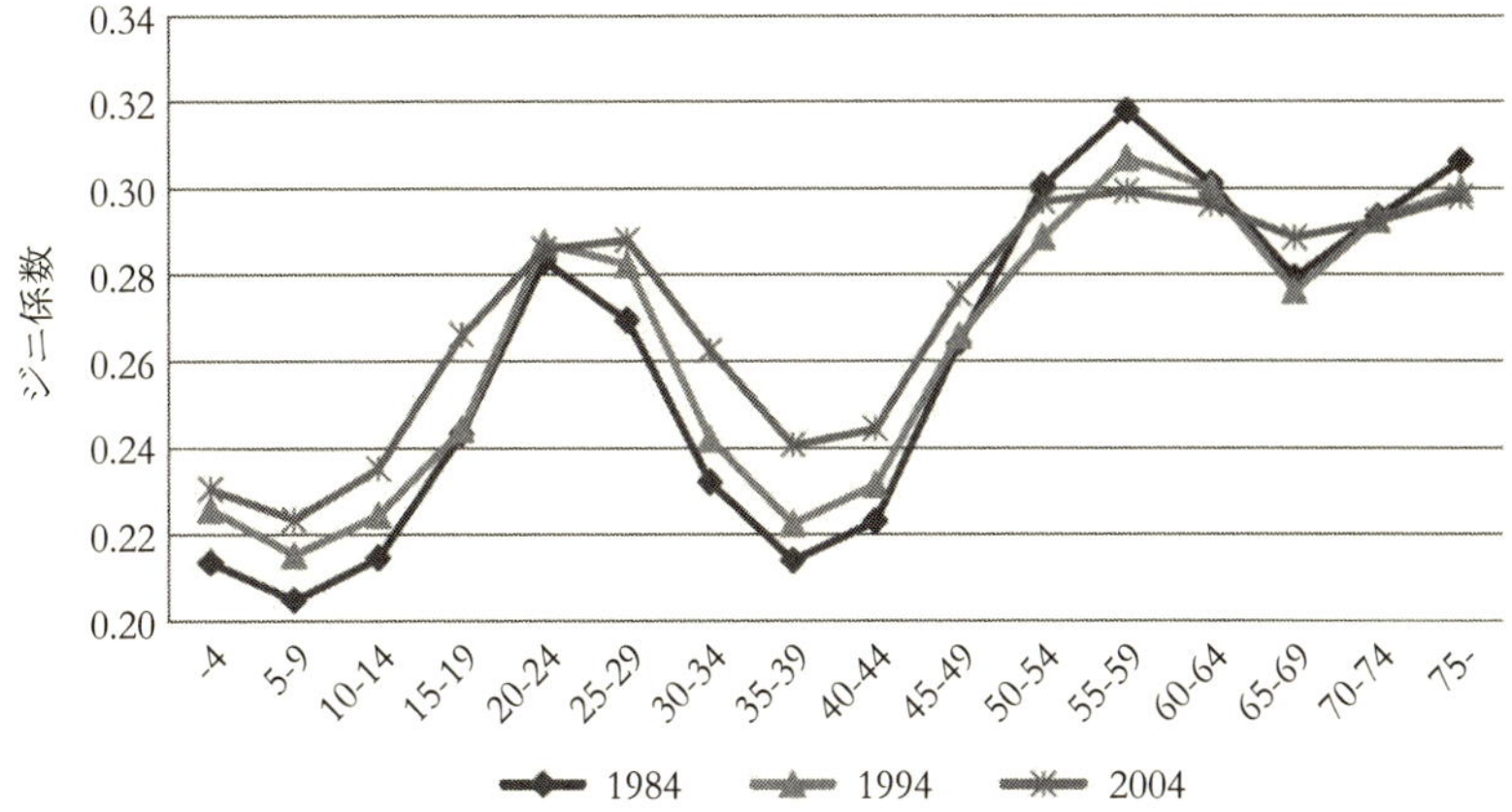

出所：家計調査のミクロデータを使った著者による計算
注：前掲図の注を参照

4　人口統計学的側面
——高齢層の貧困と若年層——

不平等拡大のもう一つの要因は、一般に年金生活者の所得が働いていたときの所得よりも低いということである。したがって、税法や社会保障の変更がなければ、人口の高齢化は自動的に不平等の拡大に貢献してしまう。日本では、年金生活者の相対的貧困率はとりわけ高い（Tachibanaki 2006; Jones 2007）。

したがって、日本の人口の各年齢層内部における状況の異質性という問題を組み入れることが重要となる。一人当たりの消費から生活水準を測ることが適切だとすれば、三〇〜四五歳の労働人口層については格差はごく小さい。対するに、年齢ピラミッドの両端では事情が異なる。一方で、二〇〜三〇歳の若年層の生活水準は、ここ数十年間でますます異質化してきた。他方で、六〇歳以上の人口においては、生活水準の異質性が最大を記録したが、しかし若年層に見られた動きとは逆に、この異質性は一九八四年から二〇〇四年にかけて小さくなっている（図5―9）。

5　社会移転の増大は不平等の拡大を緩和する

若年層の間では異質性が拡大したが、高齢層では縮小したという事実は、高齢化社会の要求に公的当局が対応したということから説明することができる。というのも、社会移転は増加し続け、しかもそれは基本的に、高齢人口層を対象とするものであった。それゆえ、日本には社会保障制度がないと考えることは間違っていよう。過去には、社会保障制度は大企業に典型的な賃労働関係と強く結びついていた。つまりかつては産業主義的な保障制度であって、それゆえ不平等であった。終身雇用の合理化、非正規雇用の増大、年金生活者数の増大とともに、歴代政権は社会移転の増加を余儀なくされたのである（図5―10）。

租税や社会保障による再分配に関して、日本をどのように位置づけることができるのであろうか。日本は事実上、メキシコのようなラテンアメリカ諸国と北欧の社会民主主義諸国の中間に位置する。ラテンアメリカ諸国では、ほとんど何の再分配もなされておらず、社会民主主義諸国では、再分配前の不平等は金融支配の資本主義のそれと同じくらい高いが、累進課税と手厚い社会保障によって不平等が緩和されている（図5―11）。

図 5-10　可処分所得と国民所得に占める社会移転の割合の上昇

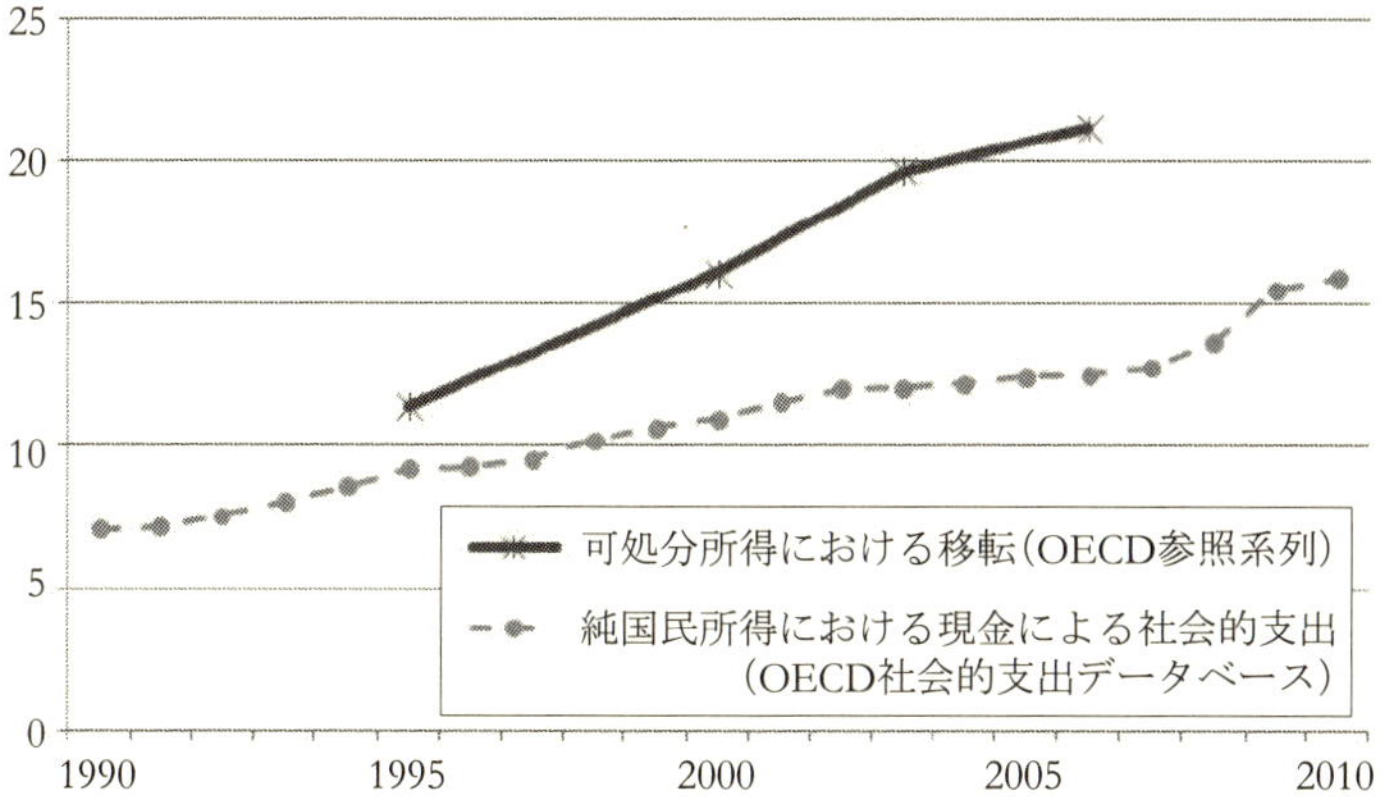

出所：筆者により作成

図 5-11　ジニ係数から見る日本の位置

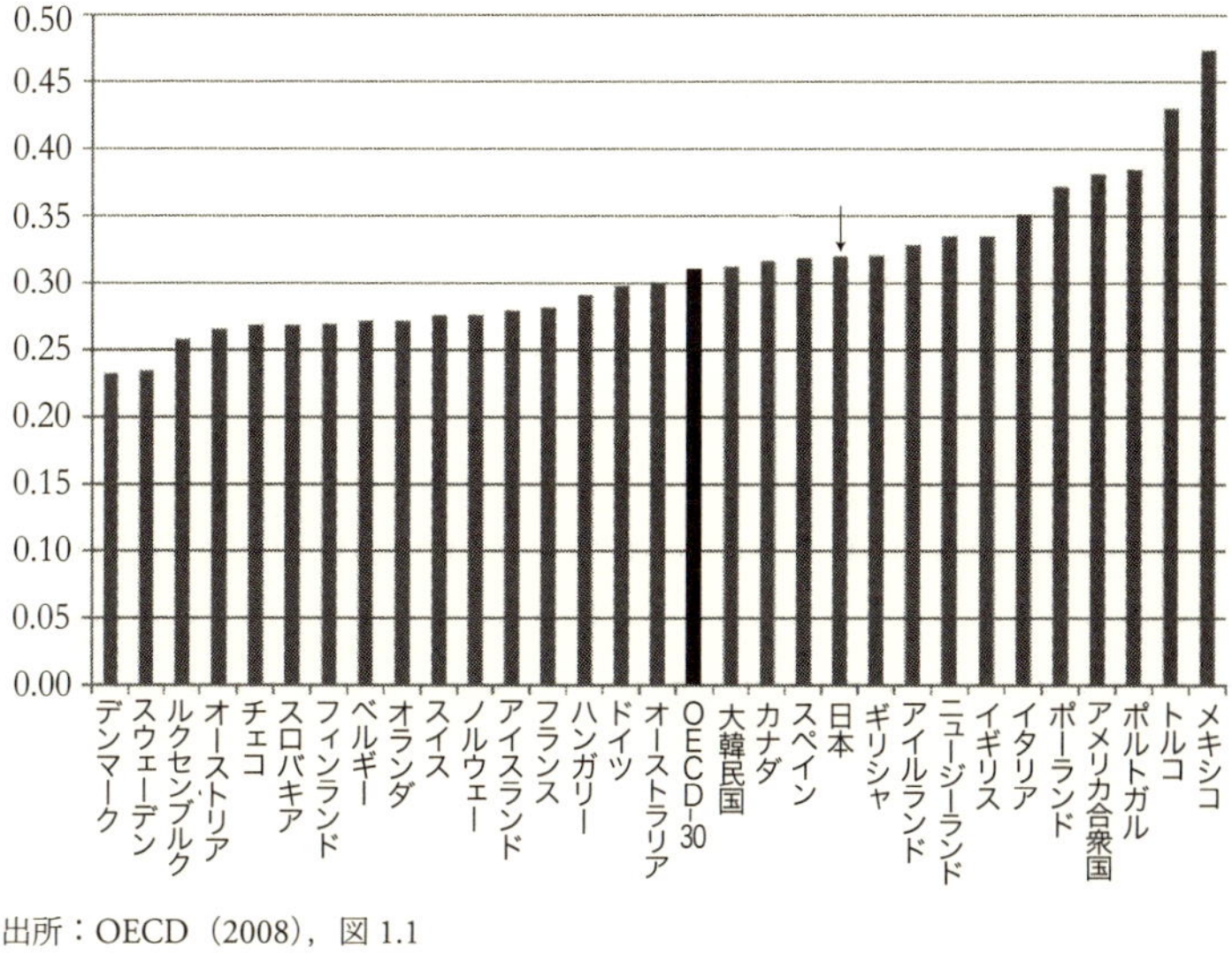

出所：OECD（2008），図 1.1

表 5-2　不平等度の緩和のなかでますます重要な役割を担う課税と社会保障

	A	B	C	D	E
			%	%	%
1961	0.390	0.344	11.8	—	—
1967	0.375	0.328	12.6	3.7	8.7
1972	0.354	0.314	11.4	4.4	5.7
1975	0.375	0.346	7.8	2.9	4.5
1978	0.365	0.338	7.4	3.7	1.2
1981	0.349	0.314	10.0	5.4	5.0
1984	0.398	0.343	13.8	3.8	9.8
1987	0.405	0.338	16.5	4.2	12.0
1990	0.433	0.364	15.9	2.9	12.5
1993	0.439	0.365	17.0	3.2	13.2
1996	0.441	0.361	18.3	1.7	15.7
1999	0.472	0.381	19.2	1.3	17.1
2002	0.498	0.381	23.5	0.8	21.4

出所：Tachibanaki（2006），表 1
出所：厚生労働省「所得再分配調査」
A：再分配前所得の不平等度
B：再分配後所得の不平等度
C：再分配係数
D：租税による再分配係数
E：社会保障による再分配係数

驚くべきことに、日本の税制はそれほど再分配的ではなく、社会保障の方が、国際競争や金融化が押し進める不平等の縮小という点で、決定的な役割を果たしているのである（**表5—2**）。

6　不平等レジームの第三の構図

以上に述べた諸特徴を寄せ集めてみると、出現しつつある不平等レジームについて、その継続性だけでなく新奇性も浮かび上がってくる。

・継続性についていえば、ここ二〇年はしばしば自由化と国際化の時代として特徴づけられてはいるが、実際にはそれは、調整様式や日本的不平等レジームを逆転させるにはほど遠かった。世界市場に輸出する大企業部門と国内市場を目指す中小企業部門の間における生産システムや賃労働関係の分断化は、すでに一九六〇年代以来存在していた。相継ぐ国際危機は企業をして、このような賃金差別化の動きを強めさせた。その結果として不平等は拡大した。同じように、男女間の賃金格差は地位の平等化を促進しようとする法律に逆行し、たとえ女性が好んで非正規雇用に就く場合であっても、この格差は依然として調節変数としての役割を果たしているのである。

・反対に新奇な点は、かつてはさまざまな部門や企業にわたる賃金上昇の調整によって代表される伝導装置という要因が存在していたが、もはやマクロ経済の動きは、そういった要因の恩恵には浴していないということである。生産性や企業の異質性（Lechevalier 2011）だけでなく、賃金格

図 5-12　細分化された，自己相似的賃金型不平等レジームの概観図

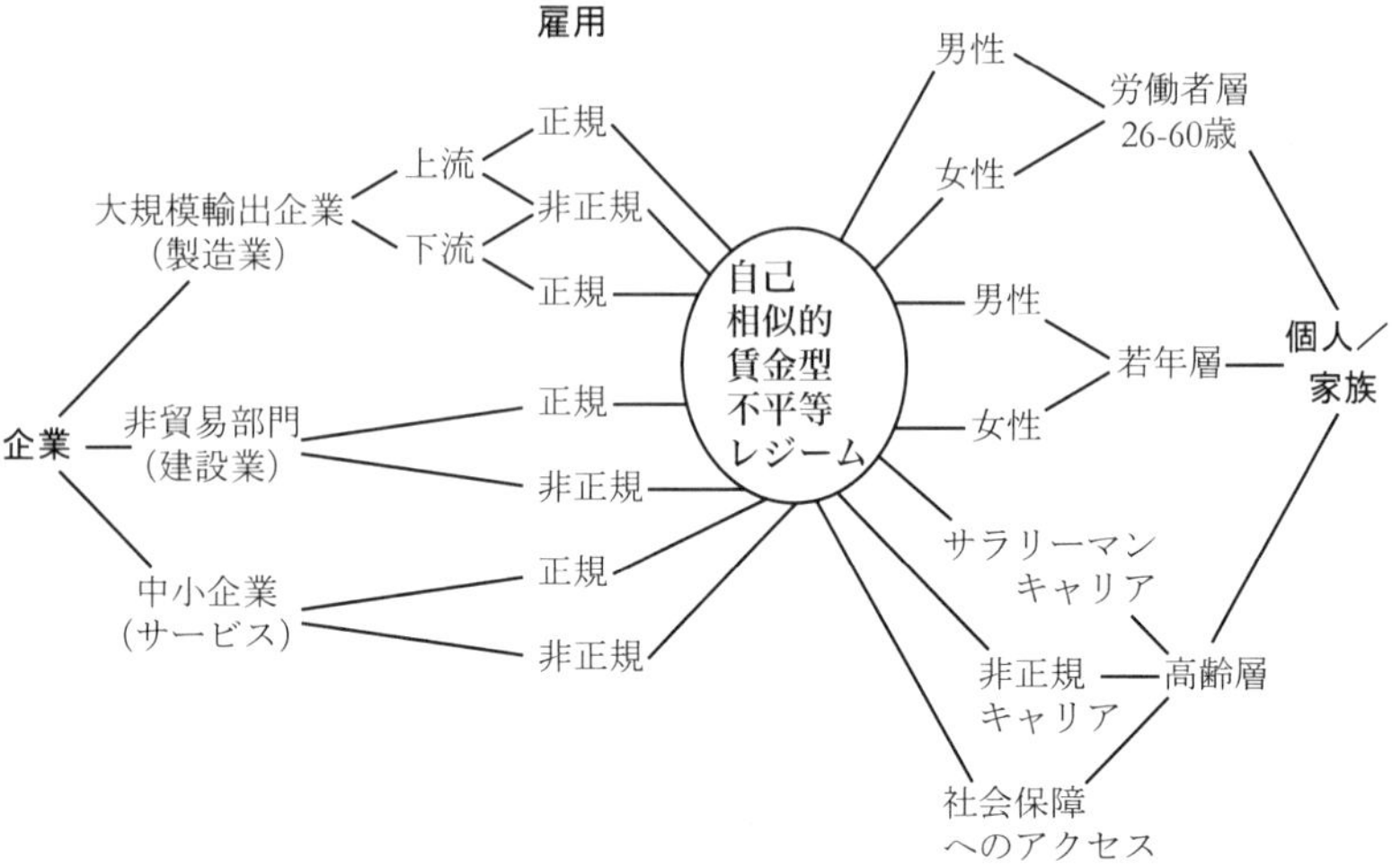

出所：筆者により作成

差（Uni 2011）が拡大していることが観察されているが、そのことに照らしてみると、現代の不平等は自己相似的《フラクタル》なものと形容することができる。というのも不平等は、それぞれの大カテゴリー（年齢、学歴、企業規模、部門、地区）の内部で次第に小さな変化をとげてゆくからである。だからここに新しいレジームが問題となってくるのだが、しかしそれは一九三七～五二年期に匹敵するような断絶を示してはいない。むしろそれは、当初は周辺的なものと思われていた転換が積み重なった結果なのである。ただし、周辺的転換が合算された結果、最終的に新しい特徴をもった発展様式や不平等レジームが生み出されることになった（図5―12）。しかもこうしたことは、一九七〇年代以来はじまったフォーディズムの

危機の独自性の一つである（Boyer 2015b）。

第3節　一九八〇年代半ばからの不平等拡大の理由

レギュラシオン理論から着想を得たこのような説明は、現代的不平等の分析に関する多くの先行研究と比較するとき、どのように位置づけられるのか。

1　競合する多数の解釈

各種の解釈は、不平等の拡大が国際的要因によるのか国内的要因によるのか、またそれが外生的性格なのか内生的性格なのかという、二重の区分法によって分類されうる（図5―13）。

・一方の極にあるのは、日本経済は国際経済から持ちこまれた価格体系に順応しなければならないという考え方である。その結果、これまで国内空間で支配的であった規則性が徐々に侵食され、不平等の拡大はその直接的な結果だという。

・技術変化の研究者にあっても、これと同じような決定論が支配している。つまり情報通信技術の革命は、古いパラダイムで働く賃金生活者の能力を陳腐化し、企業の競争力をつくる新しい手段を習得しうる新参者にプレミアムを与える。このような解釈の一変種が強調するのは、こうした

図 5-13　日本の所得格差の拡大要因に関する諸説

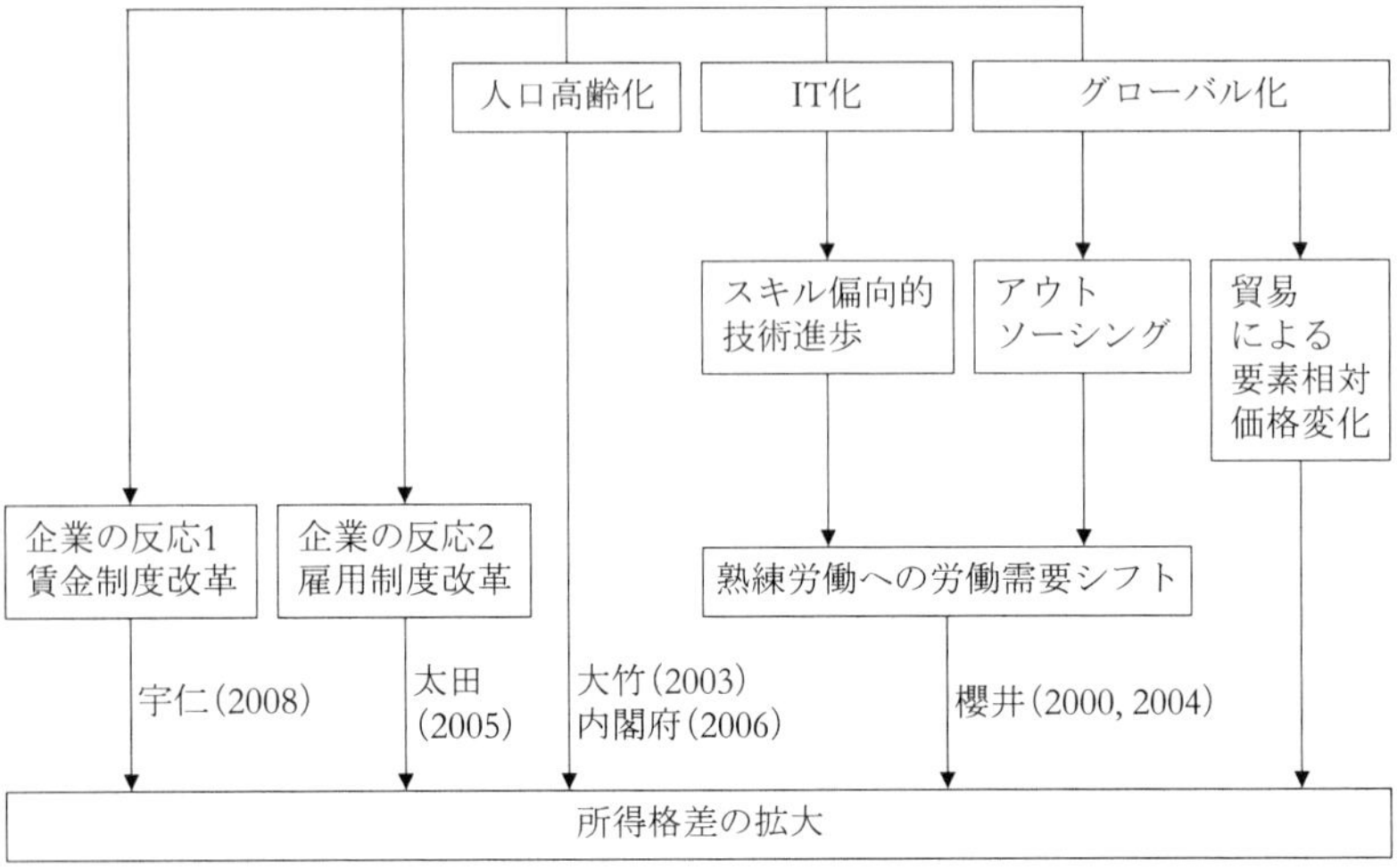

出所：Uni（2015）.

技術が従来の産業モデルの中核をなした中程度のスキルの価値を下げながら、報酬の個別化をますます進めるということである。

・高齢化と不平等を結びつける研究に立ち戻る必要はない。というのもこれについては、本章ですでに提示し、議論したからである。せいぜい言えることは、これは日本的な解釈であって、国際レベルでは見かけないということだ。

・四つ目の解釈は、労働市場の分断化と不平等の拡大を結び付けるものである。こうした解釈は例えば、ヨーロッパの状況を分析する労働経済学者や労働社会学者による多くの分析において見られる（Palier et al. 2012）。これは、不平等が資本報酬の爆発的増加に起因すると仮定する理論にとって代わるものである。したがってこのような

図 5-14　大卒者と高卒者の時給格差の対数

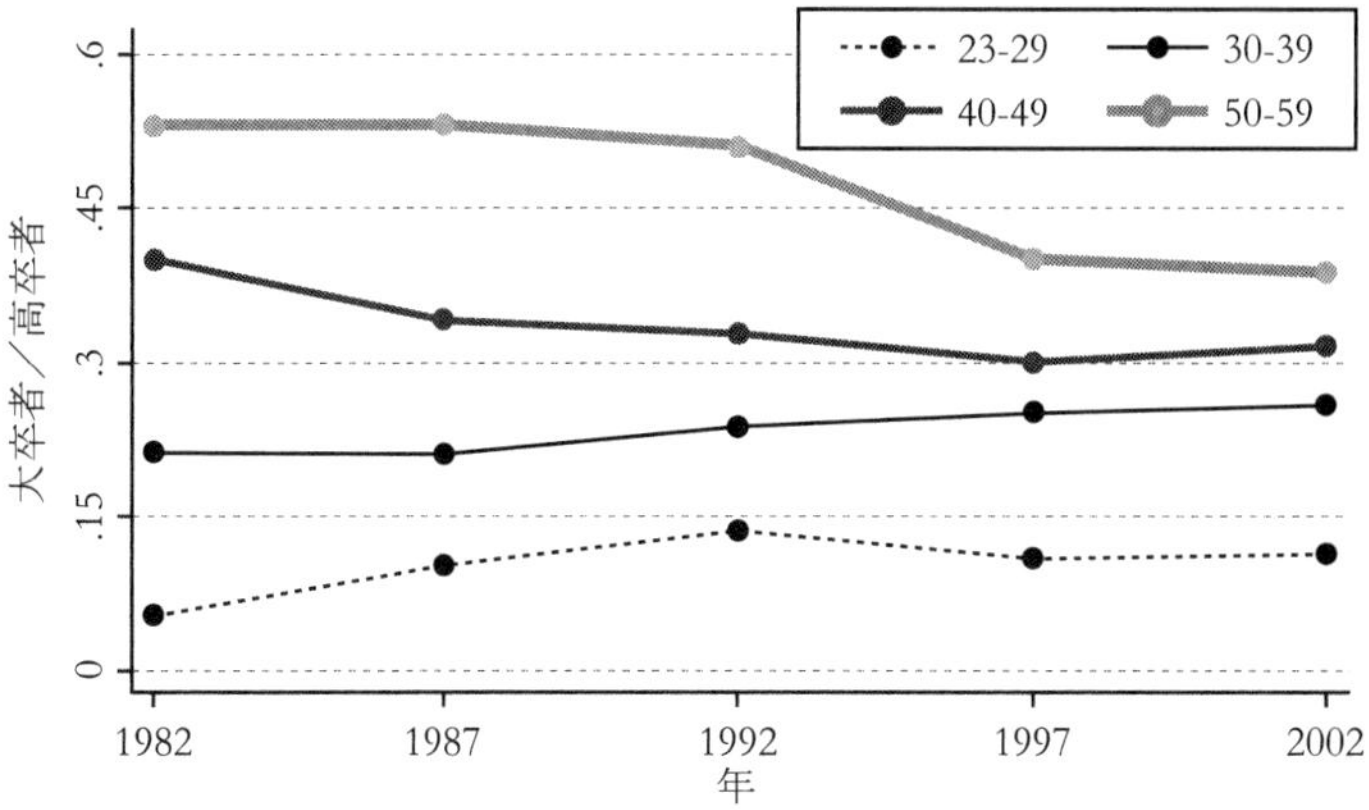

出所：Kawaguchi and Mori（2008），図 5，パネル E，相対的賃金率

注：横軸は暦年を表し，図のそれぞれの線は，各年代層の大卒者／高卒者の賃金格差を示している

解釈は、依然として賃金労働のロジックによって支配されている社会にしかあてはまらない。

・最後に、五つ目のアプローチによれば、賃金、賃金決定の分権化、現代的人事管理手法の個別化を規制していた労働協約を放棄したことが、いかに不平等の激化につながったかということが強調される。つまるところ、新自由主義思想が拡散したことで、努力、モティベーション、企業精神、イノベーション、貯蓄は必要なものだとみなされるようになった。

2　教育と結びついた不平等の縮小

金融とそれに対応した不平等レジームによって支配された諸国には、教育水準に応じた不平等の偏りが見られる。教育をあまり受けていない者ほど、実質賃金の停滞――さらには低下――を受け入れることでしか職にありつくことができないのである。そのようなことは日本では見られない。一方で、大卒者とそれ以外の者との間に見られる賃金格差は、一九八〇年代から二〇〇〇年代にかけてむしろ緩和されている。このことが意味するのは、ネオ・シュンペーター的仮説が主張するものとは反対に、生産システムの要求に対して能力形成が遅れをとらなかったということである（図5―14）。他方で、いくつかのOECD〔経済協力開発機構〕諸国とは対照的に、近年、日本の若年層の賃金実績は悪化していない。ここにもまた、技術決定論に対する反例がある。なぜならすべては、教育制度と生産システムの間の関係の質に依存しているからである。

3 高齢化と不平等拡大――紋切り型を超えて

通例の評価では、本質的に、人口ピラミッドが不平等を変形させているという点に興味が注がれる。そこでは、各年齢層内部において時間的に不変の構造が想定されている。ところがすでに指摘したように、高齢層への社会移転はその年齢層のなかでの不平等を縮小する効果を発揮したのである。例えば一九九〇年代から二〇〇〇年代にかけて、他の年齢層では不平等がほぼ一定であったというのに、高齢層内部での不平等は縮小したのである（図5―15）。確かに、年金生活者の貧困拡大を指摘する研究が政策責任者によって受け入れられたことで、このような高齢層の不利な状況が部分的に逆転されたのかもしれない。というわけで、高齢化は社会的および政治的プロセスと相互に作用しているが

図 5-15　高齢層人口内におけるジニ係数の推移

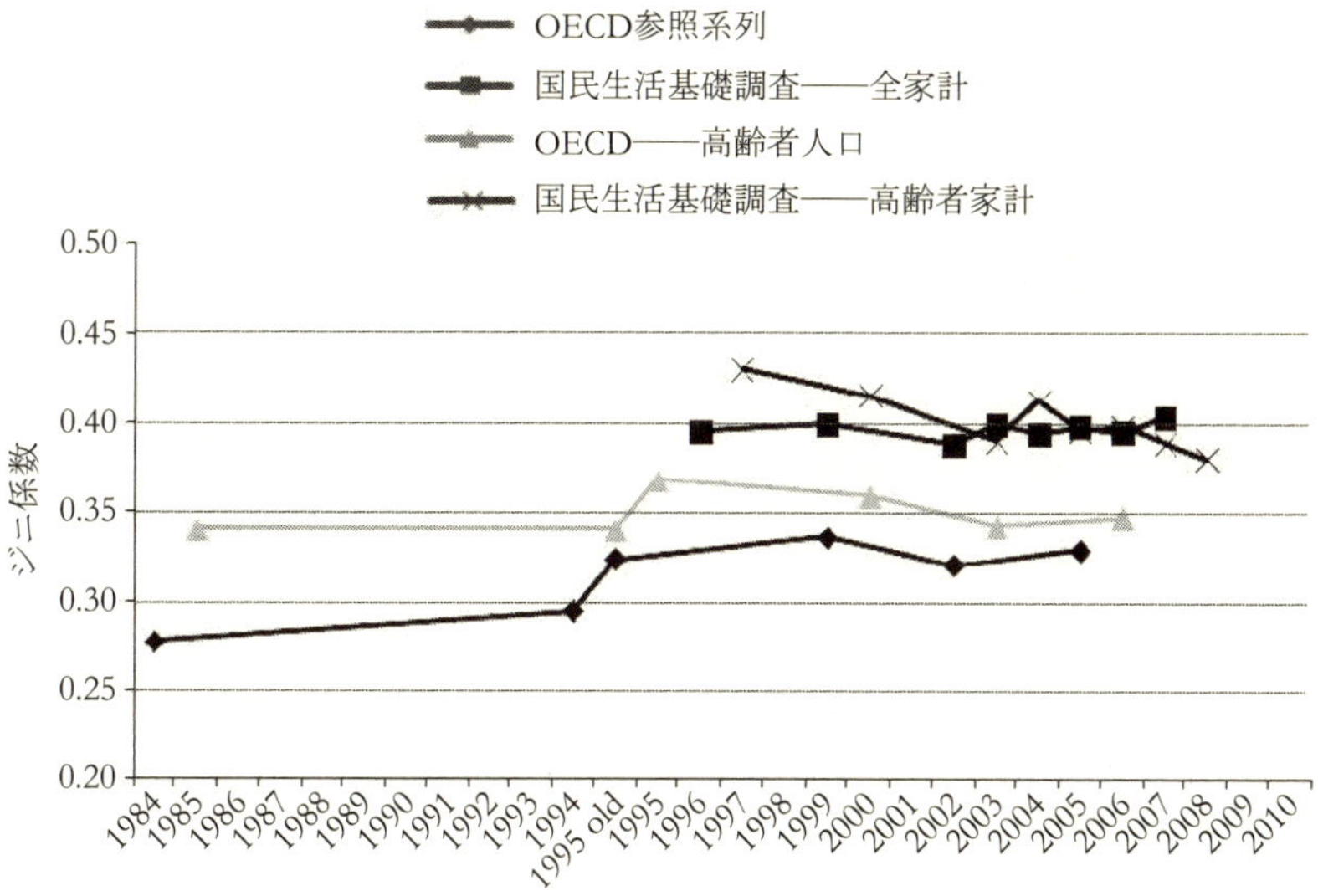

出所：筆者により作成

ゆえに、静態的ではなく動態的なアプローチを採用するのがよかろう。

4　春闘と調整的手続きの放棄

レギュラシオン理論系統の研究はといえば、これは、一方で企業のガバナンス様式としての企業主義と、他方で成長体制としての企業主義とを結び付けていた調整メカニズムの多くが再検討に付されたことに、決定的ではないとしとも重要な役割を与える（Uni 2011; Lechevalier 2011; Hirano and Yamada 2016）。年齢別の賃金格差の推移のうちに、このような分化を確認することができる。格差は一九九〇年代以降、拡がり続けている（**図5―16**）。日本経済の成長の源泉に関する不確実性に加えて、このような分化は

図 5-16　各年齢層における賃金格差の拡大

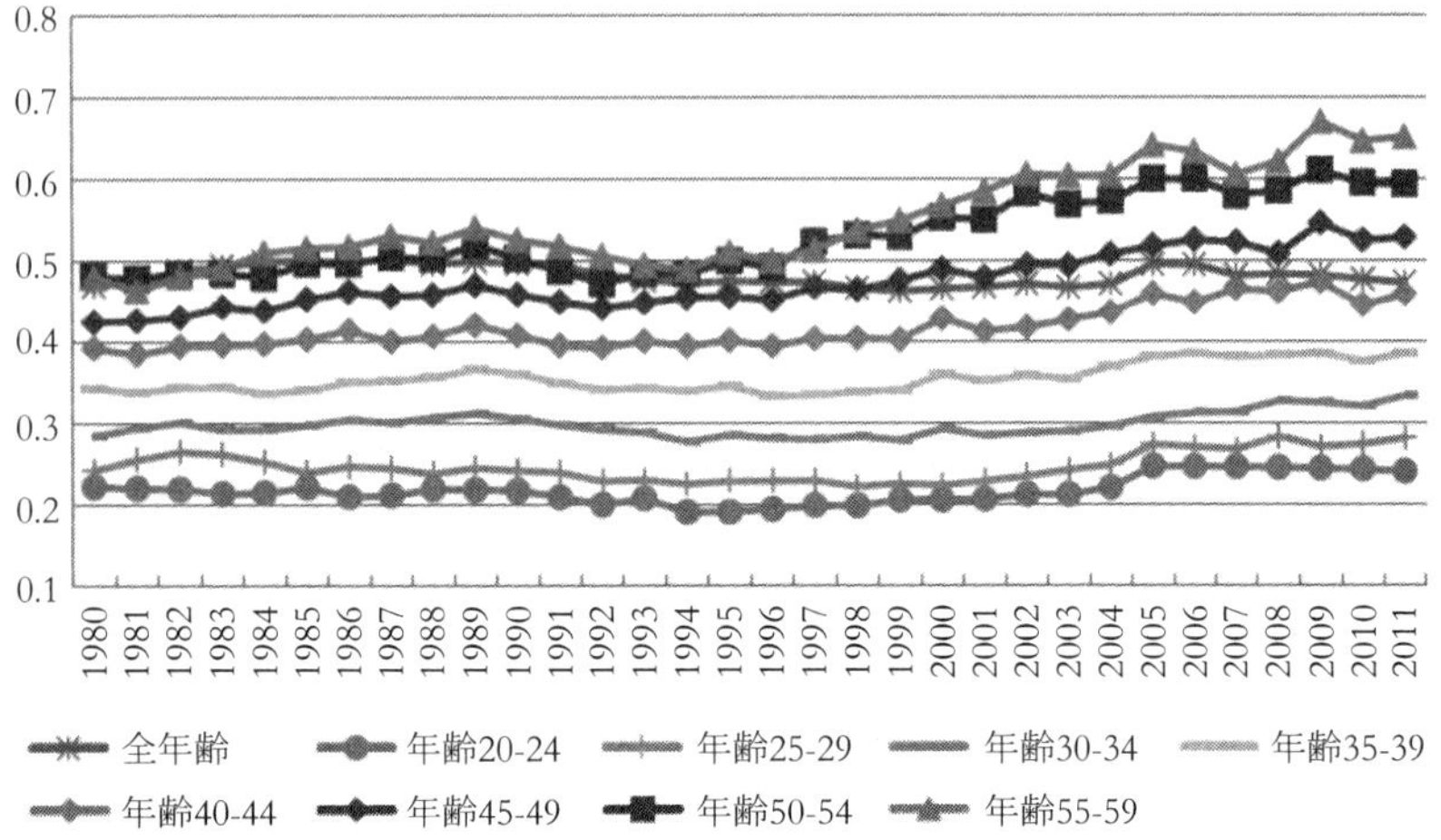

出所：賃金構造基本統計調査（厚生労働省）
注：前掲図の注を参照

国内需要の形成にマイナスの影響を与える。そして、これら二つのメカニズムは互いに強め合う。これは、アメリカ経済を蝕む指標とは別の形をとっているとはいえ、不平等レジームと成長様式の関連性を表すもう一つの指標なのである。アメリカ経済においては、信用の過剰増殖が成長モデルの限界を越えるようになった。

5　男女不平等——不平等レジームの弱点

男性と女性の比率がほぼ一定であるために、日本のケースを分析する研究者たちは男女間の所得不平等の大きさを周辺的なものとしてしか言及しない。しかし、女性が仕事と子供の教育を両立させることが出来ないという事実は、極端に低い合計特殊出生率に影響なしにはすまされない。このことが意味するのは、最年少の世代が年長の世代よりも人口規模的に小さくなるということである。そこから、全人口における高齢層の割合が増加する。だから、平均余命が伸びることだけが高齢化の原因ではないのである。というわけで、男女間の地位の不平等が、日本経済の活力を構造化していく点で決定的な役割を果たすことになる。

所得の不平等に関して言えば、OECD諸国のなかで日本と韓国の状況は他に類例を見ないほど突出している。例えばヨーロッパ諸国では、所得の上位二〇%と下位二〇%のそれぞれの男女間賃金格差は一〇〜一五%であるのに対して、アジアのこの両国では二五〜三五%に達する（図5―17）。この種の不平等は――男女の大学進学比率は同等だというのに――企業の高給管理職や国家の要職への就任においても見られる（Estevez-Abe 2013）。したがって、男女間の所得格差は不平等に著しい影響を及ぼしている。かくして、他国では既に克服されたことだが、日韓のこのような特殊性は大きな弱点となっている。

確かに、このような弱点は認識されてきたし、そこから、男女平等を押し進めるための立法努力もなされてきた。実際、賃金格差のゆっくりとした縮小も見られる（図5―18）。そして、教育水準が高いほど男女間賃金格差は小さい傾向にある。しかし日本は、賃金や責任に関してほぼ平等な状態を実現している社会民主主義諸国は別としても、ヨーロッパ諸国の構図に到達するにはまだまだである。OECD諸国の女性労働力率にくらべて日本のそれは極めて低いままにとどまっているのであり、そのことに示される能力の損失を考えてみるとよい。

図 5-17　日本と韓国――男性／女性の報酬がきわめて不平等な国

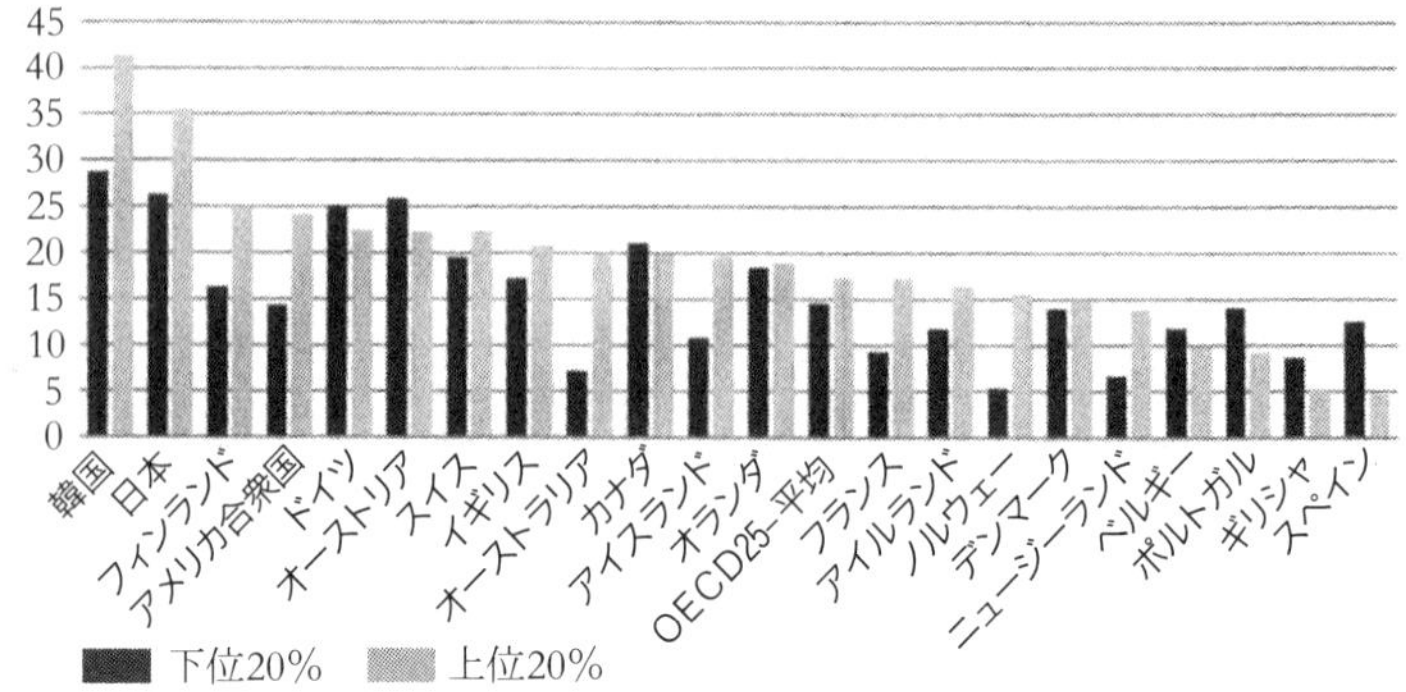

出所：Estévez-Abe（2013），図 2

図 5-18　各学歴層における男女間賃金格差のゆっくりとした縮小

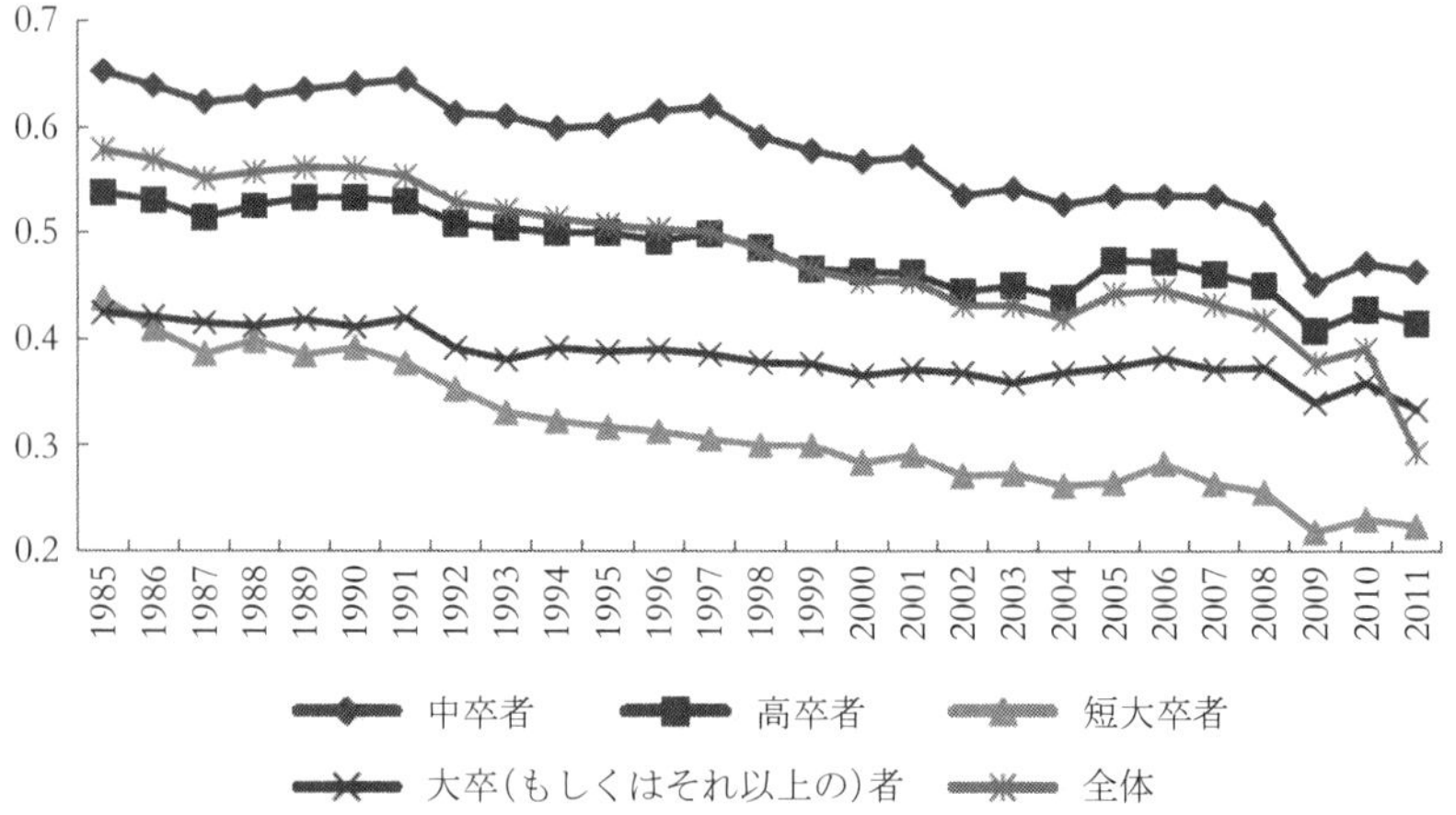

出所：賃金構造基本統計調査（厚生労働省）
注：図は，正規雇用されている男女間の月給の対数の差異を表している

第4節　それぞれの発展様式に特有の不平等レジーム——日本はどこに位置するのか

そろそろ日本のケースを他国との関係のなかで位置づけるときであり、とりわけ、これまでの章で用いられた定義よりもさらに一般的な不平等レジームの定義を示すときである。ある種の歴史的なパースペクティブをとることが、この点の理解に役立つ。かつて賃金不平等の縮小は大量生産・大量消費体制の出現に一役かった。しかし、この体制が枯渇したことに力をえて、ある考え方が復活した。それによれば、不平等の拡大がある別のレジームを——すなわち、国内的自由化と商業・資本移動の対外的開放による競争の継続的拡大を基礎としたレジームを——構築する条件になるのだ、と（Boyer 2014)。

1　競合する理論

不平等が二〇年以上にわたって継続的に拡大し、これに関する膨大な研究が生み出された。それらの共通点は、所得形成の総体を条件づけていると考えられた一つのキー・ファクターを特権的に扱っているということである。

・最初の理論は、経済発展は当初は不平等を拡大させるが、やがてこれを縮小させていくという事実観察から生まれた。こうした動きは、技術革命——それはまず所得の分散を拡大し、やがてその効果を社会全体に波及させてゆく——の結果だとされた（Kuznets 1955）。

・技術変化の専門家たちもよく似た仮説を展開した。彼らが強調するのは、情報通信のような一般的技術が普及すると、高度技能層《ハイスキル》に有利な技術進歩へと偏っていくということである（Aghion et al. 1999）。技術革命そのものよりも、それがもたらす能力の両極化の方が重要だと言いたいのであろう。

・経済の国際開放が永続的なものになってきたために、広義のグローバリゼーションが重要な説明要因になった。例えば標準製品の生産に関する新興工業諸国——その代表が中国である——の競争を考慮すると、グローバリゼーションはフォーディズムから受け継いだ中低程度の技能層にとって不利に働くのだという。実証研究の結果が強調するところによれば、一国内における個人間の不平等を見るのか、それとも諸国家間の不平等を見るかに応じて、グローバリゼーションによる影響はあいまいとなる（Milanovic 2005）。

・金融イノベーションによって主導された蓄積体制を特徴づける金融所得の高騰は、独特な理論を生み出した。つまり、資本収益率が経済成長率を上回ると、金利生活者の所得と勤労者の所得が分岐することによって、不平等が拡大する、と（Piketty 2013）。長期歴史研究が示すところでは、一九三〇年代の構図に——あるいはフランスやイギリスにおける旧体制《アンシャン・レジーム》の構図にさえも——類似した構図が再び見られるという。

・制度派のアプローチは五つ目の一般的な仮説を提示する。報酬やさらには利子率決定に関する経済ゲームのルールを定めた制度的配置が、万人の万人に対する競争によって取って代わられると、不平等はそうした構図の論理必然的な表現となる。この仮説は日本の場合にもあてはまる（Uni 2011）。そして同一部門内ではなおさら、生産性上昇の異質性は大きくなる（Lechevalier 2011）。

右の一覧を見たとき、当然のように次のような疑問が沸き上がる。それぞれの論者は、不平等の創出や再生産について、普遍的射程をもった一般的理論を提示しているのか、それとも特定のメカニズムを特別視しているのか、という疑問である。

2　不平等の発生・拡大プロセスを同定する

経済学者はおそらく、実際はその場かぎりのモデルを示すために、良くも悪くも「理論」という言葉を乱用する。良い意味とは、観察から引き出された定型化された事実と合致しているということであり、悪い意味とは、この場合、社会的世界に関する特定の見方にもとづいた主観的選択の結果だということである。制度学派のアプローチでは、各種のプロセスこそが調整様式を作り、さらには成長体制をも作っていく。諸プロセスの相対的な強さや接合度は、制度的構図に依存する。このような考え方によって、不平等レジームという概念が形成されうる。つまり不平等レジームという概念は、時間・空間のなかに存在するが特定の場所・時代でかなり特異体質的に接合するところの、各種プロセスの特殊な組み合わせとして分析されるのである。以下、これらのメカニズムのいくつかを取りあげる。

・資本／労働のコンフリクトは、所得の機能的分配という面で不平等を生み出す第一の要因である。それは――賃金生活者か、賃金と同時に利子を受け取る中流階級のメンバーか、あるいは金利生活者かという――地位に応じて、所得の個人的分配に跳ね返ってくる。付加価値に占める利潤シェアが増大するとき、論理必然的に、個人間の不平等を測る指標は悪化する。

・栄光の三〇年〔戦後高度成長期〕に形成された勤労者社会では、等級《クラスマン》をめぐる闘争が伝統的な階級《クラス》闘争と重なりあっていた。まさにこうした分野にあっては、教育や職業訓練を受け、それゆえ高給取りの職に就くということが意味をもってくる。いまや賃金のヒエラルキーや推移を司っていた労働協約が市場競争によって取って代わられてしまっただけに、このメカニズムはそれだけいっそう重要である。この点、前述の制度派的解釈に通じるところがある。

・経済が金融化するとともに、資本／労働のコンフリクトは、借金まみれになった勤労者――企業あるいは個人――と金利生活者的権力との対立という方向へと移っていった。勤労者のなかにはシュンペーター的企業家が存在しているのであり、彼らは本質的に、新製品を開発するために借金をしなければならない。だが反対に、驚くべきことに、イノベーションによる所得は最終的に地位のレントに転換されてしまう。それゆえ、不平等のこうした原因は、生産的資本と労働所得の間のコンフリクトから生まれる不平等とは区別される。こうした不平等こそ、暗黙のうちにピケティの書物を貫いているものである。もっとも他方、技術変化の専門家たちは、このメカニズムは急進的イノベーションの波が来た後の経済的調節期にしかあてはまらない、と考えるのではあるが（Pérez 2002）。

・四つ目のプロセスは、連帯／個人主義の弁証法をめぐる長期波動めいたものを、歴史のなかで交代させてみる。市場と競争が躍進をとげた後に続く危機の時代には、新しい世代は――とりわけ再分配的税制のおかげで――連帯という土台を回復するために力を合わせる。反対に繁栄の時代には、個人主義が助長され、それによって以前の連帯の土台が再検討に付され、累進税制が破棄されていく。一九五〇年代から二〇一〇年代にかけて展開した一連の事態はこのような論理に従っている。

・不平等は所得、資産、あるいはまた影響力の不均衡に還元することはできない。しかしそれは、もし教育、医療、余暇そして働きがいのある仕事《ディーセント・ワーク》へのアクセスといった基本財の大部分が、そういった財を市場の論理から保護する社会保障の仲介によって保証されればの話である。国民的社会保護システムの漸進的構築はこのプロセスの一部をなす。ごく一般的には、社会保護の拡大は不平等を縮小させていく。しかし一方で、大危機に伴う財政的困難に直面して社会保護システムの「合理化」がなされると、こうした不平等を拡大させる効果をもつ。ここでもまた、一九九〇年代および二〇〇〇年代の二〇年は、そのような逆転によって特徴づけられる。

しかしながら、先に取り上げた諸理論と同様に、これらのさまざまなメカニズムやプロセスが不平等の普遍的輪郭をなすと言い張ることはできない。

3　それぞれの社会経済体制のなかでこれらのプロセスを再び組み合わせる

実際にこれらの構成要素は不規則に表現されており、また、各々の歴史的時代や社会／国家空間に特有の制度的構図に応じてかなり異なった強度をもっている（表5―3）。農業の活力が支配的な経済や旧式調整《レギュラシオン》においては、不平等レジームは旧体制《アンシャン・レジーム》の社会的身分にもとづくレジームであった。産業革命や蓄積の増大とともに、不平等の源泉は主に資本／労働のコンフリクトに移って行った。こうしたことは典型的なマルクス的レジームを定義することになり、そして部分的に――少なくとも生産転換と不平等が結びついた上昇期においては――クズネッツ型レジームと同一視することもできよう。

フォーディズムの開花を可能にした混合経済体制は、それまでのすべての体制との断絶を意味する。というのもそれは、不平等の各種源泉をしばらく安定させる妥協を組織していったからである。すなわち、賃金妥協は賃金‐利潤の分配を安定させ、賃金生活者のなかでの等級《クラスマン》をめぐる闘争は緩和され、インフレは不労所得者の権力を奪い取って企業家に有利に働いた。このような動向は再分配的性格の強い税制によって長く持続し、その税制はおよそ蓄積のダイナミズムを停止させるものではなかった。

最後に家族類型の変化や都市化も、公的支出や社会移転の増大による共同的基盤に基づいた連帯を再構築するためのベクトルとなった（表5―3）。

このような転換は、第二次世界大戦後の社会民主主義的レジームにおいて極限にまで押し進められ、ついには「福祉資本主義」（Fellman et al. 2008）あるいは「交渉型資本主義」（Pedersen 2008）という言葉を正当化するほどまでになった。これと対照的に、金融化された蓄積が現代的形態の下で再現させたのは、驚くべき富の集中を正当化する金利生活者的論理の支配であった。

最後にラテンアメリカ社会についていえば、この社会は確かに経済金融化の影響を受けている（Bruno 2008）。しかし賃金の不平等は正式な雇用へのアクセスの難しさに原因があり、それが社会的政治的な両極化の主な源泉となっている。このことは、原材料や農産物の輸出に依存しつづけている社会経済体制にはつきものである。つまりこのような所得の集中は、民主主義への移行や――各国ごと発展度はまちまちだが――社会保護システムを通したセーフティネットの構築によっても、ごくわずかしか緩和されていない（Jimenez and Lopez-Azcunaga 2012）。

4　日本における三つの不平等レジームを視野におさめる

以上の分析枠組みを日本の軌道に適用するにあたっては、これまでに分析した数々の特殊性が考慮されねばならない（表5―4）。

個人主義／連帯	私的財／公共財（社会保障）	一般的特徴	歴史的事例／現代的事例
低く，逆進的な課税	家族的連帯	身分に基づいた不平等レジーム	アンシャン・レジームのフランス
低く，そしてむしろ逆進的な課税	問題の浮上	クズネッツ型不平等（Kuznets 1955）	ヨーロッパの産業革命，現代中国
所得や相続に対する強い累進税制	公共財へのアクセスの重要性（医療，教育）	ションフィールド型混合経済体制（Shonfield 1965）	栄光の三〇年（フランス） 黄金時代（アメリカ）
再分配的性格が強い課税制度	普遍的で，包摂的な性格	メイドナー型福祉資本主義（Meidner 1952）	北欧諸国（1950－90年）
単一的で，低い税率が理想	その拡充は多分に民間依存	1％対99％の社会（ウォール街を占拠せよ）	イギリス，アメリカ，アイスランド，アイルランド（1990－2007年）
抑制された，再分配的性格が弱い課税	萌芽状態で，分断化されている	周辺，不安定，不平等（Prebisch 1981）	ラテンアメリカ（戦間期）

表 5-3　発展様式と結びついたさまざまな不平等レジーム

発展様式	不平等レジームの構成要素		
	資本／労働	賃金生活者内部	不労所得者／勤労者
農業／レント依存型経済と旧式レギュラシオン	二次的	二次的	不労所得者の支配
内包的蓄積と競争的レギュラシオン	中心化する	職により異質的	不労所得者に対する企業家の台頭
内包的蓄積と大量消費，管理されたレギュラシオン	賃金 - 利潤分配の安定化	制度化による賃金不平等の安定化	不労所得者の安楽死
戦後社会民主主義的レジーム	創設的妥協の表れ	連帯的賃金表という理想	革新者への賞与
金融化された蓄積	中心的：金融業者対その他	重要だが二次的序列	革新者から金利生活者への転換傾向
レント依存型／一次産品輸出企業レジーム	周期的に大きくなる	フォーマルな労働とインフォーマルな労働の対立	中心的コンフリクト：不労所得者／産業家

出所：筆者により作成

表 5-4　三つの歴史的レジームにおける各種プロセスの独自な組み合わせ

期間	不平等レジームの構成要素					一般的特徴
	資本／労働	労働者間の競争	不労所得者／資本家	個人主義／連帯	私的財／公共財（社会保障）	
1886-1937 年	資産と地代が勤労者を支配する	存在するが，二次的影響	対立的というより同盟的	社会への全体主義的アプローチ	萌芽的	不労所得型，資産支配型の不平等レジーム
1952-79 年	1955 年以降，企業主義的妥協と賃金生活者身分の階層化	終身雇用のサラリーマンと非正規雇用の対立	不労所得者はほぼ消失	特に企業と結びついた連帯	部分的な社会保障の芽生え	制度化された賃金型不平等レジーム
1990 年-	国際競争が企業主義の性格や程度に影響を及ぼす	雇用関係の分断化と身分の多様化	公債が日本人に所有されているがゆえの，国際金融からの少ない圧力	拡大された社会保障の正当性に関する曖昧な意識	非就業者の要求に対応する一方で，放っておかれる人口層（若年者，片親世帯）の存在	自己相似的賃金型不平等レジーム

出所：筆者により作成

・一八八六〜一九三七年の期間は、結局、同時代のフランスやアメリカで観察された構図にかなり近いものである。不労所得者や資本家の所得は勤労者の所得と比べものにならないほど高い。したがって不平等レジームは基本的に資産型〔世襲型〕である。社会保護の最も重要な部分は家族によって構成されていた。そして、地主・株主と社会のその他の部分との対立による不平等のうえに、賃金生活者間の不平等が加わるようになった。

・一九五二〜七九年の期間は、戦争とこれに次ぐ戦後復興にかかわる大転換の影響を受ける。地主と金利生活者は、大企業の賃労働者、正規労働者、メインバンクの間で結ばれた同盟によって、彼らの権力や所得が制限された。すべての賃労働者がこの同盟に属していたというわけではない。しかし、非正規雇用は量的に限られ、社会保障は、家族的連帯だけでなく――部分的にではあるが――大企業への帰属によってずっと保証されていた。このような構図は制度化された賃金型不平等レジームと形容することができる。というのもさまざまな調整手続きによって、市場と競争のメカニズムに枠がはめられたからである。

・一九九〇年代から始まる時期は、所得形成がますます個別化するという方向に向かって、この不平等レジームが屈折していったことによって特徴づけられる。というのも、春闘であれメインバンクであれ、大部分の調整的手続きが消滅したか、あるいはその有効性が消失してしまったからである。まさにこのような文脈において、正規雇用と非正規雇用の区別が不平等を拡大させてしまった。もっともそれは、一九世紀の不平等レジームにおけるよりもずっと控えめではあったが。

人口の高齢化はそれだけいっそう社会保障の拡大を押し進めていくことになるが、かといって普遍主義的性質をもった社会保障システムが優位になることはない。それゆえ、このようなレジームにおいては、不平等は自己相似的《フラクタル》になる。というのも、不平等は各々の社会集団の内部そのものに現れているからである。

以上、不平等レジームやその発展様式との関係に関する歴史的アプローチについて、その利点をはかり知ることができる。なぜなら、金融支配の構図と依然として賃金的な構図に共通した推移があるのだという仮説は否定されるからである。したがって重要なのは、経済政策の勧告にあたってはこの日本的特殊性を考慮に入れるべきだということである。

第5節　野放しの不平等を止めるためにどんな政策が必要か

停滞ぎみで度々デフレに脅かされる経済にあっては、一見して、税制や社会保障を通して再分配をすることは難しいであろう。というのも、誰かに与えられる利益は他の人々の犠牲とセットになっているからである。したがって成長に、これまでとは別のもっと社会的な――つまり不平等が縮小するような――方向性を与えながら、成長を促進する政策が追求されねばならない。

1　賃金形成の制度を再編する

ジョン・ヒックス（Hicks 1955）によって提起された問題意識に立ち戻るのが有益である。つまり、第二次世界大戦以降、団体交渉あるいは所得政策によって設定される名目賃金の硬直性がマクロ経済的安定性の軸であったという意味で、経済は労働基準の体制の下で存続していた。名目賃金が下がりうる軌道を追求しなければならなかった先進諸国が存在したが、日本は――確かに控えめではあったが――そういった国の一つであったように思われる（Yoshikawa 2014）。先行研究の分析によれば、このような変化の原因は、製品市場での競争圧力によって賃金形成の個別化が強化された点にある。

このような賃金のフレキシビリティは二重の帰結をもたらす。一方で、デフレが続くという予想は消費決意、ひいては企業の投資決意を妨げる。したがってその発展様式は、停滞傾向を帯びるようになる。他方で、企業は競争にさらされた部門に属したり、それから保護された部門に属したりしているが、企業のこうした不平等な巡りあわせは、雇用が正規か非正規かに応じてのみならず、これら二つの雇用形態の内部でも賃金格差を引き起こす。それゆえ不平等レジームは、このような賃金のフレキシビリティによって継続的に影響を受けるのである。

低賃金の改善や男女間の賃金格差の漸進的な解消を重視した賃金形成の制度再編は、したがって、三つの利点を持つことになろう。最初に、デフレ予想を完全に解消し、金融政策の目的実現を容易にすることである。次に、購買力したがって消費の増大に関する将来展望を安定化させることである。最後に、ここ二〇年の間に蓄積された賃金の不平等を埋め合わせるメカニズムを制定することである。

さらに加えて、控えめながら成長を取り戻せば、社会移転――より平等な新しい所得形成様式に有益な補完物――の拡充に弾みがつくことになろう。

2 女性人口の能力を動員する

日本人専門家の間では、高齢化が不平等拡大の原因として強調されているが、歴史比較アプローチが示唆するのは、男女不平等がもたらすはるかに重要な帰結を研究することだ。この点に関して日本は最も不平等な国の一つであり、こうした特徴は社会や経済の総体に影響を及ぼしている。まず、女性が子供の教育に献身しながら仕事を維持することの難しさは、合計特殊出生率に影響なしとしない。実際に、日本の出生率は極めて低く、日本の将来に関する予測形成にとって好ましくない人口減少を結果として引き起こす。次に、こうした国民経済は――大学進学から判断すると女性は男性と同等の職業訓練を受けているというのに――女性の才能を断ち切ってしまっている。もっと雇用に近づきやすい条件を広げていくことは、実際に北欧諸国の経験が証明するように、成長の強力なエンジンになりうる。女性の高い労働力率は価値創造を保証し、この創造された価値から公的当局は、幼児を共同で引き受ける手段（保育園、幼稚園、託児所……）のための税収を得ることができる。最後に、女性が勤労者としてのキャリアを全うできるようになれば、日本社会のアキレス腱である報酬の男女間不平等はかなりの程度縮小することになろう。こうして、成長体制とより平等な賃金レジームの間の新しい補完性が徐々に現れるのかもしれない。

図 5-19　競争部門と人間形成的部門の補完性の構図

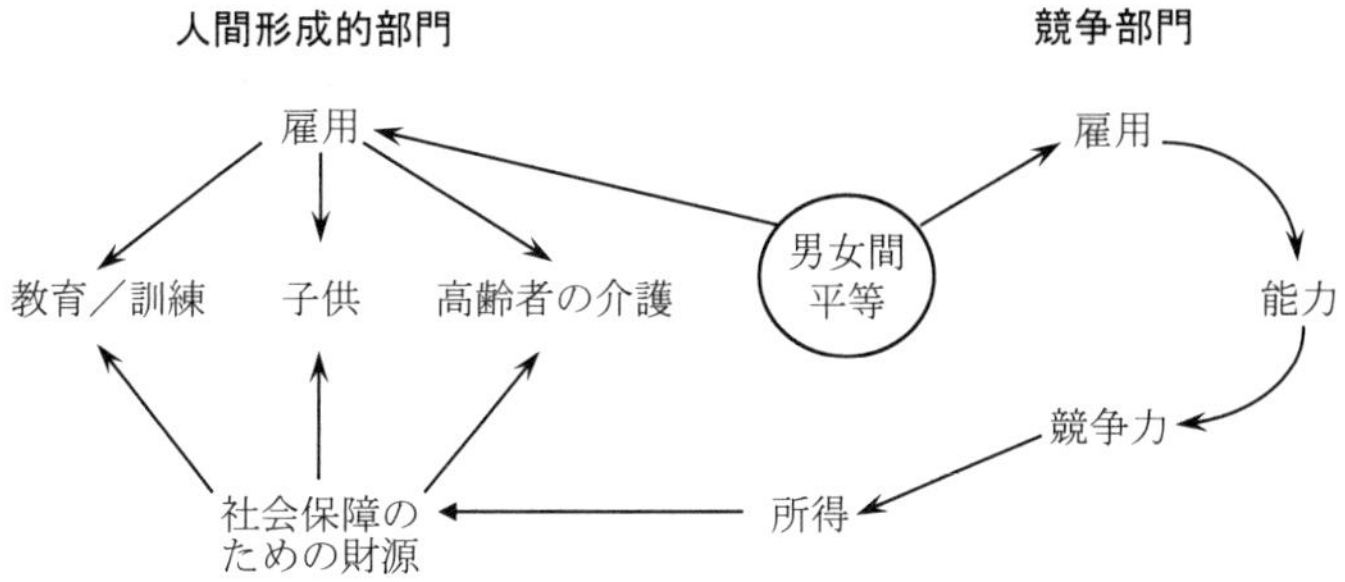

出所：筆者により作成

3　人間形成的レジームに向かって進む

日本はかくして、経済と社会正義の追求の関係に関する二つの考え方の間で独自の道を見つけることができるかもしれない。伝統的見解では、イノベーションや成長に貢献するメカニズムを促進することこそが、やがて社会移転や社会保障への資金調達を可能にするという。反対に社会民主主義的な考え方は、教育、職業訓練、医療、文化が社会的で集団的な資本を形成し、これを出発点にして民間のイニシアティブや企業の競争力が発展しうるという事実を強調する。

第二次世界大戦後の数十年間、日本は前者の考え方から着想を得ていたが、しかしその成長体制が限界を迎えたことで、異なる時代が始まった。どういう時代かというと、集団的・社会的サービスの発展が、競争部門――輸出によって原材料や経済活動に必要な製品の調達を保証する部門――だけでなく、人間形成的部門 secteur anthropogénétique――これは教育や医療を二一世紀経済の重要な部門に位置づける――にも役立つようになる時代である（Boyer 2015b）。男女間の平等をもっともっと追求することは、このような移行の触媒となりえよう（Aglietta 1998）（図5―19）。

結　論――日本の軌道の特殊性

日本における不平等の分析から、前章までに得られた成果が確認される。同時に日本の分析からは、理論の深化に役立つ特殊かつ斬新な成果が数多くもたらされる。

1　世紀単位の尺度でみると、さまざまな不平等レジームが相継ぎ、そして時期ごとに異なったメカニズムを示してきた。一八八〇年から一九三七年の不平等レジームは不労所得と資本によって支配されており、これが高額所得を爆発的に増大させた。他方、競争的な賃金形成によってクズネッツ型の不平等メカニズムが作動した。続いて、これとは全く異なったレジームが構築され、これを特徴づけたのは不労所得者の安楽死や公共機関による資本報酬の制限であった。このような不平等レジームは、制度化された賃金型レジームと形容することができる。一九九〇年代から、賃金型不平等レジームのゆっくりとした漂流が始まった。これは労働契約の細分化の進展や、それぞれの大きな雇用カテゴリーの内部における不平等の加速によって特徴づけられる。このような第三の不平等レジームの構図は、自己相似的《フラクタル》‐賃金型構図と名付けることができる。

2　発展様式と不平等レジームは密接な関係を保っている。というのも、コーポレート・ガバナンスの型、賃労働関係、税制の性質、社会保障の有無は、成長様式と同時に不平等の発生をも決定づけるからである。当面の日本の場合、時代ごとに変化した国際体制への編入のあり方が不平等レジームを決定することはまずなかった。不平等レジームは基本的には国内の制度的配置に依存していたのである。

3　倫理や哲学の考え方、あるいは政治的イデオロギーによって、不平等の程度が決定されるという直観が広く行きわたっている。しかし日本の経験が示すところでは、戦時期（一九三八〜四五年）が決定的な役割を果たしており、ここであらゆる要素――農地改革、累進税制、インフレによる不労所得者の安楽死、国家による資本の最大収益率の管理……――が導入された。そしてこれらの要素は、やがて占領期（一九四五〜五二年）に体系化され制度化されていった。この点、レギュラシオン・アプローチだけでなくピケティの長期分析の主要結果の一つが、日本によって確認されるのである。

4　不平等の要因は時間的に恒久的ではない。例えばピケティによって展開された理論によれば、資本収益率が経済成長率を上回るとき、最上位層の所得シェアは爆発的に増加していくという。この理論はまず、一八八〇〜一九三七年の不労所得と資本によって支配された不平等レジームにおいては実証された。しかしこれはもはや現代にはあてはまらない。というのも、日本の不平等レジームは賃金型になったからである。実際、資本の経済的収益率は経済成長率よりも継続的に高い——つまり長期準停滞に近い——という事実があるにもかかわらず、資産の小ささや報酬の低さによって、以前に観察されていたメカニズムが阻止されたのである。それゆえ、普遍的用途をもった唯一のメカニズムなるものを探求するのは虚しいことである。なぜなら、そうした主張は長期歴史分析によって裏切られるからである。

5　これと同じように、不平等レジームを形づくる諸要因についても、普遍性なるものは存在しない。例えば情報通信技術の革命が進むとともに、アメリカを対象とした研究は、高度技能《ハイスキル》層が有利となるような偏向が不平等拡大において重要な役割を担うということを示した。見たところ、そのようなことは日本では観察されなかった。というのも教育の発展によって、技能層の相対賃金の上昇が阻まれたからである。一般的にいって、およそレジームなるものは、累積されたり反対に相殺されたりする各種プロセスの結合として作用する。二つ目の例は高齢化の例である。二、三〇年来、多くの研究者は日本の不平等拡大において高齢化に重要な役割を与えてきた。このような構造効果は確かに存在するが、それは高齢層に向けられた社会移転の増大によって部分的に食い止められている。それゆえ、一方での人口統計的なメカニズム、他方での社会政治的メカニズム——すなわち日本の歴代政権にとって優先順位の決定に際して高齢層がもつ力——という、この二つのメカニズムを改めて組み合わせてみるのがよい。

6　したがって、競争の国際化や国際金融の権力があるがゆえに、さまざまな不平等レジームが一個同一の構図に収斂しなければならない理由はほとんどない。例えば、分断化され、自己相似的《フラクタル》な現代日本の賃金レジームは、アメリカで観察される資本によって支配された金利生活者レジームとは、かなり根本的に区別される。国際特化の型や制度化された妥協の性質は、不平等レジームに関する国民的軌道の特殊性を継続的に保証していくことであろう。

7　とはいっても、日本における不平等の推移は進行中の国際関係の再構築から完全に独立しているわけではない。もし日本の国債が生産よりも急速に増大し続けるのであれば、国際金融の圧力を抑制することができるであろうか。国債増大は、日本人預金者が受け入れている低金利を再検討に付すかもしれない。ＴＰＰ〔環太平洋戦略的経済連携協定〕条約の実施は、より統合され競争的な労働市場の実現を食い止めながら、これまで維持されてきた障壁を崩すおそれがないだろうか。最後に、社会移転によって不平等を抑制する能力は、中国経済の技術進歩やアジア圏内での分業再編成に直面してもなお、日本産業の競争的優位がまだ維持されていることを想定しているのである。

結語

不平等の問題はこの一〇年で、研究および政策に関する重要な論題として登場してきた。その結果、これまでは一方で成長の駆動力の分析が、他方で個人間不平等の決定因の解明がなされてきた。しかし、そこに支配的であった二重性を乗り越えるためには、新しいパラダイムが構築されなければならない。実際、マクロ経済学者にとっては、賃金と利潤の間の機能的所得分配と、それが需要形成や生産能力変化に与える影響だけが重要であった。それに対して社会政策の専門家や社会学者は、課税や社会保障による再分配前後の個人間所得分配を分析した。例えば彼らは、これらの不平等の縮小、あるいは反対に不平等の拡大における学校教育の役割を考えた。ジニ係数やタイル指数といった専門用語は、このような個人間所得分配の特徴を明らかにするが、それらはマクロ経済分析のカテゴリー——とりわけ所得の機能的分配——と完全に無関係だと暗黙的に考えられていた。

1　現代の不平等を新しいツールで分析する

規制緩和のプロセスが大きく広がり、金融自由化によって引き起こされたイノベーションが力強さを増したことによって、こうした社会科学上の分業は妥当しなくなった。最新の研究は概念の大きな前進を示している。というのもそれらの研究は——自らの労働あるいは活動でのみ生計を立てている諸個人と、反対に企業家報酬・資本・配当・金融利得から利益を得ている諸個人とを対置することによって——賃金／利潤分配のゆがみが個人の所得分配に直接的な影響を及ぼすことを明らかにしたからである。これこそまさにピケティの著書の長所である。つまり、最上位一〇%、一%あるいは〇・一%

が取得する国民所得シェアおよび／あるいは資本シェアを指標として用いることで、ピケティはまた、成長レジームの特徴を個人間の所得や富の分配に結びつけることを可能にした。こうしてピケティは、どのように、そしてなぜ、不平等の問題が現代社会にとって中心的問題になったのかを説明する。ある意味でピケティは、これまで分離されていた経済分析の二つの領域の再統合を提示し、また社会的構造と経済的動態を関連させようとする政治経済学の基礎的な直感に立ち戻ったのである。

　このような視点を取り入れるならば、所得分配はもはや個人的特徴（能力、才能、教育）だけに依存するのではなく、発展様式の特徴にも依存する。レギュラシオン理論の観点からみると、これは発展様式と不平等レジームの相互依存性を意味する。ある意味において、『21世紀の資本』によって明らかになった定型化された事実は、一方で、現代の金融主導型蓄積レジームに照応し、他方で、一九世紀前半の金利生活者〔レント依存〕経済にも照応する。中国では、急速な工業近代化や、生産性の低い農村・農業部門からの労働力移動が引き起こす転換によって不平等が急拡大しているが、その中国に関しては右にみたケースはあてはまらない。北欧諸国で見られる緩和された不平等のレジームを社会民主主義的と形容することは、あながち誤りではない。というのも社会保障制度の多くの構成要素は、技術変化やイノベーションへの適応に、また組織や制度諸形態の永続的変容への適応に、一役かっているからである。

　本書の成果は、今日支配的な解釈を相対化することである。支配的な解釈とはつまり、不平等の劇的な拡大は基本的に、新自由主義の直接的結果であり、また、この教義によってかき立てられた現代の多くの政府が実施した民営化・分権化・個人化の政策の直接的結果なのだ、というものである。このような動向は、グローバリゼーションによる各国民経済への圧力を考慮すると、多分に不可逆的かもしれない。たしかに、こうしたメカニズムはもちろん、アメリカや中国の不平等レジームにおいてある確かな役割を果たした。しかしこの点で、ラテンアメリカ諸国の例は示唆的である。つまりそこでは、自由化の局面——それは金融的・経済的・社会的危機の連続であった——を経た後、民主化のプロセスによって一連の公的介入が制度化されえたのであり、こうして貨幣所得の不平等がわずかながらでも抑制されたのである。したがって不平等レジームは、純粋な経済的決定論の現れなのではなく、それらはとりわけ各国民国家レベルで形成される社会政治的妥協の結果なのである。北部欧州と南部欧州の間に見られる状況の不均衡や、さらにはラテンアメリカ諸国内で見られる不均衡（ウルグアイの不平等は控えめだが、中米では極めて大きい）は、政治的要因の重要性を証明している。

2　グローバリゼーションは不平等レジームの多様性を促進する

したがって本書の主な教訓の一つは、現代世界において、様々に異なる発展様式と、それらと関連している様々な不平等レジームとが共存しているということを強調することにある。だからといって、栄光の三〇年間〔戦後から一九七〇年代半ばまで〕に観察することができたように、各種の発展様式や不平等レジームは互いに独立したものなのであろうか。最近三〇年間における新しい点は、例えばアングロサクソン圏の金融主導型蓄積レジームと中国の急激な工業化との間に補完性があることが、まさしく観察されたことである。同様に、多くのラテンアメリカ諸国における原材料輸出にもとづくレント依存型レジームは、一方で、一連の金融バブルに伴う需要のダイナミズムと共鳴し、他方で、天然資源に乏しい中国のニーズと共鳴している。

不平等レジームに関しても同様である。例えば、中国や、もっと一般的にはアジア――これら諸国では従業員の賃金が生産性に連動するに至ってない――への大量生産型工業の海外移転によって、アメリカ的生活様式を支える諸財の相対価格は低下しうる。このような現地生産は部分的に、未熟練労働者の伸び悩む実質所得を埋め合わせる。これと対称的に金融の領域では、中国の貿易収支黒字の一部はアメリカ国債の購入に充てられる。つまりこうしたことは、実質金利をとりわけ低く維持することに寄与し、そのおかげで二〇〇七年まで最貧困層の労働者でも借金をすることができた。超低金利が持続的に維持されたので、株価が急上昇し、それによってアメリカ社会におけるいちばんの特権階層に富が集中した。

かくしてグローバリゼーションは、国際貿易への開放、直接投資の飛躍的増大、自由な資本移動として進んでいったが、それは太平洋の両岸で不平等の拡大を進めた。より一般的な言葉で言うと、グローバリゼーションは各国の社会経済体制を同質化させる要因だという議論に対して、レギュラシオン理論は異を唱える。そうではなく、各国の社会経済体制間の相互依存性の強化は、不平等を多様化させていくのである。このような命題はユーロ圏危機のなかで確証されている。つまり単一市場の深化や資本の完全移動は、北部欧州のイノベーション主導型成長レジームと、南部欧州における信用へのアクセスの容易さによって駆り立てられた消費の活力にもとづく成長レジームとの間に、事実上の補完性を創りだした。拡充された社会保障によって促進される小さな不平等のレジームは、ある場合には存続可能であるが、別の場合には大いに疑問に付される。健全な財政連邦制度へと歩みだすことによってのみ、これら二つの成長レジームの補完性を回復させることができるのであろう。……しかしユーロ圏危機によって反対に、国民国家こそが連帯の実現にとって唯一正統な空間であるという考え方が復活しつつある。

3　日本における不平等の独自性

日本の不平等分析は、金融化によって支配されている経済諸国のものとも、そしてヨーロッパで展開された福祉資本主義のものとも似ていない不平等レジームを明らかにする。一九世紀初めの不平等の大部分が不労所得者の支配と産業および金融権力の集中に起因していたとすれば、第二次世界大戦はこの権力を根絶した。そしてこうしたことは、ケインズが主張する不労所得者の安楽死を引き起こさずにはいなかった。思想の普及はたしかにある役割を果たしたが、戦争による破壊とその後の復興期に付随した経済的・技術的転換こそが、不平等を基本的に賃金生活者内部で定義される問題に変えた。加えて、資本／労働関係以外の不平等の、別の要因にも言及しなければならない。まず、男女間の勤労者としてのキャリアの不平等は特に際立っており、これは国際比較——とりわけピケティ(Piketty 2013) によって展開された国際比較——のなかではあまり現れない現象である。次に若年層と高齢層の対立はしばしば日本に特有の不平等要因として引き合いに出される。しかし政治経済学的観点からのアプローチでは、高齢の市民ほど社会政策に影響を及ぼすことができたことが明らかにされた。それは近年、高齢層の間で所得の不均衡縮小が見られる一方で、日本の若年層では拡大するほどまでになった。

このような特徴づけに照らし合わせると、所得税の累進性という伝統的な道具を絶対化しないことが重要である。というのも、賃金調整を放棄したことによって報酬が個人間で分岐したために、不平等が急激に拡大しているという印象が一般的になったからである。同様に、男女間の報酬格差は必ずしも教育機会の改革を必要とすることでもない。というのも、卒業時には、若い女性たちは少なくとも男性たちと同じくらい優秀な成績を得ているからであり、初任給は明らかに男性たちに引けをとらないからである。したがって核となる問題は、企業の経営実践の変革という問題であり、それは身分の平等を定めた法律の及ばないところにある問題である。このような日本型不平等レジームの特徴は、男性労働者の能力を伝統的に向上させてきたイノベーション・輸出指向の日本型成長様式と無関係ではない。

不平等レジームといってもそれはけっこう多様であるゆえに、不平等を縮小させるための政策に関してしても同様であるにちがいないであろう。つまり、世界的規模での累進資本税の実施というピケティの提案は、明らかに夢物語である。たとえその提案が、理にかなった所得階層の再構築にとって主な障害の一つとなるものを指し示しているとしても、である。つまりその障害とは、金融投資の完全な流動性や自由から収入を得ている支配的アクターの機会主義、さらには反世間的態度《シニシズム》である。加えて世界的規模での累進資本税は、そのような多様な不平等レジームに対して、唯一の治療薬ではないのだ。資本主義の歴史および現代の国際比較は、きわめて多様な手段を提供している。例えば、労働者の集団的権利の承認、団体協約の一般化、最低賃金の制度化、優れた教育システムの民主化、公共財へのアクセスの普遍性、累進課税、世代間の財産相続への課税である。これらの多様な手段もまた——集団的コントロールがないと資本主義の力学によって引き起こされがちな——不平等を縮小させうるのである。経済活動への貢献とは全く独立した市民の所得保証といった、新しい手段を開発・考案することさえ可能なのである。

4　市民権対経済的権力——不平等の将来は？

今日の各国政府は、不平等の深化と無関係ではない危機の連続によって特徴づけられるここ三〇年間の流れを一変させるために、右の諸手段を実施することになるであろうか。サブプライム危機の勃発とその国際的拡散は、二〇〇八年、ミンスキー・モーメントを引き起こした。これは、金融主導型蓄積の構造的不安定性を明らかにしたポスト・ケインズ派の経済学者の名前に由来する。このことは、改めて金融セクターの規制を目的にした法律を正当化するものであった。そして、この一〇年はと言えば、ポランニー的転換を示していくのであろうか。つまりこの期間に、社会は再び商品化のプロセス――これによって商品化そのものの基盤が破壊されている――のコントロールを掌握することになるのであろうか。

注目すべきことに、標準経済学的なアプローチと袂を分かつ研究者の多くは次の事実に賛同する。つまりアングロサクソン諸国では、経済そして金融における支配的アクターの権力は、経済政策、財政政策、さらに金融政策にまで及ぶ影響力――たとえそのすべてを決定するものでないとしても――に転換された、という事実である。反対に社会民主主義的伝統のある諸国では、経済金融危機がないわけではない。しかし政治領域やさらには経済領域における市民権の定着によって、例えば、いくつかの公的社会サービスが民営化されても、それが不平等の拡大として解釈されることはないのである。

それぞれの不平等レジームは明らかに、社会における権力の構図を表現している。したがってこの問題は、多くの社会科学――社会学、政治学、法学、歴史学、経済学――に共通する研究プログラムの対象であるにちがいない。こうしたことは以前からレギュラシオン理論のプロジェクトであった。それは、この理論潮流が主宰する雑誌に副題として「資本主義・制度・権力」という三語を付けているということからもおわかりであろう。本書が不平等分析に果たした貢献が示すように、二〇一〇年代という時代文脈はこうした問題意識を刷新するチャンスに満ち溢れている。

訳者解説

本書は、レギュラシオン派を代表するフランスの経済学者ロベール・ボワイエ氏が「不平等」「格差」を扱った彼自身の多数の論文のなかから四本を精選し、さらに日本における不平等を論じた新稿を加えて、氏本人も交え、監修者、訳者が編集したものである。また本書全体の趣旨と論点を明示するために、「日本の読者へ」および「結語」も新たに書き下ろされた。各章の原題および初出は次のとおりである。

第1章 "The Rise of CEO Pay and the Contemporary Social Structure of Accumulation in the United States", in McDONOUGH Terrence, REICH Michael and KOTZ David M. (eds) (2010), *Contemporary Capitalism and Its Crisis: Social Structure of Accumulation Theory for the 21st Century*, Cambridge University Press, p. 215-238.

第2章 "Le Capital au XXIe Siècle", *Revue de la régulation*, 14-2e semestre/Autumn2013, http://regulation.revues.org/10352.

第3章 "Is More Equality Possible in Latin America?: A Challenge in a World of Contrasted but Interdependent Inequality Regimes", *desiguALdades.net Working Paper Series 67*, Berlin: desiguALdades.net International

Research Network on Interdependent Inequalities in Latin America, 09/2012.

第4章 "Les Leçons de la Flexicurité Danoise: Une Lecture Régulationniste", Projet de contribution à l'ouvrage *Repenser La Solidarité au XXIe Siècle*, PAUGAM Serge (dir.), PUF, 2006.

第5章 "Evolution et Originalité du Régime d'Inégalité Japonaise", avril 2016.（新稿）

出版の経緯

まず本書の出版の経緯を記しておきたい。トマ・ピケティ著『21世紀の資本』の原著（仏語版）が二〇一三年に出版され、その後すぐに英語版が二〇一四年に出版されると、経済学の専門書としては異例の世界的ベストセラーになった。同年、日本語版（山形浩生ほか訳『21世紀の資本』みすず書房、二〇一四年）も出版され、ピケティの来日、そして日本各地での市民や研究者を交えた講演会の開催などによって、不平等・格差・貧困といったキーワードが経済学だけでなくあらゆる学問分野で急速に注目され始め、さらに市民レベルにおいても現代の社会問題として定着した。

レギュラシオン理論においても従来このような不平等問題は扱われてきたが、主要な分析領域としてではなかった。しかし、『21世紀の資本』に対するボワイエの書評論文（本書第2章として所収）がレギュラシオン理論系学術ジャーナルである *Revue de la régulation* に発表されると、訳者の名古屋大学大学院時代の恩師である山田鋭夫氏（名古屋大学名誉教授）と植村博恭氏（横浜国立大学教授）から書評の翻訳の話を頂き、藤原書店『環』の「小特集」に組み入れて頂いた（横田宏樹訳「レギュラシオン理論から読む『21世紀の資本』」『環』第五九号、二〇一四年秋。フランス語版から訳出したが、必要に応じて同ジャーナルの同じ号に掲載されている英語版で補足した）。

さらに、不平等問題に対するレギュラシオン的解釈を体系的に提示するために、一冊の本として翻訳書を出版するという話が持ち上がり、さまざまな議論と調整の結果、前記のような構成に落ち着いた。本書は一冊の独立した本としてはオリジナルな主張をもつものであり、またレギュラシオン理論の誕生以来、学派の中心をなしてきたボワイエ氏による体系的な不平等論の書でもある。そしてここに、ピケティとは異なる不平等分析へのレギュラシオン的アプローチの一つの方向性を見てとることができる。

本書の構成

本書は、本論全5章に序文（「日本の読者へ」）と結語を加えた構成となっている。ごく大まかにいえば、本論は次のような流れとなっている。まず第1章では、不平等問題の出発点としてアメリカにおける不平等拡大を分析し、実質所得の中央値の伸び悩みに対して、金融主導型成長レジームの下でのトップ経営者報酬の爆発的な拡大が明らかにされる。第2章では、ピケティ著『21世紀の資本』の書評という体裁をとりつつ、ピケティの不平等論の貢献と限界が示され、不平等論に対するレギュラシオン的アプローチの可能性が提示される。そして本書の核である第3章において、国民的不平等レジームの多様性とそれらの相互依存性という観点から、不平等論へのレギュラシオン的アプローチの具体的な分析枠組みが提示される。第4章では、資本主義経済社会に埋め込まれた不平等構造に対して、経済パフォーマンス（効率性）と公平性（社会的正義）の両立を可能にするオルタナティブな社会経済モデルとして、デンマークのフレキシキュリティ・モデルが取り上げられる。そして、レギュラシオニストによる日本の不平等分析としては初の体系的・歴史的分析である第5章は、日本がこれまでに提示されたどの不平等レジームにも類似しない独自の不平等レジームを歴史的に構築してきたことを明らかにし、今後の不平等縮小に向けた政策的提案を行なう。最後に結語では、本書の成果と不平等分析への貢献が要約されている。

本書の特色

本書が提示する不平等分析へのレギュラシオン的アプローチの特色として、次の三点を挙げることができる。

一つ目に本書は、不平等の問題を個人的要因のみに帰するのではなく、発展様式あるいは成長レジームと結び付けて不平等レジーム論として分析する。第1章では、アメリカにおける経営幹部の報酬高騰による不平等拡大が、経営者本人の能力や企業業績の向上よりもむしろ、トップ経営者が株主価値原理を受け入れ、その代わりに金融業者は経営者権力を容認するという、経営者と金融業者との新しい妥協を核にした新しい成長レジームの構築に起因することが説明される。つまり経営者と労働者の間のフォーディズム的労使妥協(テーラー主義的労働編成の受容と生産性インデックス賃金の提供という妥協)によって特徴づけられる賃労働関係の代わりに、金融を支配的な制度形態に位置づける金融主導型成長レジームが構築されたのである。第3章では、アメリカのケースに加えて、中国、ヨーロッパ、そしてラテンアメリカの成長レジームと不平等構造の問題が扱われ、各国あるいは各大陸の不平等レジームの構図が提示される。

しかしこれらの不平等レジームが世界規模においてある一時代に一つの構図に収斂するということは

なく、それらは国民的領域にしたがって多様であるということを強調する点が、本書の二つ目の特色である。実際に第3章において指摘されているように、中国、アメリカ、ヨーロッパ諸国において不平等が拡大しているのに対して、極めて不平等であったラテンアメリカでは不平等の縮小が観察される。そして、それぞれの国民的領域で不平等を拡大させる原因は同一ではない。中国では生産が急速に近代化し、集団的組織形態が消滅したことで不平等の拡大が引き起こされ、また地方コーポラティズム制度の存在は中央当局による全国民的な福祉政策の確立を遅らせる原因になっている。アメリカでは国際化と金融化の下で、経営者と給与所得者の同盟の上に成り立っていたフォーディズムから、経営者と金融業者の同盟に基づく金融主導型成長レジームへと転換し、社会的正義／公平性と経済成長を両立させていたマクロコーポラティズムは一連のミクロコーポラティズムに取って代わられた。さらに、金融化の下でトップ経営者の報酬は彼らの能力や企業業績よりも、彼らの金融市場における評価に沿うようになり、報酬の爆発的増加をもたらした。その結果、トップ経営者と給与所得者との所得分配の不平等がいっそう拡大した。ヨーロッパ諸国では、一九九〇年代以降の持続的な低成長と二〇〇〇年代後半以降のユーロ危機に直面し、福祉給付の削減や緊縮財政が政策的に実行されるなかで、経済小国においては福祉の持続性そのものが問題に付された。こうした福祉の縮小により不平等が徐々に拡大する一方で、北欧諸国では福祉による経済成長への貢献が永らく議論され、フレキシキュリティ・モデルを構築したデンマークは福祉と経済成長を結び付けながら不平等を緩和させるレジームを構築した。最後に戦後日本における不平等は賃金生活者内部における不平等に起因する賃金型不平等レジームとして特徴づけられ、一九九〇年代以降は春闘などの賃金形成の制度的調整手続きが放棄され、報酬がますます個別化されることによって賃金格差の拡大が観察された。

そして第三の特色として、本書はこれら多様な国民的不平等レジームが世界的規模で相互に依存していることを強調する。アメリカ、中国、ヨーロッパ諸国、ラテンアメリカ諸国、日本といった国民的領域においてさまざまな発展様式が構築されるように、不平等拡大を引き起こす対照的な構図が観察される。しかし、なぜ多くの国で不平等が拡大しているにもかかわらず、これら多様な社会経済体制が存続可能であるのか。それは生産、資本、金融のグローバリゼーションによる開かれた国境のなかで、これらの多様な不平等レジームが相互に関連し合っているからである。したがって著者は、「不平等のグローバリゼーション」に取って代わる「さまざまな不平等レジームの相互依存」という新しい概念を提示しようとする。これこそがピケティに対する著者の返答であり、そして不平等論へのレギュラシオン的アプローチのオリジナリティの一つなのである。つまり、ピケティがその著書で提示した世界的な累進資本税という普遍的な政策は、国民的領域に応じて不平等の構図が多様であるために、そのままでは何の解決策にもならないのだ。

そしてこのような本書の特色は、本書のタイトルである『作られた不平等』La Fabrique des Inégalités に要約される。つまり不平等とは、自然発生的な現象ではなく、様々な政治的および経済的要因が複雑に絡み合うことによって構築されたものであり、その不平等の構図は普遍的なものではなく国民的領域間において多様である、と。

＊　　＊

本書の翻訳作業を通して、山田鋭夫氏と植村博恭氏の両氏には大変お世話になった。山田鋭夫氏には本書の企画・交渉から訳文点検まで、全体にわたって監修の労をとっていただいた。そして植村博恭氏には貴重な時間を割いて私の未熟な翻訳原稿を修正・確認していただき、さらに本書の理論的内容に関して多くの助言を頂いた。この場を借りて両氏に感謝を記したい。

また藤原書店編集部の山﨑優子さんには、私の責任で翻訳作業が遅々としか進まず、当初の完成予定から大幅に遅れてしまい、大変なご迷惑をおかけした。そしてさらに、図表の多い本書の編集・作成・校正において大変なご苦労をおかけしたことに対して、心からお礼申し上げたい。

本書は、私がパリ第一三大学で博士課程を修了し、二〇一四年四月に旭川大学経済学部に着任してから取り組んだ最初の大きな仕事であり、また私自身初めての単訳書である。みなさんのご支援に対して、本書の完成をもって少しでも応えられたら本望である。

二〇一六年八月

横田宏樹

Equality is Better for Everyone, London: Penguin Books.
YOSHIKAWA Hiroshi (2014), "Hope for a Wage Increase", *Economy*, n° 18, Discuss Japan: Japan Foreign Policy Forum, the 21st January〔『週刊東洋経済』2013 年 11 月 16 日号「経済を見る眼／賃金引き上げへの期待」〕
ZEITLIN Jonathan and TRUBECK David (eds) (2003), *Governing Work and Welfare in a New Economy: European and American Experiments*, Oxford: Oxford University Press.
ZEITLIN Jonathan and POCHET Philippe (eds) (2005), *The Open Method of Coordination in Action: The European Employment and Social Inclusion Strategies*, Brussels: Peter Lang.

Japanese Economic Review, Vol. 57, nº 1, March.

TELO Carlos (2012), *Sobre la Desigualdad en México*, México: UNAM, Facultad de Economía.

THE ECONOMIST (2012a), *Asia's Next Revolution: Reinventing the Welfare State*, September 8-14, p. 20-23.

THE ECONOMIST (2012b), *True Progressivism: The New Politics of Capitalism and Inequality*, October 13-19, p. 1-26.

THÉRET Bruno (1997), "Méthodologie des Comparaisons Internationales, Approches de l'Effet Sociétal et de la Régulation: Fondements pour une Lecture Structuraliste des Systèmes de Protection Sociale", *L'année de la régulation*, 1, p. 163-228.

UNI Hiroyuki (2008) 宇仁宏幸「日本における賃金格差拡大とその要因」『季刊経済理論』第 45 巻第 1 号

UNI Hiroyuki (2011), "Increasing Wage Inequality in Japan since the End of the 1990s: An Institutional Explanation", in BOYER, UEMURA and ISOGAI (2011), p. 90-106.〔宇仁宏幸『制度と調整の経済学』ナカニシヤ出版, 2009 年，第 3 章〕

UNI Hiroyuki (2015), "Augmentations des inégalités salarial au Japon depuis la fin des années 90: une explication institutionnelle", in BOYER, R., UEMURA, H. et ISOGAI, A. (dir)., *Capitalismes asiatiques: Diversité et transformation*, Presse Universitaire de Rennes, 2015, p. 119-138.

UNITED NATIONS ECONOMIC COMMISSION FOR LATIN AMERICA AND THE CARIBBEAN (ECLAC 2012a), *Cambio Estructural para la Igualdad: Una Visión Integrada del Desarrollo*, Santiago de Chile: Naciones Unidas.

UNITED NATIONS ECONOMIC COMMISSION FOR LATIN AMERICA AND THE CARIBBEAN (ECLAC 2012b), *Continuing Crisis in the Centre and New Opportunities for Developing Economies*, Santiago de Chile: United Nations.

UNRISD (2010), *Combating Poverty and Inequality: Structural Change, Social Policy and Politics*, Geneva: United Nations.

VIELLE Pascale, POCHET Philippe and CASSIERS Isabelle (eds) (2005), *L'État Social Actif: Vers un Changement de Paradigme*, Bruxelle: Peter Lang.

VISSER Jelle and HEMERIJCK Anton (1997), *A Dutch Miracle: Job Growth, Welfare Reform and Corporatism in the Netherlands*, Amsterdam: Amsterdam University Press.

WILKINSON Richard and PICKETT Kate (2010), *The Spirit Level: Why*

Strategy for International Competitiveness and Social Cohesion, Cheltenham: Edward Elgar.
RODRIGUES Maria João (2009), *Europe, Globalization and the Lisbon Agenda*, Cheltenham: Edward Elgar.
ROE Mark (1994), *Strong Managers, Weak Owners: The Political Roots of American Corporate Finance*. Princeton: Princeton University Press.
SABOIA João (2010), "Elasticidades de Rendimentos de Trabalho em Relação ao Salário Mínimo: A Experiência do Período Recente", *Economia y Sociedades*, 19, p. 359-380.
SAMUELSON Paul Anthony (1948), *Economics: An Introductory*, New York: MacGraw-Hill Book Company; (French edition), *L'économique*, Paris: Armand Colin.〔都留重人訳『経済学（上・下）』原書第 13 版，岩波書店，1992 年〕
SAKURAI Kojiro (2000) 桜井宏二郎「グローバル化と労働市場――日本の製造業のケース」『経済経営研究』第 21 巻第 2 号，日本政策投資銀行設備投資研究所
SAKURAI Kojiro (2004) 桜井宏二郎「技術進歩と人的資本――スキル偏向的技術進歩の実証分析」『経済経営研究』第 25 巻第 1 号，日本政策投資銀行設備投資研究所
SCHOR Juliet (1992), *The Overworked American: The Unexpected Decline of Leisure*, New York: Basic Book.〔森岡孝二／青木圭介／成瀬龍夫／川人博訳『働きすぎのアメリカ人――予期せぬ余暇の減少』窓社, 1993 年〕
SCHULTZ Paul (2005), "Fertility and Income", *Yale University Economic Growth Center Discussion Paper*, No.925.
SEN Amartyia (2000), *Development as Freedom*, New York: Anchor Books.〔石塚雅彦訳『自由と経済開発』日本経済新聞社，2000 年〕
SHONFIELD Andrew (1965), *Modern Capitalism: the Changing Balance of Public and Private Power*, London & New York: Oxford University Press〔海老沢道進『現代資本主義』オックスフォード大学出版局，1968 年〕
SOMERS Margaret and BLOCK Fred (2005), "From Poverty to Perversity: Ideas, Markets, and Over 200 Years of Welfare Debate", *American Sociology Review*, 70, p. 260-267.
STIGLITZ Joseph E. (2012), *The Price of Inequality: How Today's Divided Society Endangers Our Future*, New York and London: WW Norton & Company.
SUPIOT Alain (ed) (1999), *Au-delà de l'Emploi: Transformations du Travail et Devenir du Droit du Travail en Europe*, Paris: Flammarion.
TACHIBANAKI Toshiaki (2006), "Inequality and Poverty in Japan", *The*

Developing Countries: Issues for Comaprative Analysis, Tokyo: International Development Center of Japan, p. 331-348.
PALIER Bruno, EMMENEGER Patrick, HAUSERMANN Silja and SEELEIB-KAISER Martin (eds) (2012), *The Age of Dualization*, Oxford: Oxford University Press.
PALLEY Thomas I. (2007), "Financialization: What It Is and Why It Matters", *Working Paper The Levy Economics Institute*, 525.
PANIGO Demian (2008), *Volatilité Macroéconomique et Inégalité en Amérique Latine*, Doctoral Thesis EHESS Paris.
PEDERSEN Ove (2008), "Corporatism and Beyond: The Negotiated Economy", in CAMPBELL John, HALL John and PEDERSEN Ove K. (eds), *National Identity and the Varieties of Capitalism: The Danish Experience*, Copenhagen: DJOF publishing, p. 245-270.
PÉREZ Carlota (2002), *Technological Revolution and Financial Capital. The Dynamics of Bubbles and Golden Ages*, London: Edward Elgar.
PHILLIPS Kevin (2002), *Wealth and Democracy*, New York: Broadway Books.
PIKETTY Thomas (2013), *Le Capital au XXIe Siècle*, Paris: Seuil; (English edition) *Capital in the Twenty-First Century*, Cambridge MA: The Belknap Press of Harvard University Press, 2014.〔山形浩生／守岡桜／森本正史訳『21 世紀の資本』みすず書房，2014 年〕
PIKETTY Thomas and SAEZ Emmanuel (2003), "Income Inequality in the United-States, 1913-1998" *Quarterly Journal of Economics*, 118(1), p. 1-39.
PIKETTY Thomas and SAEZ Emmanuel (2007), "How Progressive is the U. S. Federal Tax System?: A Historical and International Perspective", *Journal of Economic Perspectives*, 21(1), p. 3-24.
PINTO Aníbal (1970), "Naturaleza e Implicaciones de la 'Heterogeneidad Estructural' de la América Latina", *El Trimestre Económico*, 145, p. 83-100.
PISANI-FERRY Jean and SAPIR André (2006), "Last Exist to Lisbon", *Bruegel Policy Brief*, March.
PLIHON Dominique (ed) (2002), *Rentabilité et Risqué dans le Nouveau Régime de Croissance*, Rapport du Commissariat Général du Plan, La Documentation Française, Paris.
PREBISCH Raul (1981), *Capitalismo Periférico. Crisis y Transformación*, Mexico, Fondo de Cultura Economica.
RAWLS John (1976), *Theory of Justice*, Belknap Press.〔矢島鈞次監訳『正義論』紀伊国屋書店，1979 年〕
RODRIGUES Maria João (2002), *The New Knowledge Economy in Europe: A*

Latine dans les Années 2000: Le Cas de l'Argentine, du Brésil et du Chili", *Revue de la Régulation*, 11.

MIRANDA DO NASCIMENTO Humberto (2013), "A Cidade Como Centro da Reforma Social do Desenvolvimento", *Plataforma Politica Social*, 2013-08.

MORIGUCHI Chiaki and SAEZ Emmanuel (2006), "The Evolution of Income Concentration in Japan, 1886-2002, Evidence from Income Tax Statistics", *NBER Working Paper series*, nº 12558, October, http: //www. nber. org/papers/w12558.

MONTAGNE Sabine (2003), *Les Métamorphoses du Trust: Les Fonds de Pension Américains entre Protection et Spéculation*, Doctoral Thesis Université Paris 10-Nanterre.

MONTAGNE Sabine (2006), *Les Fonds de Pension: Entre Protection Sociale et spéculation*, Paris: Odile Jacob.

MOSS David (2010), "Comments on Bank Failure/ Regulation/ Inequality chart", http://bit.ly/1nufllo

OECD (2004), *Perspectives de l'Emploi de l'OCDE*, Paris: OECD.

OECD (2005), *Le Danemark: Etudes économiques*, Paris: OECD.

OECD (2008), *Growing Unequal ? Income Distribution and Poverty in OECD Countries*, Paris: OECD.

OHTAKE Fumio (2003) 大竹文雄「所得格差の拡大はあったのか」樋口美雄・財務省財務総合政策研究所編『日本の所得格差と社会階層』日本評論社

OHTAKE Fumio, KOHARA Miki, OKUYAMA Naoko and YAMADA Katsunori (2013), "Growing Inequalities and their Impacts in Japan", *GINI Country Report for Japan*, April.

ONO Akira and WATANABE Tsunehiko (1976), "Change in Income Inequality in the Japanese Economy", in PATRICK Hugh (ed), *Japanese Industrialization and Its Social Consequences*, Berkeley: University of California Press.

ORLÉAN André (1999), *Le Pouvoir de la Finance*, Paris: Odile Jacob.〔坂口明義／清水和巳訳『金融の権力』藤原書店，2001 年〕

OTA Kiyoshi (2005) 太田清「フリーターの増加と労働所得格差の拡大」『ESRI Discussion Paper Series』No. 140

OTSUKI Toshiyuki and TAKAMATSU Nobukiyo (1978), "An Aspect of the Size Distribution of Income in Prewar Japan", Papers and Proceedings of *the Conference on Japan's Historical Development Experience and Contemporary*

Crisis, New York: Cambridge University Press.
KUZNETS Simon (1955), "Economic Growth and Income Inequality", *The American Economic Review*, 45(1), p. 1-28.
LECHEVALIER Sébastien (2011), *La Grande Transformation du Capitalisme Japonais (1980-2010)*, Paris, Presses de Sciences Po〔新川敏光監訳『日本資本主義の大転換』岩波書店，2015 年〕
LEVINE Daniel (1978), "Conservatism and Tradition in Danish Social Welfare Legislation, 1890-1933: A Comparative View", *Comparative Studies in Society and History*, 20(1), p. 54-69.
LORDON Frédéric (2002), *La Politique du Capital*, Paris: Odile Jacob.
LORENZ Edward and VALEYRE Antoine (2004), "Les Formes d'Organisation du Travail dans les Pays de l'Union Européenne", *Document de Travail Centre d'Études de l'Emploi*, 32, Juin.
LUNDVALL Bengt Ake (2002), *Innovation, Growth and Social Cohesion: The Danish Model*, Cheltenham: Edward Elgar.
LUNDVALL Bengt Ake (2011), "The Changing Global Knowledge Landscape and the Financial Crisis", Presentation at *the Pufendorf Institute*, Lund, September.
MADSEN Per Kongshøj (2006), "How Can It Possibly Fly?: The Paradox of a Dynamic Labor Market in a Scandinavian Welfare State", in CAMPBELL John, HALL John and PEDERSEN Ove K. (eds), *National Identity and the Varieties of Capitalism: The Danish Experience*, Montreal: McGill-Queen's University Press, p. 321-355.
MEIDNER Rudolf (1952), "The Dilemma of Wages Policy under Full Employment. " in TURVEY Ralph (ed), *Wages Policy Under Full Employment*, London: William Hodge and Company, p. 16-29.
MILANOVIC Branco (2005), "Can We Discern the Effect of Globalization on Income Distribution ? Evidence from Household Surveys", *The World Bank Economic Review*, n° 19, p. 21-44.
MILANOVIC Branko (2007), "Globalization and Inequality", in HELD David and KAYA Ayse (eds), *Global Inequality,* Cambridge: Polity Press, p. 26-49.
MILANOVIC Branko (2012), "Global Income Inequality by the Numbers: In History and Now", *Policy Research Paper*, 6259, Washington DC: World Bank.
MINAMI Ryoshin (1995) 南亮進『日本の経済発展と所得分布』岩波書店
MIOTTI Luis, QUENAN Carlos and ZANE Edgardo Torija (2012), "Continuités et Ruptures dans l'Accumulation et la Régulation en Amérique

"Growth Diagnostics", *Mimeograph*, John F. Kennedy School of Government, Harvard University.

HICKS John R. (1955), "Economic Foundations of Wage Policy", *The Economic Journal*, September, p. 389-404.

HIMMELBERG Charles P., MAHONEY James M., BANG April and CHERNOFF Brian (2004), "Recent Revisions to Corporate Profits: What We Know and When We Knew It", *Current Issues in Economics and Finance*, 10(3), March.

HIRANO Yasuro and YAMADA Toshio (2016), "The Multinationalization of Japanese Firms and the Dysfuntion of Campanyist Regulation", Paper presented at *Jafee Conference*, Tokyo, 26-27 mars.

ILO (2004), *Economic Security for a Better World*, Geneva: International Labour Office.

JENSEN Michael and MECKLING William (1976), "Theory of the Firm: Managerial Behaviour, Agency Costs and Ownership Structure", *Journal of Financial Economics*, 3, p. 305-360.

JENSEN Michael and MURPHY Kevin (1990), "Performance Pay and Top-Management Incentives", *Journal of Political Economy*, 98(2), p. 225-264.

JIMÉNEZ Juan Pablo and LÓPEZ AZCÚNAGA Isabel (2012), "¿Disminución de la Desigualdad en América Latina?: El Rol de la Política Fiscal", *desiguALdades. net Working Paper Series*, 33, Berlin: desiguALdades. net Research Network on Interdependent Inequalities in Latin America.

JONES Randall S. (2007), "Income Inequality, Poverty and Social Spending in Japan", *OECD Economics Development*, Working Papers, No. 556.

KAWAGUCHI Daiji and MORI Yuko (2008), "Stable Wage Distribution in Japan, 1982-2002: A Counter Example for SBTC ?", *RIETI Discussion Paper Series 08-E-020*, The Research Institute of Economy, Trade and Industry.

KNUDSEN Tim and ROTHSTEIN Bo (1994), "State Building in Scandinavia", *Comparative Politics*, 26(2), p. 203-220.

KOK Wim (2004), "Facing the Challenge: The Lisbon Strategy for Growth and Employment", *Report from the High Level Group*, Luxemburg, November.

KORSGAARD Ove (2000), "Learning and the Changing Concept of Enlightenment: Danish Adult Education over Five Centuries", *International Review of Education*, 46(4), p. 305-325.

KOTZ David, MACDONOUGH Terrence and REICH Michael (eds) (1994), *Social Structures of Accumulation: The Political Economy of Growth and*

Periphery, New York: Palgrave-MacMilan.

FLIGSTEIN Neil (1990), *The Transformation of Corporate Control*, Cambridge, MA: Harvard University Press.

FLIGSTEIN Neil and SHIN Taekjin (2004), "Shareholder Value and the Transformation of the American Economy, 1984-2001", *IRLE Working Paper*, Berkeley: University of California.

FUKUYAMA Francis (2012), "The Future of History: Can Liberal Democracy Survive the Decline of the Middle Class", *Foreign Affairs*, 90(1), p. 56.

GALBRAITH James K. (2007), "Global Inequality and Global Macro Economics", in HELD David and KAYA Ayse (eds), *Global Inequality*, Cambridge: Polity Press, p. 148-175.

GALBRAITH James K. (2012), *Inequality and Instability: A Study of the World Economy Just before the Great Crisis*, Oxford: Oxford University Press.

GARATE Manuel (2005), "Le Système de Retraites au Chili: Le Paradoxe du Meilleur Élève", Paper presented in *EHSS*, juin.

GAZIER Bernard (2005), *Vers un Nouveau Modèle Social*, Paris: Flammarion.

GÓMEZ SABAÍNI Juan Carlos, JIMÉNEZ Juan Pablo and ROSSIGNOLO Darío (2011), "Imposición a la Renta Personal y Equidad en América Latina: Nuevos Desafíos", Informe preparado para la Conferencia "*International Tax Dialogue Global Conference on Tax and Inequality*", Nueva Delhi, India, 7 al 9 de diciembre de 2011.

GOÑI Edwin, LOPEZ J. Humberto and SERVEN Luis (2008), "Fiscal Redistribution and Income Inequality in Latin America", *Policy Research Working Paper*, 4487, Washington DC: World Bank.

GORDON David, EDWARDS Richard and REICH Michael (1982), *Segmented Work, Divided Workers: The Historical Transformation of Labor in the United States*, New York: Cambridge University Press.〔河村哲二／伊藤誠訳『アメリカ資本主義と労働——蓄積の社会的構造』東洋経済新報社，1990年〕

GUTTMANN Robert (2008), "A Primer on Finance-Led Capitalism and Its Crisis", *Revue de la Régulation*, 3/4, 2nd semester.

HACKER Jacob S. and PIERSON Paul (2011), *Winner-Take-All Politics: How Washington Made the Rich Richer and Turned Its Back on the Middle Class*, New York: Simon & Schuster Paperbacks.

HANSEN Alvin (1947), *Economic Policy and Full Employment*, New York: Whittlesey House (McGraw-Hill Book Company).

HAUSMANN Ricardo, RODRIK Dani and VELASCO Andrés (2005),

Routledge.
BRESSER-PEREIRA Luis Carlos (2009), *Pourquoi Certains Pays Émergents Réussissent et d'Autres Non*, Paris: La Découverte.
BRUNO Miguel (2008), "Régulation et Croissance Économique au Brésil après la Libéralisation: un Régime d'Accumulation Bloqué par la Finance", *Revue de la régulation*, n° 3-4, automne. http://regulation.revues.org/4113
CABINET OFFICE (2006), *Annual Report on the Japanese Economy and Public Finance 2006*.〔内閣府『平成 18 年度　経済財政白書』〕
CAMPBELL John, HALL John and PEDERSEN Ove K. (2008), *National Identity and the Varieties of Capitalism: The Danish Experience*, Copenhagen: DJOF publishing.
COX Robert Henri (2001), "The Social Construction of an Imperative: Why Welfare Reform Happened in Denmark and the Netherlands but not in Germany", *World Politics*, 53(3), p. 463-496.
CROTTY James and EPSTEIN Gerald (2008), "The Costs and Contradictions of the Lender-of-Last Resort Function in Contemporary Capitalism: The Sub-Prime Crisis of 2007-2008", Paper presented for the *Conference on Financial Markets, Financial Regulation and Monetary Policy in Honor of Jane d'Arista*, Political Economy Research Institute (PERI), University of Massachusetts, Amherst, May 2-3.
DOSI Giovanni (2008), "Schumpeter Meeting Keynes: A Policy Friendly Model of Endogenous Growth and Business Cycles", *LEM Paper Series*, 21, Santa Ana School of Economics.
ERTURK Ismail, FROUD Julie, SUKHDEV Johal and WILLIAMS Karel (2004), "Pay for Corporate Performance or Pay as Social Division: Rethinking the Problem of Top Management Pay in Giant Corporations", *Working Paper*, Manchester University.
ESPING-ANDERSEN Gosta (1990), *Three Worlds of Welfare Capitalism*, Princeton: Princeton University Press.〔岡沢憲芙／宮本太郎監訳『福祉資本主義の三つの世界——比較福祉国家の理論と動態』ミネルヴァ書房，2001 年〕
ESTEVEZ-ABE Margarita (2013) "An International Comparison of Gender Equality: Why is the Japanese Gender Gap so Persistent? ", Syracuse University and Collegio Carlo Alberto (Turin), *Japan Labor Review*, Vol. 10, n° 2.
FELLMAN Susanna, IVERSEN Jes Martin, SJÖGREN Hans and THUE Lars (2008), *Creating Nordic Capitalism: The Business History of a Competitive*

BOYER Robert (2008), *History Repeating for Economists: An Anticipated Financial Crisis,* Prisme 13, November, Paris: Cournot Centre for Economic Research.

BOYER Robert (2011a), "A New Epoch but still Diversity within and between Capitalism: China in Comparative Perspective", in LANE Christel and WOOD Geoffrey T. (eds), *Capitalist Diversity and Diversity within Capitalism,* Abingdon: Routledge, p. 32-68.

BOYER Robert (2011b), *Les Financiers Détruiront-Ils le Capitalisme?*, Paris: Economica.〔山田鋭夫／坂口明義／原田裕治監訳『金融資本主義の崩壊——市場絶対主義を超えて』藤原書店，2011 年〕

BOYER Robert (2014), "Is More Equality Possible in Latin America ? A Challenge in a World of Contrasted But Interdependent Inequality Regimes", *desiguALdades. net Working Paper,* No. 67.

BOYER Robert (2015a), "How Has Institutional Competitiveness Emerged Out of the Complementarity between Nordic Welfare and Innovation Systems", in BORRAS Susana and SEABROOK Leonard (eds), *Sources of National Institutional Competitiveness: Sense-making and Institutional Change,* New York: Oxford University Press, p. 129-147.

BOYER Robert (2015b), "L'essor du secteur de la santé annonce-t-il un modèle de développement anthropogénétique ?", *Revue de la Régulation,* n° 17, 1er semestre, n° spécial Économie politique de la santé. Un exemple exemplaire Santé et capitalisme, https: //regulation. revues. org/11159

BOYER Robert, DEHOVE Mario and PLIHON Dominique (2004), "Les Crises Financières", *Rapport du Conseil d'Analyse Economique,* 50.

BOYER Robert and JUILLARD Michel (2002), "The United-States: Good Bye, Fordism!", in BOYER Robert and SAILLARD Yves (eds), *Régulation Theory: The State of the Art,* London: Routledge, p. 238-256.

BOYER Robert and SAILLARD Yves (eds) (2002), *Théorie de la Régulation: L'État des Savoirs,* Nouvelle édition complétée, Paris: La Découverte.

BOYER Robert and NEFFA Julio César (2004), *La Crisis Argentina (1976-2001): Una Visión desde la Teorías Institucionalistas y Regulacioncistas,* Madrid and Buenos Aires: Miño y Davila.

BOYER Robert and NEFFA Julio César (2007), *Salida de Crisis y Estrategias Alternativas de Desarrollo: La Experiencia Argentina,* Madrid and Buenos Aires: Miño y Davila.

BOYER Robert, UEMURA Hiroyasu and ISOGAI Akinori (eds) (2011), *Diversity and Transformations of Asian Capitalisms,* London and New York:

Seuil.
BOWLES Samuel, GORDON David and WEISSKOPF Thomas (1983), *Beyond the Waste Land: A Democratic Alternative to Economic Decline*, New York: Anchor Press.〔都留康／磯谷明徳訳『アメリカ衰退の経済学――スタグフレーションの解剖と克服』東洋経済新報社，1986 年〕
BOWLES Samuel, GORDON David and WEISSKOPF Thomas (1989), "Business Ascendancy and Economic Impasse: A Structural Perspective on Conservative Economics, 1979-1987. " *Journal of Economic Perspectives*, 3(1), p. 107-134.
BOYER Robert (1994), "Do Labor Institutions Matter for Economic Development? A 'Régulation' Approach for the OECD and Latin America with an Extension to Asia", in RODGERS Gerry (ed), *Workers, Institutions and Economic Growth in Asia*, Geneva: ILO/ILLS, p. 25-112.
BOYER Robert (2000a), "Is a Finance-led Growth Regime A Viable Alternative to Fordism?: A Preliminary Analysis. " *Economy and Society*, 29(1), p. 111-45.
BOYER Robert (2000b), "The Political in the Era of Globalization and Finance: Focus on Some Régulation School Research", *International Journal of Urban and Regional Research*, 24(2), p. 274-322.
BOYER Robert (2000c), "The French Welfare: An Institutional and Historical Analysis in European Perspective", *CEPREMAP Working Papers (Couverture Orange)*, 2000-07.
BOYER Robert (2002), *La Croissance: Début de Siècle*, Paris: Albin Michel.〔井上泰夫監訳『ニュー・エコノミーの研究――21 世紀型経済成長とは何か』藤原書店，2007 年〕
BOYER Robert (2004a), "The French Welfare: An Institutional and Historical Analysis in European Perspective", *ISS Research Series«Welfare State and Market Logic (2)»*, 14, February, Institute of Social Science University of Tokyo, p. 1-83.
BOYER Robert (2004b), *The Future of Economic Growth: As New Becomes Old*, Cheltenham UK: Edward Elgar. (English edition of Boyer (2002)).
BOYER Robert (2006a), "The Lisbon Strategy: Merits, Difficulties and Possible Reforms", *Mimeograph PSE.*
BOYER Robert (2006b), *La Flexicurité Danoise: Quels Enseignements pour la France?*, Paris: l'ENS.
BOYER Robert (2006c), "Employment and Decent Work in the Era of«Flexicurity»", *UN/DESA Working Paper Series*, New York.

Comparaison Internationale des Dépenses Publiques", *Statistiques et Études Financières*, 390, p. 3-58.
ANDRÉ Christine and DELORME Robert (1983b), *L'État et l'Économie*, Paris: Seuil.
ARTUS Patrick (2008), "Trois Méthodes pour Réduire le Levier d'Endettement", *Flash Économie*, 414.
ARTUS Patrick (2009), "Emprunt d'État Français: Priorités Stratégiques et Opportunités d'Investissement", *Flash Économie*, 549.
ARTUS Patrick (2013), "La Crise de la Zone Euro Ne Peut Pas Être Finie", *Flash Économie*, 76.
ATKINSON Anthony (2007), "Rethintking Solidarity for the 21st Century", in PAUGAM Serge (ed), *Repenser la Solidarité au XXIe Siècle*, Paris: PUF.
ATKINSON Anthony, PIKETTY Thomas and SAEZ Emmanuel (2011), "Top Incomes in the Long Run of History", *Journal of Economic Literature*, 49(1), p. 3-71.
BARAN Paul A. and SWEEZY Paul M. (1966), *Monopoly Capital: An Essay on the American Economic and Social Order*, New York: Monthly Review Press.〔小原敬士訳『独占資本』岩波書店, 1967 年〕
BARBIER Jean-Claude (2005), "Apprendre Vraiment du Danemark: Réflexion sur le«Miracle Danois»", *Working paper Centre d'Études de l'Emploi*, 05/02, février.
BEBCHUK Lucian Arye (2004), "The Case for Shareholder Access: A Response to the Business Roundtable", *SEC Roundtable*, March 10.
BEBCHUK Lucian Arye and FRIED Jesse M. (2003), "Executive Compensation as an Agency Problem", *The Journal of Economic Perspectives*, 17(3), p. 71-92.
BIONDI Yuri, BIGNON Vincent and RAGOT Xavier (2009), "Une Analyse Économique de la«Juste Valeur»: La Comptabilité comme Vecteur de Crise", *Prisme 15*, Août, Paris: Centre Cournot Pour La Recherche en Économie.
BLANCHARD Olivier and LEIGH Daniel (2013), "Growth Forecast Errors and Fiscal Multipliers", *IMF Working Paper*, 13(1).
BOSCHI Renato (2009), "Estado Desarrollista en Brasil. Crisis, Continuidad, Incertidumbres", Presented at *Seminario Internacional Dimensiones Sociopolíticas y Económicas de la Crisis en Los Países Emergentes. Enfoque Pluridisciplinario y Comparativo a Partir de México*, at the Colegio de México, 11-13 November.
BOURGUIGNON François (2012), *La Mondialisation de l'Inégalité*, Paris:

参考文献

AGHION Philippe, CAROLI Eve and GARCIA-PENALOSA Cecilia (1999), "Inequality and Economic Growth: the Perspectives of the New Growth Theories", *Journal of Economic Literature*, vol. 37, n° 4, p. 1615-1660.

AGLIETTA Michel (1979), *A Theory of Capitalist Regulation: The US Experience*, London: NLB.〔若森章孝／山田鋭夫／大田一廣／海老塚明訳『資本主義のレギュラシオン理論』大村書店，1989 年；増補新版，2000 年〕

AGLIETTA Michel (1982), *Regulation and Crisis of Capitalism*, New York: Monthly Review Press.

AGLIETTA Michel (1998), "Le Capitalisme de Demain", *Note de la Fondation Saint-Simon*, 101, novembre.

AGLIETTA Michel and BRENDER Anton (1984), *Les Métamorphoses de la Société Salariale*, Paris: Calmann-Levy.〔斎藤日出治／山田鋭夫／若森章孝／井上泰夫訳『勤労者社会の転換――フォーディズムから勤労者民主制へ』日本評論社，1990 年〕

AGLIETTA Michel and REBÉRIOUX Antoine (2004), *Dérives du Capitalisme Financier*, Paris: Albin Michel.

AKERLOF George (2005), *Explorations in Pragmatic Economics*, Oxford: Oxford University Press.

ALGAN Yann and CAHUC Pierre (2005), "Civic Attitudes and the Design of Labor Market Institutions: Which Countries Can Implement the Danish Flexicurity Model?", *Mimeograph CEPREMAP-CREST*, September.

AMABLE Bruno (2005), *Les Cinq Capitalismes: Diversité des Systèmes Économiques et Sociaux dans la Mondialisation*, Paris: Seuil.〔山田鋭夫／原田裕治ほか訳『五つの資本主義』藤原書店，2005 年〕

ANDRÉ Christine (2002), "État Providence et Compromis Institutionnalisés: Des Origines à la Crise Contemporaine", in BOYER R. and SAILLARD Y. (eds), *Théorie de la Régulation: L'État des Savoirs*, Nouvelle édition complétée, Paris: La Découverte, p. 144-152.

ANDRÉ Christine (2006), "Les Configurations de la Protection Sociale en Europe: Stabilité de la Typologie malgré un Certain Effritement", in POUCH Thierry (ed), *La Politique Économique: Mondialisation et Mutations*, Paris: L'Harmattan.

ANDRÉ Christine and DELORME Robert (1983a), "Matériaux pour une

図表一覧

著者紹介

ロベール・ボワイエ（Robert Boyer）

1943年生。パリ理工科大学校（エコール・ポリテクニック）卒業。数理経済計画予測研究所（CEPREMAP）および国立科学研究所（CNRS）教授，ならびに社会科学高等研究院（EHESS）研究部長を経て，現在は米州研究所（パリ）エコノミスト。

著書に『レギュラシオン理論』『入門・レギュラシオン』『第二の大転換』『現代「経済学」批判宣言』『世界恐慌』〈レギュラシオン・コレクション〉『1 危機——資本主義』『2 転換——社会主義』『3 ラポール・サラリアール』『4 国際レジームの再編』（共編著）『資本主義 vs 資本主義』『ニュー・エコノミーの研究』『金融資本主義の崩壊』『ユーロ危機』（以上いずれも藤原書店）『レギュラシオン』（ミネルヴァ書房）などがある。

監修者紹介

山田鋭夫（やまだ・としお）

1942年生。名古屋大学名誉教授。名古屋大学大学院経済学研究科博士課程満期退学。理論経済学。
著書に『さまざまな資本主義』（藤原書店），『金融危機のレギュラシオン理論』（共著，昭和堂）他。共編書に『戦後日本資本主義』（藤原書店）他。訳書に，ボワイエ『資本主義vs資本主義』『ユーロ危機』（共訳，藤原書店）他。

訳者紹介

横田宏樹（よこた・ひろき）

1977年生。旭川大学経済学部准教授，CEPN（パリ北大学経済研究所）研究員。2013年パリ第13大学大学院経済学研究科博士課程修了。博士（経済学）。企業論・制度経済学。
主な論文に「企業と動態能力——日本企業の多様性分析に向けて」（『認知資本主義』ナカニシヤ出版），「人材育成に対する地域的レギュラシオン」（『旭川大学経済学部紀要』75）他。

作《つく》られた不平等《ふびょうどう》——日本《にほん》、中国《ちゅうごく》、アメリカ、そしてヨーロッパ

2016年10月10日　初版第1刷発行©

訳　者　横田宏樹
発行者　藤原良雄
発行所　株式会社 藤原書店

〒162-0041　東京都新宿区早稲田鶴巻町523
電　話　03（5272）0301
FAX　03（5272）0450
振　替　00160-4-17013
info@fujiwara-shoten.co.jp

印刷・製本　中央精版印刷

落丁本・乱丁本はお取替えいたします
定価はカバーに表示してあります
Printed in Japan
ISBN978-4-86578-087-1

危機脱出のシナリオ

第二の大転換

（EC統合下のヨーロッパ経済）

R・ボワイエ
井上泰夫訳

一九三〇年代の大恐慌を分析したポランニーの名著『大転換』を受け、フォード主義の構造的危機からの脱出を模索する現代を「第二の大転換」の時代と規定。EC主要七か国の社会経済を最新データを駆使して徹底比較分析、危機乗りこえの様々なシナリオを呈示。

四六上製　二八八頁　二七一八円
（一九九二年一一月刊）
◇978-4-938661-60-1

LA SECONDE GRANDE TRANSFORMATION
Robert BOYER

現代資本主義の〝解剖学〟

現代「経済学」批判宣言

（制度と歴史の経済学のために）

R・ボワイエ
井上泰夫訳

混迷を究める現在の経済・社会・政治状況に対して、新古典派が何ひとつ有効な処方箋を示し得ないのはなぜか。マルクス、ケインズ、ポランニーの系譜を引くボワイエが、現実を解明し、真の経済学の誕生を告げる問題作。

A5変並製　二三二頁　二四〇〇円
（一九九六年一一月刊）
◇978-4-89434-052-7

政策担当者、経営者、ビジネスマン必読！

ニュー・エコノミーの研究

（21世紀型経済成長とは何か）

R・ボワイエ
井上泰夫監訳
中原隆幸・新井美佐子訳

肥大化する金融が本質的に抱える合理的誤謬と情報通信革命が経済に対してもつ真の意味を解明する快著。

四六上製　三五二頁　四二〇〇円
（二〇〇七年六月刊）
◇978-4-89434-580-5

LA CROISSANCE, DÉBUT DE SIÈCLE : DE L'OCTET AU GÈNE
Robert BOYER

「金融市場を、公的統制下に置け！」

金融資本主義の崩壊

（市場絶対主義を超えて）

R・ボワイエ
山田鋭夫・坂口明義・原田裕治＝監訳

サブプライム危機を、金融主導型成長が導いた必然的な危機だったと位置づけ、〝自由な〟金融イノベーションの危険性を指摘。公的統制に基づく新しい金融システムと成長モデルを構築する野心作！

A5上製　四四八頁　五五〇〇円
（二〇一一年五月刊）
◇978-4-89434-805-9

FINANCE ET GLOBALISATION
Robert BOYER